HEYNE FILMBIBLIOTHEK

KULTFILME

Von »Metropolis« bis
»Rocky Horror Picture Show«

von RONALD M. HAHN und VOLKER JANSEN

Originalausgabe

WILHELM HEYNE VERLAG
MÜNCHEN

HEYNE-FILMBIBLIOTHEK
Nr. 32/73

Redaktion: Norbert Stresau

Copyright © 1985 by Wilhelm Heyne Verlag GmbH & Co.KG
und Autor
Umschlagfoto: Stiftung Deutsche Kinemathek, Berlin
Rückseitenfoto: Archiv Dr. Karkosch, Gilching
Innenfotos: Stiftung Deutsche Kinemathek, Berlin; Archiv Dr. Karkosch, Gilching;
Deutscher Fernsehdienst, München
Printed in Germany 1985
Satz: Fotosatz Völkl, Germering
Druck und Verarbeitung: Ebner Ulm

ISBN 3-453-86073-X

Inhalt

komplett
Ausschnitte

Einleitung

»Ah! *Kultur*filme! Interessant!« pflegen Nicht-Kinogänger gemeinhin auf die Bemerkung, man befasse sich mit Kultfilmen, zu antworten. Interessant ist in diesem Zusammenhang, daß sich dieser antiquierte Begriff für den Dokumentarfilm immer noch reger Beliebtheit erfreut (»Kultur ist ja so positiv!«), während das Modewort *Kultfilm*, das täglich durch die Medienlandschaft geistert, auf – wenn überhaupt – nur ungenaue Vorstellungen stößt.

Ebenso verschwommen sind oft Definitionen zum Kultfilm. Da stellt man z.B. 42 Thesen auf und gelangt zu dem Ergebnis, »jeder Film, jedes Genre, jeder Star erkläre nur einen Kult«, und im übrigen »lasse sich der Begriff nicht durch den inflationären Gebrauch desselben erklären«.*) Nach anderer Auffassung ist ein Kultfilm ein Film, der »im Ersteinsatz bei Kasse und Kritik durchgefallen ist, der aber dann durch Wieder- und Spezialaufführungen seinen Weg beim Publikum gemacht hat«.**) Auch Starkritiker Karasek vom SPIEGEL kennt sich aus: »Ein Kultfilm ist ein Film, dessen Wirkung sich nicht aus seiner Qualität herleiten läßt. Weniger vornehm ausgedrückt: ein Film, bei dem man auf die Frage: ›Verstehst du, warum da alle hingehen?‹ mit ›Versteh ich auch nicht‹ antwortet.«***) Jeder dieser Eingrenzungsversuche ist durchaus richtig, streift aber nur den eigentlichen Kern des mittlerweile ziemlich abgedroschenen »Fachausdrucks«. Es fragt sich daher, ob sich dieser Begriff überhaupt nach Inhalt und Bedeutung definieren (oder zumindest erklären) läßt.

Hilfestellung kann uns hier die oben erwähnte Assoziation »Kultur« und »Kult« geben. Die Wortverwandtschaft jedenfalls ist nicht von der Hand zu weisen. Beides hat seinen Ursprung im Lateinischen, beides hat etwas mit Pflege zu tun. Kultur (lat. *cultura*) bedeutet in seiner Grundform *Pflege, Ausbildung, Ver-*

---

*) Adolf Heinzlmeier, Jürgen Menningen, Berndt Schulz: KULTFILME, Hamburg 1983
**) Stuart Byron, FILM COMMENT, Sept./Oct. 1976
***) dortselbst

edelung des Körpers und des Geistes, in seiner übertragenen Form *die Gesamtheit der geistigen und künstlerischen Lebensäußerungen.*

Zu eben diesen Lebensäußerungen zählt das Kulturgut Film. »Kult« (lat. *cultus*) ist die *Pflege im Sinne von Verehrung einer Person oder eines Gegenstandes.* Maßgeblich ist die (oft übertrieben) starke innere Beziehung, die der Verehrer dem Verehrten angedeihen läßt. Kult ist daher immer auch ein Teil von Kultur, ein Ausfluß der kulturellen Zeiterscheinungen. Aus der Zuordnung »Kultur« und »Kult« lassen sich also durchaus maßgebliche Unterschiede zwischen dem Kulturgut Film in seiner Gesamtheit und dem Kultfilm im besonderen ableiten.

Filme werden aus künstlerischen und kommerziellen Motiven produziert, mit der Absicht, ein möglichst großes Publikum zu erreichen.

Das Publikum aber, das diese Filme konsumiert, verhält sich in seiner Masse *passiv*. Kultfilme sind Kassenerfolge, aber nicht jeder Kassenerfolg ist auch ein Kultfilm. Erst wenn eine spezielle Zuschauergruppe durch einen Film (und nicht etwa durch geschickte PR-Maßnahmen) veranlaßt wird, sich zu *aktivieren*, d.h. im Zusammenhang mit diesem Film eigene Kreativitäten zu mobilisieren, kann man von einem Kultfilm sprechen. Kultfilme werden also auch »gemacht«, aber nicht von den Produzenten, sondern von einem Teil der Konsumenten, den Kultisten.

Bleibt zu klären, wie sich die Aktivitäten der Kultisten äußern. Kultisten sind in erster Linie das, was die Amerikaner »film buffs« oder »film freaks« nennen. Sie sind nicht unbedingt Film-Ästheten. Auf den Inhalt kommt es ihnen weniger an, sie wollen nicht kritisieren, sondern sich identifizieren. Wiederholtes *Miterleben* ihres Films im Kino ist selbstverständlich, um das Lebensgefühl, das der Film vermittelt, zu verinnerlichen, es sich anzueignen und – zumindest in Gedanken – weiterzutragen oder offen zur Schau zu stellen. Kultisten sprechen Dialoge mit, sie kommentieren Szenen oft durch Jauchzen und Johlen und imitieren das Geschehen auf der Leinwand durch Bewegung, Körperhaltung, Gestik, Mimik, Tonfall und nicht zuletzt auch durch Requisiten aller Art. Kultisten l(i)eben ihren Film.

Kultfiguren und Zeitströmungen beeinflussen das Lebensgefühl des Kultisten, werten in seinen Augen den Film zum Kultfilm auf: Kult*figuren* sind *Typen*, nicht etwa Stars! Kult*stars* sind immer nur Stars für einen Film! So haben Kultfilme auch nichts mit Starkult im Sinne von Star-Rummel Hollywoodscher Prägung zu tun. Nicht alle Filme eines Kultstars sind automatisch auch Kultfilme.

Zeitströmungen sind nicht vorausberechenbar.

Ob und wann ein Film den Zeitnerv der Kultisten trifft, entscheidet nicht das Datum seiner Erstaufführung. Ganze Handlungsstränge eines Films können im Lauf der Zeit anders ausgelegt werden. So wird ein Film häufig erst dann zum Kultfilm, wenn die Zeit im wahrsten Sinne des Wortes dafür reif geworden ist, wenn sich eine Gruppe mit der aktuellen Interpretation identifizieren und der Film die Lebensart der Gruppe inspirieren kann.

Wichtiges Kriterium eines Kultfilms ist daher seine Identifikationsmöglichkeit. Auf künstlerische Qualität oder Inhalt kommt es weniger an. Der Qualtiätsbegriff befindet sich in stetigem Wandel: Viele Kultfilme haben im nachhinein eine Aufwertung zum Filmklassiker erfahren, andere stoßen nach wie vor bei der Filmkritik auf Ablehnung.

Bei den Inhalten lassen sich jedoch Gemeinsamkeiten erkennen. »Filme dieser Richtung sind von einem eigenartigen Geschmack für den Verfall beherrscht«, konstatierte Georges Sadoul bereits 1955 in seiner berühmten GESCHICHTE DER FILMKUNST. Gemeint waren die Filme der »Schwarzen Serie«. Doch trifft diese Äußerung auf nahezu alle Kultfilme zu, interpretiert man diesen sittlichen Verfall als *Abweichung von der Norm*. Normgerechtes Verhalten schafft keinen Kult. Das *Anderssein* schockiert die Mehrheit, fasziniert die Minderheit. Kultfilme sind die Filme dieser Minderheit. Sie sind in der Geschichte des Films immer dort anzusiedeln, wo Normen und Filmmythen variiert, zerstört, im besten Fall neu geschaffen werden.

V.J./R.M.H.

VERWENDETE ABKÜRZUNGEN

B	(Dreh-)Buch
D	Darsteller
F	Farbe
K	Kamera
LV	Literarische Vorlage
M	Musik
P	Produktionsfirma
( )	Produzent
R	Regie
SpE	Spezialeffekte
St	Story
SW	Schwarweiß
Ⓥ	Video

DANKSAGUNG

Dank für wichtige Hinweise und Unterstützung gebührt Ulrike Ebbinghaus von atlas film & av, Duisburg, Charlotte Elling von der Stadtbibliothek in Wuppertal, Achim Lohkamp und Frau Hackeborn von den Goldermann-Theaterbetrieben in Wuppertal, Marcel Bieger, Ulli und Dorothea Blömeke, Andreas Drettakis, Ulrike Jansen, Herbert Mücher, Michael Lufen, Dirk Raabe, Wolfgang Schiemichen, Herbert Schubert und Norbert Stresau, dem Retter in der Not.

P.S.: Da es ja zum guten Ton gehört, sich schon im voraus bei allen Lesern und Rezensenten für das zu entschuldigen, was man aus Platz- oder sonstigen Gründen wieder mal nicht hat unterbringen können, möchten auch wir nicht von dieser schönen Sitte abweichen. Also: Es tut uns wahnsinnig leid etc. pp., daß wir ausgerechnet über *Ihren* Kultfilm nichts bringen konnten. Tatsache ist jedoch, daß wir nicht nur den Ablieferungstermin für dieses Buch, sondern auch den geplanten Umfang so mächtig überzogen haben, daß wir uns schon Sorgen machen, ob dieses P.S. überhaupt erscheinen kann. Aber vielleicht machen wir ja irgendwann einen zweiten KULTFILM-Band. Wir kennen durchaus noch drei bis sieben Dutzend erwähnenswerter Streifen. Und da ist Ihrer dann sicher dabei!

»Ich kenne aus diesem Jahrzehnt bis heute keinen Film,
der bis in die kleinste Nebenrolle so genial
besetzt worden wäre wie dieser – und das mit gänzlich
unbekannten und unverbrauchten Gesichtern.«

HANS GÜNTHER PFLAUM

American Graffiti

(AMERICAN GRAFFITI). USA 1973. **P** Universal/Lucasfilm/Coppola Company (Francis Ford Coppola/Gary Kurtz). **R** George Lucas. **B** George Lucas/Gloria Katz/Willard Huyck. **K** Haskell Wexler/Ron Eveslage/Jan D'Alquen. **M** (Tonmontage) Walter Murch (41 Hits der 50er und 60er Jahre). **D** Richard Dreyfuss (Curt), Ronny Howard (Steve), Paul LeMat (John), Charlie Martin Smith (Terry), Cindy Williams (Laurie), Candy Clark (Debbie), Mackenzie Phillips (Carol), Wolfman Jack (Diskjokkey), Harrison Ford (Bob Falfa), Bo Hopkins, Manuel Padilla, Jr., Beau Gentry (»The Pharaohs«: Joe, Carlos und Ants). **F** 109 Min.

»Here comes the Wolfman – Wolfman Jack… Rock'n'Roll, bis wir tot umfallen, Baby! – Wie jede Nacht in der Wolfman-Jack-Show! Happy Birthday!!!« Wolfman-Jack-Show, der Knüller im Radio (Bill Haleys »Rock Around the Clock«, Fats Dominos »Ain't That a Shame«, Chuck Berrys »Johny B. Goode«, Beach Boys, Platters, Johnny Burnette, Buddy Holly, Del Shannon und, und, und »At the Hop« mit Flash Cadillac and The Continental Kids), »Chubby Chuckburgers« in Mel's Drive-In, Datin' 1962, Cruisin' Main Street, Modesto/Kalifornien im '58 Chevy, '58 Edsel, '32 Deuce Coupe, '57 Volkswagen, '51 Mercury – American Graffiti, das Gefühl einer verlorenen, sorglosen Zeit, eines amerikanischen Märchens in Neon-Nostalgie. Rock-dreams aus einer Nacht, als zehn Liter Benzin nicht mehr als eine Coke mit Hamburger kosteten, Sehnsucht nach einer harmlosen Welt in Ordnung, klaren Verhältnissen und Unschuld. Die Protesthaltung, die einige Jahre vorher Haleys

11

›Yeah, Baby! Ich bin auf'm ersten Foto im Buch!‹ – Wolfman Jack in George Lucas' ›American Graffiti‹

»Rock Around the Clock« auslöste, die James Dean und Marlon Brando zu Rebellen der Leinwand machte, auf bloße Äußerlichkeiten reduziert, schmalzlockige Frisuren, Rockerkluften, Babydollaufzüge, dazu die umfrisierten aufgedonnerten chromblitzenden Straßen-»Kreuzer«. Jugendliche, die sich allenfalls durch Rockmusik und Autos in Bewegung halten.

Eine angepaßte Welt, kreisrund wie ein Bubble-gum-Ballon: Mel's Drive-In mit Rollschuhbedienung – Treff-, Dreh- und Angelpunkt; die Hauptstraße hinauf und hinunter – das Aktionsgelände, Dates beim Fahren; das Umfeld – Dates im Drugstore, an der Tankstelle, im Tanzschuppen; my car is my castle, my world is my radio! Anschließend wieder zum Drive-In, Coke tanken. Aufbegehren – ein Fremdwort, hin und wieder mal ein Streich, eine Mutprobe! Die Zeit scheint stillzustehen. No problems, höchstens Petting. Doch jeder Bubble-gum-Ballon platzt irgendwann.

Der Plot des Films ist simpel, wie Graffiti, wie die Kritzeleien und Sprühereien an Haus- und Betonwänden, wie Sprücheklopfen: kurz, prägnant, aussagekräftig, doppelsinnig.

Eine typisch wohltemperierte Sommernacht in einem Provinzkaff in Südkalifornien. Für vier Freunde eine Nacht der Entscheidung, Zwei, Curt und Steve, sollen am nächsten Morgen die Stadt verlassen, um irgendwo in der Fremde aufs College zu gehen.

Curt ist noch unentschlossen.

STEVE: Wir können raus aus diesem Kleinstadtmief, und du willst dich in deinem Bau verkriechen, stimmt doch, oder? … Du kannst doch nicht ewig 17 bleiben!

»Froschauge« Terry soll sich in Steves Abwesenheit um dessen Chevy kümmern, was Terry zu Begeisterungsstürmen veranlaßt:

Ich gelobe und verspreche, dieses Auto zu lieben, bis der Tod uns scheidet. Das ist eine superfeine Maschine … Yeahh! Von heute an wird sich alles gewaltig ändern!

John Milner, der King of Main Street, der Älteste, so um die 22, immer noch der Schnellste, macht gerade eine depressive Phase durch:

Man kann sich nirgends mehr was Nettes aufgabeln. Die ganze Gegend ist eine Wüste. Ach, was war da vor fünf Jahren los, da reichten ein paar Stunden. Nicht mal! Ein Tank voll Stoff, und die Sache war gelaufen.

Da hat man noch gelebt!

In Nostalgie-Gefühlen bewegen sich auch die anderen. Ferry lädt Curt zu einer Spritztour mit seinem neuen fahrbaren Untersatz ein. Der lehnt ab, weil er mit Steve und dessen Freundin Laurie zum Schwof will. Herbie and the Heartbeats spielen in der Turnhalle der Oberschule, die man jüngst beendet hat.

JOHN MILNER: Moment, moment! Willst du etwa dahin, wo der ganze Kindergarten rumhopst? Ach, das kann man doch nicht machen, das ist ein Spielplatz für Anfänger. Jetzt wollt ihr euch

DEWEY HIGH SCHOOL

YEAR BOOK HONOR ROLL

JOHN MILNER '60
Auto Mechanic

CAROL MORRISON '65
Art

BOB FALFA '60
Agriculture

CURTIS HENDERSON '62
Science

LAURIE HENDERSON '63
History
Head Cheer Leader

STEVE BOLANDER '62
English
Class President

TERRY "TOAD" FIELDS '63
Business

DEBBIE MEDWAY '61
Home Economics

WOLFMAN JACK '51
Finger Popping

die Schuhe wieder anziehen, aus denen ihr grad rausgewachsen seid!

CURT: Hast du kein Gefühl dafür? Wir wollen uns an früher

erinnern, wie schön es damals war, genau das haben wir nämlich vor.

JOHN: Ja, dann geht doch!

CURT: Komm doch mit.

JOHN: Das ist doch Kacke, Mensch!

CURT: Geh mit, um der alten Zeiten willen.

JOHN: Ja, ja, geh hin, geh hin! Du gehst dahin, Curtie-Baby. du gehst gefühlsduselig dahin, weil die Zeiten für dich für immer vorbei sind. Ich gehe ja nicht auf ein so idiotisches scheißfeines College, ich bleibe schließlich hier und amüsiere mich wie gewöhnlich!

Die Wege der vier trennen sich für diese Nacht, kreuzen sich wiederholt. Die ideale Nacht, um weibliche Wesen anzumachen. Jeder der vier sammelt unverhofft neue Erfahrungen. Und über allem wacht Wolfman Jack, der geheimnisvolle Radio-Diskjockey, der so illegal tönt, als spräche er in einem Piratensender:

RADIOSTIMME: Wolfman?

WOLFMAN JACK: Wer ist da?

STIMME: Joe, aus Little Rock, der Heimat der …

WOLFMAN JACK: Du rufst aus Little Rock, Kalifornien, an?

STIMME: Ja!

WOLFMAN JACK: Was es nicht alles gibt! Habt ihr viel Spaß in eurem Nest?

STIMME: Pah! Wir haben nur dich! …

WOLFMAN JACK: Und schon kommt der nächste Heuler … Hier fliegen euch die Nieten aus den Hosen, mitsamt dem Reißverschluß. Brandneu auf dem Markt, die Beach Boys mit ihrer »Surfin' Safari« – gegen die ist Elvis ein Opa!

JOHN MILNER: (in seinem Wagen): Ich kann diese Surfin'-Kacke nicht ausstehen! Buddy Holly ist tot und seitdem ist Feierabend mit Rock'n'Roll!

John Milder ist beim Cruisin' eine freche kleine Göre, die zwölfjährige Carol, angedreht worden. Seine Versuche, sie wieder loszuwerden, scheitern. Trotzdem bildet sich eine Art Verantwortungsbewußtsein. Er kreuzt mit ihr die übliche Route, von höhnischen Zurufen begleitet. Ein Straßenkreuzer, dessen Insassen sich durch besonders hämische Äußerungen hervortun, wird kurzerhand lahmgelegt: Er läßt die Luft aus den Reifen, sie besprüht den Wagen mit Rasierschaum. Milner zeigt der Klei-

Curt legt die Bullen an die Leine – Richard Dreyfuss (l.) und Bob Hopkins

nen den Autofriedhof. Die abgewrackten Autos, Milners Kult-
gegenstände, erzählen Cruisin'-Geschichte.
Heldenverehrung auf eigene Art!
MILNER: Das da drüben ist die alte Karre von Freddy Benson.
Der ist frontal mit einem Betrunkenen zusammengeknallt,
Boowww! Er hatte nicht mal 'ne Chance, obwohl er ein guter
Fahrer war. Es geht einem schon an die Nieren, wenn einer hops
geht, den nicht mal ein i-Tüpfelchen Schuld trifft.
CAROL: Klar ist jedenfalls, daß er neu lackiert werden muß.
MILNER: Sieh mal da hinten, ein 41er Modell! Ob du's glaubst

oder nicht, das war mal der schnellste Wagen, den es je gab. Ich bin leider nie ein Rennen mit Earl gefahren. Den hat es schon 1955 erwischt, beim haarigsten Unfall, den man sich vorstellen kann. Ja, das hättest du sehen sollen! Alle acht Jungen tot, und die beiden Fahrer …

WOLFMANN JACK (im Radio): Wolfman schleicht heran, Baby! Bald stehen dir die Haare zu Berge, du kriegst 'ne Gänsehaut – wie jetzt bei den Platters: »The Great Pretender«!

Steve hat Probleme mit seiner Freundin Laurie. Beide sind der Trennung, die sein College-Besuch bedeuten würde, nicht gewachsen. Er wünscht sich eine lose Bindung, sie läuft ihm davon und springt zu Bob Falfa in den Wagen. Falfa ist auf dem Wege, Milner herauszufordern. Curt, der die Schulfete früh verlassen hat, läuft unterdessen einem Phantomweib, einer Frau im weißen Thunderbird, hinterher:»Sie, die mich haben will, streift Nacht für Nacht durch die Straßen und will nur mich!«, meint er verträumt und gerät unversehens in die Fänge einer dreiköpfigen Rockerbande, der Pharaohs. Diese zwingen ihn in ihren Kreis und verlangen eine Art Aufnahmeprüfung: Unter anderem verliert auf äußerst kuriose Weise ein Polizeiauto sein Fahrgestell!

WOLFMAN JACK: Und diese Nummer ist so scharf, daß euch dabei die Zähne stumpf werden. Letzten Monat waren sie Nr. 3 in der chinesischen Hitparade!

Der geliehene Chevy gibt dem schüchternen Terry das Selbstvertrauen, eine Rendezvous zu wagen. Zunächst hat er kein Glück:»Hey, Froschauge, sitzt denn wirklich du am Steuer dieser Wonnekiste? Schreck laß nach, wer läßt denn so'ne Energieverschwendung zu?!« Nach der Verwechslung von Vorwärts- und Rückwärtsgang, die zu einem bemerkenswerten, aber nur leichtem Crash führt, gabelt er sich Debbie auf, einen Sandra-Dee-Verschnitt.

DEBBIE: Oh, ist das dein Auto?

TERRY: Yeah! Ich bin Terry. Man nennt mich für gewöhnlich Terry, den Tiger!

DEBBIE: Sieht auch ganz schön nach was aus!

Terrys vermutlich erste Romanze ist eine Mixtur aus Aufschneiderei und Blamage. Zu Zärtlichkeiten wäre es dann beinahe doch gekommen (auf der grünen Wiese außerhalb der Stadt – auf einer Decke nicht weit vom parkenden Chevy), wenn nicht

Puppy Love zwischen Drive-In und Rücksitz – Charlie Martin Smith und Candy Clark

plötzlich das Radio verstummt wäre. Ein untrügliches Zeichen: Der Wagen ist geklaut! Da heißt es, zu Fuß zurück! In der Stadt findet Terry den Wagen wieder, bezieht aber von den Dieben eine beträchtliche Tracht Prügel. Erst Milner, der zufällig vorbeikommt, kann die Autoknacker in die Flucht schlagen.

WOLFMAN JACK: Schaff dich, Baby – hier wird getanzt, hier wird gerockt, bis du müde in die Heia sinkst, jawohl! Jetzt kommt wieder ein Hit, ein Heuler, ein Fetzer!

Milner hatte inzwischen seine erste, nur verbale Auseinandersetzung mit Herausforderer Bob Falfa.

FALFA: Hey! Ich such dich überall. Hat dir denn niemand erzählt, daß ich dich überall suche?

MILNER: Glaubst du, ich kann mich um jeden Idioten kümmern, der hinter mir her ist, so viel Zeit habe ich nicht!

FALFA: Die haben mir erzählt, du hättest das schnellste Gefährt hier, aber das kann doch nicht wahr sein! Das Ding hat sich doch Bubi höchstens von Mammi geliehen. Ist mir richtig peinlich, daß ich dir so auf die Pelle gerückt bin.

MILNER: Das ist kein Wunder bei der Ackerkarre, die du fährst!

FALFA: Verstehe nicht? Was ist für dich 'ne Ackerkarre?

MILNER: Eine Ackerkarre, du Pfeife, fährt durch die Felder und läßt Kuhscheiße fallen, damit das Grünzeug besser wächst!

FALFA: Ahaha! Das ist echt gut! Mir gefällt die Farbe von deinem Auto. Was soll denn das sein? Eine Mischung von Piß-gelb und bekotztem Grün?

MILNER: Genau! Soll das bei dir gute Lackarbeit sein? Das ist ja schlimm!...

Das Rennen soll am frühen Morgen steigen, außerhalb der Stadt, Paradise Road. Endlich schafft Milner es, Carol loszuwerden – gerade rechtzeitig, um Terry zu Hilfe zu kommen.

WOLFMAN JACK: Es bleiben dir noch fünf Minuten, wenn du mit Wolfman sprechen möchtest. Ich werde alle deine Träume Wirklichkeit werden lassen.

Die Nacht ist fortgeschritten. Steve trägt sich mit Selbstzweifeln; soll er die Stadt verlassen, soll er bleiben? Curt will einfach nicht wahrhaben, daß seine Traumfrau eine Prostituierte ist. Alle Anzeichen sprechen dafür. Er fährt zum nahegelegenen Sender, zu Wolfman Jack. Ein »Tontechniker« empfängt ihn. Er ist für den Ablauf der Sendung verantwortlich: Wolfman Jack kommt aus der Konserve – Wolfman Jack will sich nicht preisgeben. Curt läßt eine Nachricht für seine Angebetete zurück. Vielleicht läßt sich doch etwas machen, meint der »Techniker« (Wolfman Jack). Tatsächlich geht die Botschaft inkl. Telefonnummer einige Minuten später über den Sender. Curt wartet an der Telefonzelle.

Zur gleichen Zeit auf der Paradise Road. Nebeneinander warten Milner in seinem frisierten '32 Deuce Coupe und Falfa in seinem schwarzen '55 Chevy, begleitet von Laurie, auf das Startzeichen. Der Tag dämmert, im Radio spielen Booker T. and the MG's »Green Onion«. Terry gibt das Zeichen. Die beiden geben Gas, brausen davon. Nach kurzem erbittertem Kampf kommt Falfa von der Straße ab. Sein Auto überschlägt sich. Fal-

fa und Laurie kommen mit einem Schock davon. Der Wagen ex-
plodiert, Steve bleibt bei Laurie. Milner sieht die Sinnlosigkeit
des Rennzirkus' ein. Terry bemerkt den Gesinnungswandel
nicht, er jubelt:
... du hast dem Burschen gezeigt, wo er eigentlich hingehört. In
einen Rollstuhl nämlich ... Du wirst immer Nr. 1 sein, du bist
der Größte!
MILNER: Schon gut, schon gut ... Na, laß mal, Froschauge, wir
machen sie alle fertig!
TERRY: Klar!
MILNER: Wir machen sie fertig, komm weg hier!
TERRY: Heiliger Strohsack! Das war 'ne Nacht!

20

›Und nicht vergessen – R ist der Rallye-Gang‹

Eine Entscheidung steht noch aus. Das Telefon klingelt. Es ist –
die Prostituierte.
WOLFMAN JACK: Ein Küßchen in Ehren kann niemand verweh-
ren. Gute Nacht, Romeo! Gute Nacht, Julia! wünschen auch die
Spaniels: »Goodnight Sweetheart« …
Steve, Terry und John Milner verabschieden Curt am Flugplatz.
Die alten Zeiten sind vorbei. Am Ende haben sie alle einen Teil
ihrer Persönlichkeit verloren: Curt seine Bodenständigkeit,
Steve seinen Glauben an das Abenteuer, die Zukunft, Terry sei-
ne Unschuld, John Milner seinen jugendlichen Übermut.

Das feeling und der sound der 60er – das waren bittersüße, verrückte Zeiten. Und sie sind bis heute unvergessen.

THE PARTY IS OVER -
die Fortsetzung von American Graffiti.

PAUL LE MAT · CINDY WILLIAMS · CANDY CLARK
CHARLES MARTIN SMITH · MACKENZIE PHILLIPS · BO HOPKINS
und RON HOWARD
Eine LUCASFILM LTD. PRODUKTION
THE PARTY IS OVER
Drehbuch und Regie: B. W. L. Norton und den von GEORGE LUCAS und GLORIA KATZ & WILLARD HUYCK geschaffenen Personen
Produktion HOWARD KAZANJIAN Ausführender Produzent: GEORGE LUCAS
Ein UNIVERSAL-FILM im Verleih der CINEMA INTERNATIONAL CORPORATION Panavision

Original-Soundtrack auf MCA-Records bei Ariola

Nachspann: John Milner wurde im Juni 1964 von einem betrunkenen Autofahrer getötet. Terry Fields wurde im Dezember 1965 in Vietnam in der Nähe von An Loc als vermißt gemeldet. Steve Bolander lebt als Versicherungsagent in Modesto, Kalifornien, und Curt Henderson als Schriftsteller in Kanada.
P.S.: George Lucas drehte seinen Film über amerikanische Provinzjugendliche von 1962 zehn Jahre später. Nur zehn Jahre später? Ganze Welten liegen dazwischen. Dieser Aspekt und der Riesenerfolg von *American Graffiti* haben Lucas bewogen, eine Fortsetzung mit dem beziehungsreichen Titel *The Party Is Over … More American Graffiti* zu produzieren. Vier Episoden spielen jeweils an Sylvester 1964, 1965, 1966 und 1967. Nach bewährtem Schema ist die Musik verteilt. Es grenzt jedoch an Schwachsinn, in der 1964 spielenden Sylvesterepisode John Milner Autorennen fahren zu lassen, da er laut Nachspann von *American Graffiti* bereits seit Juni 1964 tot ist.

Arsen und Spitzenhäubchen

(ARSENIC AND OLD LACE). USA 1944. **P** Warner Bros. (Frank Capra). **R** Frank Capra. **B** Julius J. Epstein/Philip G. Epstein. **V** Joseph Kesselring (Bühnenstück). **K** Sol Polito. **M** Max Steiner. **D** Cary Grant (Mortimer Brewster), Priscilla Lane (Elaine Harper), Raymond Massey (Jonathan Brewster), Jack Carson (O'Hara), Edward Everett Horton (Witherspoon), Peter Lorre (Dr. Einstein), James Gleason (Lt. Rooney), Josephine Hull (Tante Abby), Jean Adair (Tante Martha), John Alexander (Teddy), Grant Mitchell (Pastor Harper), Edward McNamara (Brophy), Gary Owen (Taxifahrer), John Ridgley (Saunders), Vaughan Glaser (Richter Cullman), Chester Clute (Dr. Gilchrist), Charles Lane, Edward McWade, Leo White, Spencer Charters, Hank Mann, Lee Phelps. **SW** 118 Min.

Brooklyn. New York: Nachdem er heimlich seine alte Jugendliebe Elaine geheiratet hat, sieht der Theaterkritiker (und Verfasser des Buches »Die Ehe: ein Betrug und eine Falle«) Mortimer Brewster noch mal rasch bei seinen alten Tanten Abby und Martha vorbei, deren Haus direkt an einem Friedhof liegt. Zu seinem Entsetzen entdeckt er in einer Fenstertruhe die Leiche eines gewissen Mr. Hoskins. Natürlich fällt Mortimers Verdacht sofort (und ungerechterweise) auf seinen leicht irren Vetter Teddy, der sich für Präsident Roosevelt hält, hin und wieder mit einer Trompete zur Attacke bläst und gelegentlich auch im heimischen Keller verschwindet, um dort »Schleusen für den Panamakanal« auszuheben. Zu Mortimers noch größerem Entsetzen überraschen ihn seine Tanten mit der Nachricht, Teddy sei mitnichten am Tode von Mr. Hoskins schuld: Sie selbst hätten ihn mit arsenversetztem Holunderbeerwein aus unserer Welt in die nächste befördert – wie übrigens auch zwölf andere alte Herren, die Teddy nächtens als vermeintliche Opfer des »gelben Fie-

›Auf zwei Liter Holunderbeerwein nehme ich einen Teelöffel voll Arsen und einen halben Teelöffel voll Strychnin – und dann eine klitzekleine Prise Zyankali dazu ...‹

bers« im Keller verscharrt hat. Mortimer wird allmählich klar, daß seine Tanten noch meschuggener sind als sein Vetter, und fortan bemüht er sich, alle Hebel in Bewegung zu setzen, daß Teddy in einer Nervenklinik namens »Seelenfrieden« unterkommt – wohl wissend, daß man ihn, als Inhaber eines Jagdscheins, als ersten verdächtigen, aber nicht zur Rechenschaft ziehen wird. Um zu verhindern, daß Elaine und diverse den alten Tanten zugeneigte Streifenpolizisten von den Leichen im Keller erfahren, setzt er alle Hebel in Bewegung, um Teddy abholen zu lassen. Vereitelt werden seine Maßnahmen jedoch durch die Ankunft seines zweiten Vetters Jonathan, der an sich wegen zahlreicher abscheulicher Morde eingekastelt sein müßte, eine Gesichtsoperation hinter sich hat und nun verzweifelt ein Nachtquartier sucht. In seiner Begleitung befinden sich der versoffene und ängstliche Chirurgen-Scharlatan Dr. Einstein und ein gewisser Mr. Spinalzo, der jedoch – aufgrund der Kraft von Jonathans Würgerhänden – inzwischen das Zeitliche gesegnet hat. Während Jonathan und Einstein sich im Haus der Tanten einquartieren und diverse Anstrengungen unternehmen, die Leiche Mr. Spinalzos loszuwerden, entdecken sie im Keller die Gräber der Vorgänger des toten Mr. Hoskins: Es handelt sich ausnahmslos um alleinstehende, einsame alte Herren, die Tante Abby und Tante Martha aus ihrem glücklosen Dasein »erlöst« haben. Einen nicht unmaßgeblichen Beitrag zum allgemeinen Chaos liefern der Streifenpolizist O'Hara, ein Möchtegern-Dramatiker, der Mortimer unbedingt den Inhalt seines im Entstehen begriffenen, todlangweiligen Theaterstückes erzählen will, und der ausgeklinkte Teddy, der die Nachbarschaft mit seinem Trompetengeschmetter nervt und Dr. Gilchrist, den ihn behandelnden Arzt, ganz nebenbei zum Botschafter von Bolivien ernennt. Mortimer, von einer neuen Leiche im Haus gar nicht sehr erbaut, hat sichtliche Schwierigkeiten, in der Gestalt des gesichtsoperierten Frankenstein-Monsters, das nun unter dem Dach seiner verängstigten Tanten weilt, seinen zweiten Vetter Jonathan zu erkennen – und bald hat er Probleme am Hals, die ihn wirklich daran zweifeln lassen, ob es nicht auch mit seiner geistigen Gesundheit rapide bergab geht. Man trickst sich gegenseitig nach allen Regeln der Kunst aus, bis es den im Haus der alten Tanten ein- und ausgehenden Polizisten endlich gelingt, aus der verworrenen Lage die halbwegs richtigen Schlüsse zu ziehen. In der Schlußsequenz, die an Wahnsinn alles übertrifft, was die Welt je gesehen hat – denn nun weiß keiner mehr, wer die Ärzte und die Irren, die Mörder und die Unschuldigen sind –, wird Jonathan dingfest gemacht, und bevor er den Beamten klar machen kann, wie viele Leichen im Keller des Hauses liegen, kann Mortimer die etwas begriffsstutzigen Cops davon überzeugen, daß auch Tante Abby und Tante Martha in »Seelenfrieden« am besten aufgehoben wären. Wohin die beiden dann auch freudig gehen, damit Teddy jemanden um sich hat, den er kennt …

Kein Wunder, daß Mortimer auf all diese Vorkommnisse nicht anders reagiert, als die meisten es tun würden.

Er flippt aus, jagt wie ein Derwisch durch die Wohnung, die Augen quellen ihm aus dem Kopf, er wird zum Opfer seiner schlotternden Hysterie. Während er einerseits wie ein ständig sprungbereiter Wachhund darauf achtet, daß sich Teddy und seine Tanten nicht verplappern (sie halten's nämlich sehr mit der Wahrheit, und daß noch keiner von den Leichen in ihrem Keller weiß, liegt nur daran, daß sie noch niemand danach gefragt hat), ist er andererseits bestrebt, die Papiere zusammenzubekommen, die er für Teddys Einweisung benötigt. Es gilt, unter allen Umständen einen Skandal zu vermeiden, denn Mortimer hat – nicht ganz zu unrecht – den Verdacht, die Behörden könnten in den »Liebesdiensten« seiner Verwandten nichts anderes als schnöde Morde erblicken: »Wenn ich bloß wüßte, wie ich es euch klarmachen soll!« heult er verzweifelt. »Es verstößt nicht

Spinner unter sich – Dr. Einstein (Peter Lorre), Teddy Roosevelt (John Alexander) und Frankensteins Monster (Raymond Massey)

allein gegen das Gesetz! So etwas *tut* man nicht! Es ist einfach kein netter Zug! Dafür hat keiner Verständnis … Ich meine, *zuerst* ist es nur eine schlechte Angewohnheit, aber dann wird es zur *Unsitte*!«

So schlägt sein Geist denn die wildesten Kapriolen, um einen Ausweg aus der vertrackten Lage zu ersinnen, aber immer wenn er denkt, er sei aus dem Schneider, schlagen die Dinge wieder zu: Kaum haben die Tanten die Leiche von Mr. Hoskins verschwinden lassen, liegt eine neue in der Truhe (die von Mr. Spinalzo); kaum glaubt er, Jonathan in der Hand zu haben, ihn des Hauses verweisen zu können, gibt dieser zu erkennen, daß er weiß, welchen Zweck Teddys »Schleusen« dienen; kaum hat er Richter Cullman überzeugt, es sei besser, Teddy in ein Sanatorium zu bringen, als dieser seine Einsamkeit artikuliert und ankündigt, er wolle seinen Tanten demnächst einen Besuch abstatten; kaum glaubt er, die Polizei werde ihm den irren Jonathan vom Halse schaffen, als dieser ausposaunt, im Keller seien dreizehn Leichen vergraben; kaum hat er die Polizei davon überzeugt, daß Jonathan ein Irrer ist, als der irre Teddy dessen Enthüllung bestätigt, und kaum hat er die Polizei überzeugt, daß auch Teddy nicht richtig tickt, als seine irren Tanten *dessen* Enthüllung bestätigen …

Und dabei bleibt der Pointenreichtum keinesfalls stehen: Es ist schier unglaublich mitanzusehen, wie das, was an sich nicht eintreten dürfte (weil es des Zufalls zuviel wäre), dennoch eintrifft: Als Mortimer in einem Lehnstuhl sitzt und Dr. Einstein eine Schmierenkomödie schildert, die er kürzlich wegen ihres schwachsinnigen Aufbaus gnadenlos verrissen hat, braut sich hinter ihm genau das zusammen, was er an besagtem Stück so lächerlich fand. Der Höhepunkt der Groteske wird jedoch erreicht, als Streifenpolizist O'Hara auf der Bildfläche erscheint – ein Mensch, dermaßen mit Blödheit geschlagen, daß er Mortimers Fesseln und Knebel für dessen Art hält, anderen ein Theaterstück vorzuspielen. Retter in der Not? Denkste! O'Hara, der Möchtegern-Dramatiker, nutzt die Gelegenheit (»Nun *müssen* Sie mir zuhören!«) und schreitet zum dritten Grad: Er schildert Mortimer den Inhalt *seines* Theaterstückes. Kein Wunder, daß Mortimers sensibler Geist am Ende der Vorstellung nicht mehr ganz mithalten kann: Während sich ein Polizistenrudel, das noch gar nicht weiß, welch großen Fang es gemacht hat, mit Jo-

›Aber so schlecht war meine Kritik über ihr neues Buch doch gar nicht, meine Herren!‹

nathan eine wüste Keilerei liefert und Mortimer fast die gesamte Einrichtung um die Ohren fliegt, telefoniert er in aller Ruhe mit Mr. Witherspoon, dem Direktor des Sanatoriums, einem Mann, den seine Tätigkeit so durcheinandergebracht hat, daß er zwischen Gesunden und Kranken nicht mehr unterscheiden kann und beinahe den Falschen abholt: Polizeileutnant Rooney.

Was einem zu denken gibt, ist die Erkenntnis, daß die sogenannten Normalen sich in keinster Weise von den sogenannten Irren unterscheiden: Der Taxifahrer, der bis tief in die Nacht hinein auf Mortimer und Elaine wartet und die ganze Hektik nur stückweise mitkriegt, ist schließlich so fertig, daß er dem genervten Helden sogar ein *Taxi* ruft. Richter Cullman weist alle Anzeichen beginnender Alterssenilität auf, aber Recht sprechen und andere Leute in Sanatorien einweisen darf er noch immer. Der Sanatoriumsdirektor Witherspoon, der sich hauptsächlich Gedanken darüber macht, daß in seinem Haus alles seinen ordentlichen Gang geht (»Wissen Sie, Mr. Brewster, wir haben nämlich schon verschiedene Roosevelts bei uns, und das gibt immer Komplikationen und Kompetenzstreitigkeiten ... Wir sind im Augenblick ein bißchen knapp mit Napoleons ...«), entpuppt sich – Schreck, laß nach! – ebenfalls als heimlicher Dramatiker, der Mortimer ein Skript unterjubeln will. Der Kripo-Beamte Rooney weiß sofort, daß jemand, der behauptet, er habe in einem Keller dreizehn Leichen gefunden, ein Irrer sein *muß*. Und Dr. Gilchrist, der Hausarzt der Brewsters, ist nach einem fünfzehnminütigen Spaziergang mit »Präsident Roosevelt« selbst behandlungsreif und unterschreibt alles, was man ihm vorlegt.

Die Bösewichte sind eher böse Wichte: Der permanent vollgesoffene Einstein etwa, ein Quacksalber, dessen Chirurgenkünste gerade ausreichen, um seinem Kumpan Jonathan ein Gesicht zu verpassen, mit dem man Eier abschrecken kann, fällt dem Entsetzen schon anheim, wenn dieser nur einen seiner rabenschwarzen Pläne wälzt, und seine Mimik wirkt, als würde er sich jeden Moment in die Hosen machen. Jonathan, der unverbesserliche Erzhalunke, spricht seinen akademisch gebildeten Freund stets brav mit »Doktor« an, während dieser ihn ständig duzt. Schier außer sich ist Jonathan jedoch, als er erfährt, daß seine alten Tanten erfolgreicher sind als er – da führt er sich auf wie ein neidischer kleiner Junge, der sich mit einem Tretroller bescheiden muß, während die Bengel aus der Nachbarschaft schon Fahrräder haben. Es ist eine wahre Wonne, mitanzusehen, wie er grunzt und die Zähne fletscht, sobald jemand andeutet, er käme ihm bekannt vor: James Whales *Frankenstein*-Verfilmung war zwar seinerzeit schon zehn Jahre alt, aber kaum weniger populär als heute.

Arsen und Spitzenhäubchen ist eher eine Ausnahmeerscheinung unter den filmischen Werken Frank Capras: »Capra machte von Mitte der dreißiger bis Mitte der vierziger Jahre eine Reihe äußerst erfolgreicher Filme ... in der Regel sentimentale Komödien mit Botschaft. Ein wiederkehrendes Thema war das des idealistischen Individuums ... das sich gegen alle Widrigkeiten zur Wehr setzt und die antisozialen Ränke materialistisch eingestellter Zyniker vereitelt. Filme wie *Es geschah in einer Nacht*

(1934), *Mr. Deeds geht in die Stadt* (1936), *Der Lebenskünstler* (1938) und *Mr. Smith geht nach Washington* (1939) teilen ausnahmslos die Grundüberzeugung, daß Ehrlichkeit und Gerechtigkeit in letzter Konsequenz über Egoismus und Betrug triumphieren werden.« (Ephraim Katz, THE FILM ENCYCLOPEDIA) In *Arsen und Spitzenhäubchen* hingegen findet man nichts dergleichen, was daran liegen mag, daß die Vorlage dieses Films ein sehr erfolgreiches Bühnenstück war, das mehrere Jahre lang am Broadway lief. Der Film wurde übrigens schon 1941 abgedreht und durfte aufgrund einer vertraglichen Übereinkunft erst nach dem Auslaufen des Bühnenstücks gezeigt werden.

»Starke Nerven«, fand (unglaublicherweise) E. K. im (evangelischen) FILMBEOBACHTER (1952), »und ein gehöriges Maß Verständnis für die derbe Art angelsächsischen Humors sind mitzubringen, dann aber gibt es ungetrübtes Vergnügen an einem Film, mit dem Hollywood einen Teil der Schuld abträgt, die es durch andere Produkte auf sich geladen hat.« Dennoch kam er zu dem Schluß, die FSK-Freigabe (ab 16 Jahre!) sei »aus gutem Grund« erfolgt: »*Ältere Jugendliche* aber sollte man in diesen Film *mitnehmen,* nach einem *einführenden Gespräch* über Wert oder besser Unwert von Kriminalfilmen, Wildwestgeschichten und Dreigroschenschmökern. Der *Schock,* der sie erwartet, kann heilsamer sein als jeder moralisch erhobene Zeigefinger.« (Hervorhebungen von uns.) Auch der (katholische) FILMDIENST, der *Arsen und Spitzenhäubchen* für eine »hintergründige Parodie ... mit einer meisterlichen Karikatur kleinbürgerlicher Eigenheiten« hielt, glaubte noch 1962, der Film sei »für Jugendliche weder *verständlich* noch zuträglich« und meinte »ab 18 sehenswert«. Tja, liebe Punks & Popper draußen im Lande, da seht ihr mal, gegen welchen Spießbürgermief eure Eltern noch kämpfen mußten, bevor sie zu ihrem wohlverdienten Fun kamen.

Außer Atem

(A BOUT DE SOUFFLE). Frankreich 1960 **P** SNC (Georges de Beauregarde). **R** Jean-Luc Godard. (Beratung: Claude Chabrol). **B** Jean-Luc Godard. **St** François Truffaut. **K** Raoul Coutard. **M** Martial Solal, Wolfgang Amadeus Mozart (Konzert für Klarinette und Orchester, KV 622). **D** Jean Seberg (Patricia Franchini), Jean-Paul Belmondo (Michael Poiccard alias Laszlo Kovacs), Henri-Jacques Huet (Antonio Berruti), Claude Mansard (Gebrauchtwagenhändler), Van Doude (Journalist), Daniel Boulanger (Inspektor Vidal), Jean-Pierre Melville (Parvulesco), Michel Favre (Polizist), Jean-Luc Godard (Denunziant) **SW** 90 Min.

Godard, der Schrittmacher der Nouvelle vague – seit über 25 Jahren die Kontroverse in Person. Zwei Stimmen zu *Außer Atem* aus längst vergangenen Zeiten, pro und contra: »Mit kühler intellektueller Neugier wendet sich ein fähiger junger Regisseur der französischen ›Neuen Welle‹ den abseitigen Experimenten einer kriminellen Jungend zu. Was er mit mehr formaler Geschicklichkeit als geistiger Reife zur Darstellung bringt, ist schamloser Nihilismus. Die böse Kälte, mit der er dabei zu Werke geht, macht den Film besonders widerwärtig.« (FILMDIENST 1960, S. 243) – »Der Film ist ein so überzeugendes Kunstwerk, daß allen Argumenten, die sich gegen sein heikles Thema richten könnten, von vornherein die Spitze genommen ist. Ihn zeichnet eine absolute Wahrhaftigkeit aus, weil er darauf verzichtet, Tatbestände der modernen Existenz und der menschlichen Beziehungen zu bemänteln oder sentimental zu verfälschen. Dadurch erlangt er trotz seiner verzweifelten Amoralität eine hohe Art von Moral. Es gibt wenig Filme von solcher Aufrichtigkeit und von so bewußter Modernität der Aussage.« (Bewertungsausschuß FBW, der das Prädikat »Besonders wertvoll«

verlieh) – Zwei Jahrzehnte später haben sich die Wogen geglättet: »Seltsam, dieses Wiedersehen mit Godards Kultfilm. Er muß wohl damals Ventile geöffnet haben; eine von innen faulende Restaurationsbürgerlichkeit wurde flott in die Kloake geschubst. Schwarze Rüpelromantik als Auftakt zum Verfall der Lebensziele: Ein Museeumsstück!« (Ponkie, ABENDZEITUNG) Godards Verhältnis zu seinem eigenen Film ist inzwischen differenzierter und distanzierter geworden. Zunächst habe er eine Art *Scarface* drehen wollen, herausgekommen sei dabei eine *Alice in Wonderland*; heute nennt er seinen Film schlichtweg »faschistisch«. Godard sagte auch, *Außer Atem* habe kein Thema, das man in zwei Sätzen definieren könnte; der Film erzähle eine Geschichte, dazu keine einfache; man brauche mindestens

Jean-Paul Belmondo als New-Wave-Bogart in Jean-Luc Godards ›Außer Atem‹

zwanzig Minuten, um sie zu resümieren. Solange wollten vermutlich viele Kritiker des Films nicht warten. Ihre Inhaltsangaben lesen sich in etwa wie folgt: Arbeitsscheuer Nachwuchsgangster – unterwegs mit einem gestohlenen Wagen – erschießt auf seinem Weg nach Paris einen ihn verfolgenden Polizisten, trifft sich dort mit einer ebenfalls arbeitsscheuen amerikanischen Studentin, Zeitungsverkäuferin und angehenden Journalistin, verbringt mit ihr gelangweilt Liebesnächte, wird trotzdem von ihr verraten und von der Polizei erschossen. – So erzählt, kann man dem Kritiker des FILMBEOBACHTER durchaus folgen: Ein solcher Film ist sicher »in hohem Maße überflüssig«. Aber es ist eben nicht ein solcher!

Der Plot ist eine vergleichsweise eher kleine Ganovengeschichte. Im Mittelpunkt steht der »Ganove«, nicht der Kriminalfall. Godard schätzt amerikanische B-Pictures, billig und schnell abgekurbelte, vom Inhalt her rasante, schnörkellose Action-Thriller. Er widmet seinen Erstling *Außer Atem* ausdrücklich einer auf B-Filme spezialisierten Verleihfirma, der »Monogram Pictures«, »die uns lehrte, mit wenig Geld viel zu machen«. *Amerikanisch* sind dann auch die beiden Hauptdarsteller, jeder in einer anderen Beziehung. Jean-Paul Belmondo ist der Held der Geschichte. Er spielt Michel Poiccard, einen ziemlich gleichgültig wirkenden jungen Mann, der seine Äußerlichkeiten, seine Gesten und Posen aus vielen amerikanischen Gangsterfilmen gelernt, übernommen und für sich entwickelt hat. Das wird in der berühmten Szene besonders deutlich, als er vor einem Kinoschaukasten steht; darin ein Humphrey-Bogart-Filmplakat: Ein Zwiegespräch scheint sich anzubahnen – Belmondo fährt sich lächelnd mit dem Daumennagel über die Lippen: »Bogie« Belmondo imitiert Bogie, er kopiert ihn aber nicht – sein Bogart-Hut rutscht ihm auf den Hinterkopf, seine Zigarette, die wie bei Bogart nie ausgeht, ist nicht wie bei Bogart der sechste Finger seiner Hand, sie wird gekonnt jongliert, im Mundwinkel und anderswo. Belmondo ist für sich selbst existent, er hat Bogart hinter sich gelassen.

Jean Seberg spielt seine Geliebte Patricia. Sie ist echte Amerikanerin, von Geburt an, äußerlich ein eigentümliches Gewächs, so sauber, kurzbehaart, ganz der amerikanischen Provinz entsprungen, ein neuer Typus im Film! Sexuell ist sie eine Hure, bei einem Journalisten erhofft sie sich beruflichen Einstieg. Ge-

Jean Seberg und Jean-Paul Belmondo machen sich ein paar schöne Stunden

fühlsmäßig ist sie eine Jungfrau. Irgend etwas fehlt an ihr: ein Gewissen, eine Seele? »Die Weiber sind feige«, sagt Belmondo wiederholt zu ihr. Er hofft auf den ihn rettenden Gegenbeweis. Dann will er mit ihr fliehen. Er hofft vergebens. Sie bleibt merkwürdig farblos, zurückhaltend bürgerlich. Herzliches Lachen

35

reicht eben nicht. Ihre Herzlosigkeit liegt in ihrer Gleichgültigkeit begründet, mit der sie ihren Freund der Polizei preisgibt. Ein Verrat ohne Motiv!?

A Bout de Souffle – ein Titel, der alles erklärt, der den Inhalt des Films, sein Thema interpretiert, sein Ende vorwegnimmt: Außer Atem – gehetzt – atemlos – ohne Atem – tot!! Wo der klassische Filmgangster bis zuletzt alles daran setzt, zu überleben, verliert Michel diesen (Über-)Lebenswillen rapide.

Patricia zitiert einmal William Faulkner: »Between grief and nothing, I will take grief.« Die Wahl zwischen dem Elend und dem Nichts aber ist für Michel keine Wahl mehr. Das Elend wäre ein Kompromiß. Wenig später sagt er: »Ich bin müde, ich werde sterben.« Er ist nicht mehr fähig, Kompromisse einzugehen. Alles oder nichts. »Alles« ist für ihn die Liebe Patricias. Als sie ihm »erklärt«, sie habe ihn verraten, um sich zu beweisen, daß sie ihn nicht liebe, ist sein Schicksal besiegelt. Er könnte fliehen, doch er will nicht mehr. Eine Polizeikugel trifft ihn in den Rücken. Er taumelt, läuft weiter, immer stärker schwankend. Dann bricht er zusammen.

MICHEL: Das kotzt mich an (schließt sich selbst, sterbend, die Augen).

PATRICIA: Was sagt er?

INSPEKTOR: Er sagt, sie kotzen ihn an.

PATRICIA (mit Blick in die Kamera): Was ist das, ankotzen?

Godards erster abendfüllender Spielfilm war für viele revolutionär, eine Provokation der guten Filmsitten.

Revolutionär der Inhalt: Zwei »Liebende« verhalten sich den Erwartungen des Publikums gegenüber völlig konträr; der Film erzählt eine Liebesgeschichte im weiten Umfeld der Liebe, eine Geschichte, die sowohl die Unfähigkeit zu lieben enthält wie den Wunsch nach Liebe; Liebe reduziert auf das erotische Einverständnis, ohne Leiden, ohne innere Beglückung, ohne Kompromisse.

Revolutionär die Kameraführung: Kameramann Raoul Coutard drehte die Straßenszenen stehend freihändig oder versteckt aus einem verschlossenen fahrbaren Kasten heraus, so daß viele Straßenpassanten als unbezahlte Komparsen mitwirkten. Längere Kamerafahrten kurbelte er von einem Krankenrollstuhl aus, den ein Assistent durch die Straßen schieben mußte. Coutard arbeitete ohne Stativ, ohne Schienen, mußte mit minimaler

Beleuchtung auskommen, was bei Nachtaufnahmen zur erstmaligen Anwendung besonders empfindlichen Fotomaterials führte, das die Herstellerfirma eigens für *Außer Atem* in Filmkassetten einlegen ließ.

Revolutionär der Filmschnitt: Aus vielen Dialog-Passagen schnitt Godard ganze oder halbe Sätze, aus manchen Vorgängen verbindende Partien heraus.

Durch diese »jump cuts« brachte er Film-Ästheten aus der Fassung; die Schnitte schienen in keiner Weise nützlich, für viele nur verwirrend. Und tatsächlich war diese »Technik«, wie Godard später berichtete, aus einem Zufall erwachsen: »Erste Filme sind immer sehr lang. Denn verständlicherweise will man nach dreißig Jahren in seinen ersten Film alles reinpacken ... mein Film war zweieinviertel bis zweieinhalb Stunden lang, und das war unmöglich, er durfte laut Vertrag nur anderthalb Stunden dauern. Ich erinnere mich noch sehr gut, wie dieser berühmte Schnitt zustande kam, der heute immer in Werbefilmen

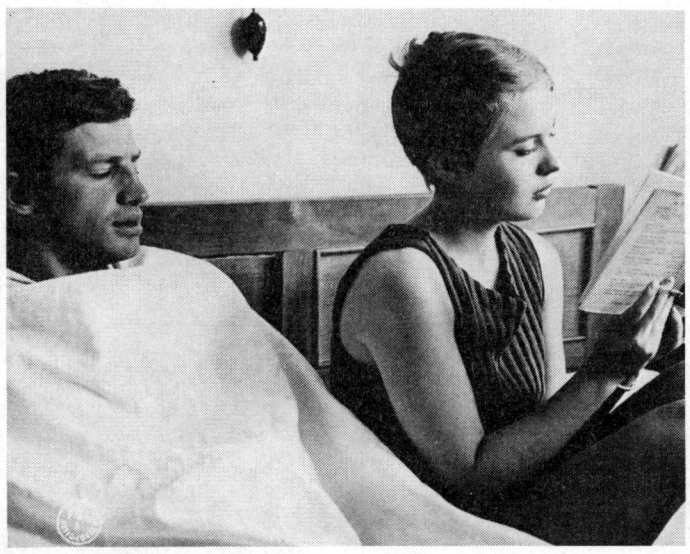

›between grief and nothing, I will take grief ...‹

verwendet wird. Wir haben uns alle Einstellungen vorgenommen und systematisch das geschnitten, was wegkonnte, uns dabei aber bemüht, einen Rhythmus einzuhalten.« Dadurch wirkte der Film »roh aber frisch, sprunghaft aber unerhört dramatisch – titelgerecht atemlos«, wie das Nachrichtenmagazin DER SPIEGEL damals schrieb.

Außer Atem und weitere Filme Godards zeigten ihre Wirkung. Zehn Jahre später schrieb Pier Paolo Pasolini: »Zumindest die Hälfte des neuen Kinos in der ganzen Welt ist ein Godard-Kino, d.h. es gehorcht Regeln, folgt Normen, die von Godard (vielleicht ohne normative Absicht) aufgestellt wurden.« Auch heute, fünfundzwanzig Jahre (und dreißig Godard-Filme) nach *Außer Atem*, gilt der Satz des französischen Schriftstellers Louis Aragon: »Niemand vermag besser als Godard die Ordnung der Unordnung zu beschreiben.«

Bewegliche Ziele

(TARGETS). USA 1967. **P** Paramount (Peter Bogdanovich). **R B**
Peter Bogdanovich. **St** Peter Bogdanovich/Polly Platt. **K** Laszlo
Kovacs. **M** Cat Stevens. **D** Boris Karloff (Byron Orlok), Tim
O'Kelly (Bobby Thompson), Nanca Hsueh (Jenny), James
Brown (Robert Thompson sen.), Mary Jackson (Charlotte
Thompson), Tanya Morgan (Ilene Thompson), Sandy Baron
(Kip Larkin), Arthur Peterson (Ed Loughlin), Peter Bogdano-
vich (Sammy Michaels). **F** 93 Min.

Peter Bogdanovichs Aufstieg zum Starregisseur (u.a. *Die letzte
Vorstellung*, 1971; *Is' was Doc?*, 1971; *Paper Moon*, 1972; *Saint
Jack*, 1979) fällt in die Zeit, als sich US-Produktionsfirmen aufgrund des Riesenerfolgs von Hoppers *Easy Rider* plötzlich viele
Jungtalente leisteten. Bogdanovich, Jahrgang 1939, hat von dieser allgemeinen Stimmung profitiert. Trotzdem gab Roger Corman, König des B-Films und Förderer vieler Nachwuchskräfte
(z.B. Francis Ford Coppola, Martin Scorsese), dem siebenund-
zwanzigjährigen Bogdanovich, den er schon als Drehbuchautor
und Co-Regisseur (*Die wilden Engel*, 1966) verpflichtet hatte,
für seinen ersten Film *Bewegliche Ziele* ein vergleichsweise lächerliches Budget und zusätzlich einige Auflagen mit auf den
Weg: »Corman finanzierte den Film aus eigener Tasche, rund
130 000 Dollar. Er hatte vor Jahren mit Boris Karloff einen Film
gemacht, *The Terror* (Anm.: *The Terror,* 1963, **D** Boris Karloff,
Jack Nicholson, Sandra Knight, **Co-R** u.a. Coppola; es existieren zwar sehr schöne, schaurige Werbeplakate, der Film wird in
der Literatur erwähnt, ist jedoch nur in wenigen Kinos gezeigt
worden; gedreht wurde er in den Sets von *The Raven*, dt. Titel
Der Rabe – Duell der Zauberer.) Karloff war Roger noch zwei
Drehtage schuldig geblieben. Er sagte zu mir: ›Dreh zwei Tage
mit Karloff, macht 20 Minuten Film! Dann nimm 20 Minuten

39

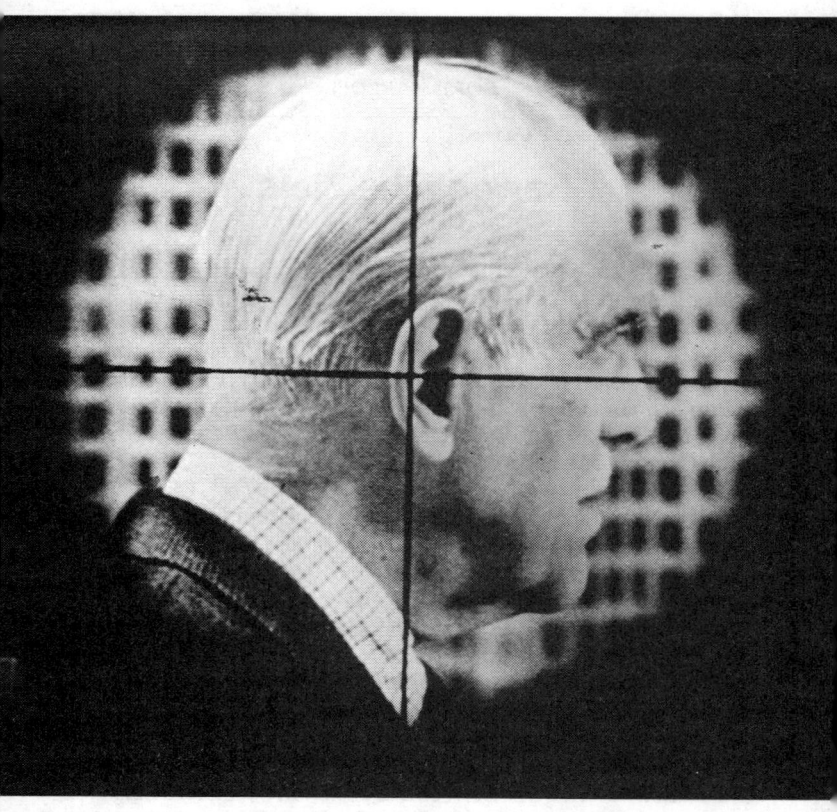

Im Fadenkreuz der neuen Gewalt – Boris Karloff in Peter Bogdanovichs
›Bewegliche Ziele‹

mit Karloff in *The Terror* und drehe weitere 40 Minuten mit irgendwelchen Schauspielern. Montiere das alles zusammen, so
krieg ich dann einen neuen Karloff-Film.‹« Karloff benötigte
fünf Drehtage (von insgesamt nur fünfundzwanzig), aus *The
Terror* wurden nur fünf Minuten eingearbeitet. Bogdanovich
lieferte den Karloff-Film, doch auch die Demontage der »guten
alten« Horror-Zeit, die Ablösung des übersinnlichen unheimlichen Horror durch den unmotivierten direkten Terror.

Byron Orlok, der große Star des Hollywood-Horror, will sich vom Filmgeschäft zurückziehen. Das Genre, das ihn berühmt gemacht hat, hat sich überlebt, ist längst von der Wirklichkeit überholt worden.

Orlok geht zu seinem Wagen, um in sein Hotel zu fahren. Für einen kurzen Augenblick ist er im Fadenkreuz eines Zielfernrohres zu sehen. Bobby Thompson zielt – er prüft im gegenüberliegenden Waffengeschäft sein neues Gewehr. Nachdem er die Waffe zu den anderen in den Kofferraum seines Wagens gelegt hat, fährt er nach Hause. Thompson, ein typischer Durchschnittsamerikaner, lebt mit Ehefrau Ilene und Eltern in einem kleinen Haus am Rande der Stadt. Waffen sind seine Leidenschaft. Doch immer nur auf Blechbüchsen zu schießen, ist auf Dauer langweilig. Er verspürt den Drang, auf Lebendiges zu zielen und abzudrücken. Solche Zwangsvorstellungen beunruhigen ihn zunächst, er will mit seiner Frau darüber sprechen. Doch die muß zum Nachtdienst und verläßt das Haus.

Unterdessen wird Orlok in seinem Hotelzimmer von dem jungen Drehbuchautor Sammy Michaels, Regisseur seines letzten Films, aufgesucht. Im Fernsehen läuft gerade *The Criminal Code* (dt. Titel *Das Strafgesetzbuch*, 1930, **R** Howard Hawks), einer der ersten Erfolge von Karloff-Orlok. »Hawks wußte noch Geschichten zu erzählen«, seufzt Orlok. Er lehnt es ab, das Drehbuch, das Sammy mitgebracht hat, überhaupt zu lesen. »Alle guten Filme sind schon gedreht.« Orlok ist fest entschlossen, nicht mehr zu filmen. Nur der Uraufführung seines letzten Filmes in einem Autokino will er zum Abschluß seiner Karriere noch beiwohnen.

Am nächsten Morgen kehrt Ilene in ihr Haus zurück. Thompson läßt sie gar nicht erst zu Wort kommen, er knallt sie ab. Dann erschießt er seine Mutter und den Boten eines Supermarkts. Er hinterläßt die Nachricht, auf alles zu schießen, was ihm in die Quere kommt. Auf einem Gastank in der Nähe einer Hauptstraße bezieht er Stellung. Nachdem er sein Waffenarsenal ausgebreitet und friedlich einen Imbiß zu sich genommen hat, feuert er mit eiskalter Präzision auf vorbeifahrende Autos. Erst als er Polizeisirenen hört, packt er seine Waffen zusammen und läuft zu seinem Wagen zurück. Nach wilder Flucht erreicht er das Autokino, in dem der Film *The Terror* gezeigt werden soll. Thompson versteckt sich hinter der Leinwand. Bei Filmbeginn schießt er durch ein kleines Loch in der Leinwand auf die Zuschauer. Er trifft auch den Vorführer. Der Film läuft weiter. Panik bricht aus. Einige Zuschauer haben ihre obligaten Gewehre im Kofferraum. Sie gehen gegen den Heckenschützen vor. Thompson rennt – blindwütig um sich schießend – vor die Leinwand. Orlok ist längst am Schauplatz eingetroffen. Seine Sekretärin wird verletzt. Wutentbrannt geht Orlok auf Thompson los. Gleichzeitig nähert sich auf der Leinwand der Film-Orlok seinem Opfer. Völlig verwirrt ballert Thompson auf die Spielfilmszene. Der wirkliche Orlok nutzt die Chance. Thompson wird überwältigt.

Unter den Regisseuren des »New American Cinema« nimmt Peter Bogdanovich eine Sonderstellung ein. Er kam über die Filmkritik (die renommierte »Film Culture«) und das systematische Studium der Filmklassiker zum Film, nachdem er bereits Arbeiten über Welles, Hawks, Hitchcock, Ford, Lang u.a. verfaßt hatte.
Sein Debüt als Regisseur, *Bewegliche Ziele*, ist daher auch – aber nicht nur – ein Film über andere Filme. Verblüffend ist, daß Bogdanovich mit seinen Kenntnissen relativ sparsam umgeht.
Die indirekt eingearbeiteten Filmzitate aus *Das Strafgesetzbuch*, Karloffs frühem Erfolg noch vor *Frankenstein*, und *The Terror*, der einen typischen »späten« Karloff zeigt, bilden die Klammern im Leben des Stars und die Anhaltspunkte für Erinnerungen, die sich im Kopf des Betrachters einstellen. Bewußt und ebenso virtuos ahmt Bogdanovich den Stil klassischer Hitchcock-Filme nach: Die Kamerafahrten sind eine Reminiszenz an *Psycho*; als Thompson hinter der Leinwand nach seiner Waffe tastet, ist *Der Fremde im Zug* das große Vorbild. *Bewegliche Ziele* ist eine geschickt verpackte Hommage an Karloff und die Glanzzeiten des Hollywood der dreißiger bis Ende der fünfziger Jahre, ein verklärter Blick zurück auf die »guten alten«, endgültig vergangenen Zeiten.
Bewegliche Ziele ist vor allem auch ein Film über die Gewalt, das Hauptthema des neuen Hollywood-Kinos. Der Schuß aus der Menge in *Nashville*, die Todesschüsse in *Easy Rider*, das Blutbad in *Taxi Driver*, die Schüsse des Scharfschützen in *Bewegliche Ziele*: Die neue Gewalt – Gewalt als Folge des *american*

Peter Bogdanovich (2. v. l.) bei den Dreharbeiten zu ›Targets‹

way of life! Das Land der unbegrenzten Freiheiten: Wo sonst
wäre es möglich, sich legal und offen Schußwaffen und Munition
in beliebiger Menge kaufen zu können? Wo wird der Kofferraum zur Waffenkammer? Gelegenheit macht Mörder. Opfer
und Täter – beide fallen nicht sonderlich auf.

»Streck dich! Ja, so ist es gut! Sehr gut! Los, komm!
Komm! Mach! Schmeiß dich rein! So ist gut.
Ja, das ist gut! Fabelhaft! Los, mach weiter!
Ja, zeig's mir! Großartig! Nein, nein. Kopf hoch!
Kopf hoch!«

DAVID HEMMINGS

Blow Up

(BLOW UP). Großbritannien 1966. **P** Bridge Films (Carlo Ponti).
R Michelangelo Antonioni. **B** Michelangelo Antonioni/Antoni-
no Guerra/Edward Bond. **LV** Julio Cortazar. **K** Carlo di Palma.
M Herbert Hancock/The Yardbirds. **D** David Hemmings (Thomas), Vanessa Redgrave (Jane), Sarah Miles (Patricia), Veruschka von Lehndorff (Veruschka), Peter Bowles (Ron), Jane
Birkin, Jill Bennington, John Castle, Gillian Hills, Julian Chagrin, Claude Chagrin, The Yardbirds. **F** 111 Min.

Swinging London in den sechziger Jahren: Der junge und ziemlich arbeitswütige Fotograf Thomas hat gerade eine Nacht in
einem Obdachlosenasyl zugebracht, weil er für einen Doku-
mentarband »Bilder aus dem Leben« sammelt. Erfolgreich wie
er ist, hat er auch zwischen den Aufnahmeterminen keine freie
Minute: Er kauft Requisiten ein (in diesem Fall einen riesigen
alten Flugzeugpropeller) und fragt sich, ob und wo er in Grund-
stücke investieren soll, da gewisse Straßenzüge »in Mode« zu
kommen scheinen. Daß seine Frau Patricia, die er nur selten
sieht, mit seinem besten Kumpel schläft, stört ihn nicht, das gehört nun mal zum hippen Feeling seiner Kreise. Aber als er im
Stadtpark Aufnahmen macht, ist dies der Anfang einer Entwicklung, die seine Welt nach und nach aus den Fugen geraten
läßt: Eine hübsche junge Frau namens Jane, die er heimlich bei
einem Stelldichein mit einem Herrn geknipst hat, macht Thomas zuerst an und dann das Recht am eigenen Bild geltend.
Thomas freilich läßt sie mächtig cool auflaufen. Später, als Jane
ihn in seinem Atelier aufsucht, erneut um die Herausgabe des

Einbruch der Realität ins hippe Lebensgefühl – Thomas (David Hemmings) entdeckt die Leiche auf seinen Fotos

Bildes bittet (und sich ihm sogar als Preis offeriert), legt er sie mit einem falschen Film herein. Warum er dies tut, ist ihm offenbar selbst nicht klar – hippe Leute zeichnen sich eben durch hippes Verhalten aus. Thomas entwickelt den Film. Und siehe da: Aus einem Gebüsch heraus scheint jemand mit einer Schußwaffe auf den Herrn zu zielen, mit dem Jane gerade flirtet. Thomas fängt an, den bewußten Bildausschnitt immer weiter zu vergrößern (»to blow up«). Auf der letzten einer ganzen Reihe von Vergrößerungen glaubt er einen Mann unter einem Baum liegen zu sehen. Einen Toten? Ist er zufällig Zeuge eines Mordes geworden? Ist Jane ein Lockvogel? Hat sie den Mann in den Park gelockt, damit ein anderer ihn aus dem Hinterhalt töten konnte? Als Thomas in der Nacht zum Park zurückkehrt, findet er eine Leiche. Wieder in seinem Atelier angelangt, hat man ihm die Vergrößerungen und das Negativ des bewußten Films gestohlen. Thomas weiß nicht genau, was er machen soll. Sein Freund Ron, der für einen Verlag arbeitet, steht gerade unter Drogeneinfluß, als er ihn um Rat und Hilfe bitten will. Thomas gibt sehr schnell auf, als Ron Verständnislosigkeit für sein Problem äußert. Er »vergißt« die Leiche. Am nächsten Morgen ist der Tote verschwunden. Thomas weiß nicht, ob er einer geschickt eingefädelten Verschwörung oder einer Halluzination zum Opfer gefallen ist. Auf jeden Fall interessiert ihn die Sache nun nicht mehr. Am Ende steht er an der Umzäunung eines Tennisplatzes und schaut den »Spielern« zu; clownesken Gestalten, die ohne Ball und Schläger eine Pantomime aufführen. Als der imaginäre Ball über die Umzäunung fliegt, läßt Thomas sich in das Spiel einbeziehen. Er bückt sich, hebt den »Ball« auf und wirft ihn zurück. Er *hört,* wie der Ball aufschlägt. Zuerst ganz leise, dann immer vernehmlicher ...

Wovon handelt *Blow Up?* Von einem Mann, der von einer fixen Idee besessen ist? Vom zeitweilig erwachenden Interesse eines Menschen an seiner Umgebung? Von der Teilnahmslosigkeit der Öffentlichkeit? Von der Undurchschaubarkeit der realen Welt? Von der »Faszination des Bildes ... das sich als Abbild der Wirklichkeit präsentiert«? (l. z. im FILMDIENST) Ist *Blow Up* »ein kritisches Dokument ... das menschliche Gleichgültigkeit, beruflichen Fanatismus, rigorose Karrieresucht und erotische Libertinage ... anprangernd bloßstellt«? (Lbv. im FILMBE-OBACHTER) Kommt es auf »die Wahrheit oder Unwahrheit eines Vorgangs ... nicht mehr an«, weil »ausschlaggebend ... das Imaginäre, die fixe Idee [ist], ob sie nun von der Wirklichkeit bestätigt wird oder nicht«? (Ulrich Gregor, DIE GESCHICH-TE DES FILMS – AB 1960)

»Ich habe mich früher immer für unheimlich kreativ gehalten, aber jetzt weiß ich, daß ich es gar nicht bin.« Dieser Ausspruch aus dem Munde eines Mannes, der vor fünfzehn Jahren »irgend etwas in Sachen Kunst« machen wollte und heute mit Second-hand-Taschenbüchern und alten Comic-Strips handelt, illustriert vielleicht das Dilemma, in dem Thomas, der routinierte

›Blow Up‹ – David Hemmings und Veruschka von Lehndorff

Knipser, steckt, als er seinen kreativen Geist bemüht, um einer Sache auf die Schliche zu kommen, die urplötzlich in sein Leben eindringt und die Dimensionen seiner Imagination sprengt. Die Branche, in der er einst (?) kreativ wirken wollte, hat ihn längst vereinnahmt; er ist ein (wenn auch privilegiertes) Rädchen im Getriebe einer Bewußtseinsindustrie geworden, die ihn zum Lieferanten degradiert. Thomas schuftet wie ein Wilder, hat ständig irgendwelche Termine wahrzunehmen, aber er stellt Produkte her, die industriell verwertet und vertrieben werden, wie der Fotoband, an dem er arbeitet. In dessen Fall kommt es zu keinem Gespräch, das andeutet, man interessiere sich wirklich dafür. »Ich wünschte, ich hätte einen Schrankkoffer voll

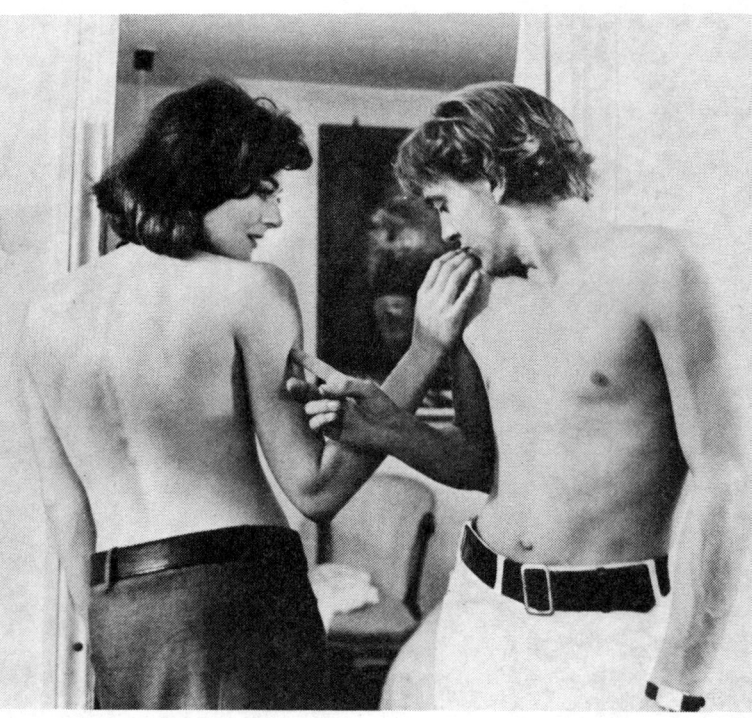

Halbgefrorener Beziehungsschmerz – David Hemmings und Vanessa Redgrave

Geld«, sagt Thomas einmal zu Ron, »dann wäre ich frei ...« Woraufhin Ron auf das Foto eines zerlumpten Mannes deutet und meint: »Frei wie der?« Ist es nicht nur natürlich, daß die ständige Beschäftigung mit dem *Gestellten* einem Menschen den Blick für die Realität völlig verkleistert? Thomas ist »angepaßt«, ein Mensch ohne Beziehungen zu anderen Menschen, er hat nur Freunde, die eher »Bekannte« sind. Sie bleiben namenlos, und ihr Verhalten ist ein einziges Herumhängen und sich Bekiffen. Ihre Gespräche sind oberflächlich, sie betäuben sich, angeblich, um die Realität neu wahrzunehmen, in Wahrheit jedoch nicht anders als jene, deren stumpfsinniges Dasein sie verachten. Für Thomas' Entdeckung interessiert sich niemand, und er im Grunde auch nicht so richtig: Auf Rons drogeninduzierte Teilnahmslosigkeit reagiert er mit Energielosigkeit, Sichhängenlassen. Sein Vorhaben, die Leiche im Park zu fotografieren, »vergißt« er einfach. Da ist von der Kreativität des Künstlers nichts mehr geblieben als Leere, die auch sein Leben bestimmt: kurzfristige optische Reize und die routinierte Banalität des Alltags. Thomas stellt überhaupt nichts mehr in Frage. »Das Abbild der Wirklichkeit, Inbegriff der Objektivität, löst eine Vorstellung aus, deren Wahrheit oder Unwahrheit am Ende irrelevant wird, das Opfer wird einer, dessen Beruf die unbestechliche Beobachtung zu sein scheint.« (Enno Patalas in FILMKRITIK)

»Das Verhalten der Akteure ist Antonioni-typisch: Sie bewegen sich gleichgültig und sagen ihre Dialoge in sorgfältig einstudierten Entrücktheitsposen auf, mit abgewandtem Gesicht, leidenschaftslos – und manchmal, ohne sie zu Ende zu sprechen. Oftmals werden ihre Züge von unerklärten Geräuschen oder Ereignissen abgelenkt, die von außen kommen. Ihre Sex-Szenen spielen sie mit kalter Intensität.« (William Bayer, THE GREAT MOVIES) – »Antonioni hat in seinen früheren Filmen stets das Phänomen der gestörten Umweltsbeziehung, der Kontaktarmut, der Vereinsamung beschrieben, er hat gezeigt, daß die Protagonisten unter der inneren Leere leiden, daß sie an ihr zerbrechen. Diese Probleme aber stellen sich in *Blow Up* nicht mehr, niemand diskutiert sie, niemand leidet unter ihnen, da hier die Krankheit zum Normalfall geworden ist. Diese Umkehrung aber ist keine Erfindung von Antonioni, denn letztlich zeichnet er nur ähnliche Verhaltensweisen auf wie Richard Lester in seinen Filmen und bestätigt damit, daß ein Teil der englischen Jugend, über die bereits soviel geschrieben und diskutiert wurde, und die mit Erfolg auch anderenorts imitiert wird, dem entworfenen Bild entspricht.« (w. o. im FILMBEOBACHTER)

Ⓥ MGM/United Artists

Blues Brothers

(THE BLUES BROTHERS). USA 1979. **P** Universal (Robert K. Weiss). **R** John Landis. **B** Dan Aykroyd/John Landis **K** Stephen M. Katz. **SpE** Albert Whitlock. **M** Ira Newborn. **D** John Belushi (Jake Blues), Dan Aykroyd (Elwood Blues), Carrie Fisher (Unbekannte Schöne), Ray Charles (Ray), Kathleen Freeman (Schwester Mary), Toni Fleming (Pensionswirtin), James Brown (Reverend Cleophus James), Murphy Dunne (Murph), Willie Hall (Willie), Matt Murphy (Matt), Frank Oz (Knastbeamter), Aretha Franklin (Matts Frau), Cab Calloway (Curtis), Armand Cerami, Steven Williams (Polizisten), Al Rubin (Mr. Fabulous), Twiggy (Mädchen an der Tankstelle), Steve Cropper, Donald Dunn, Tom Scott, Lou Marini, Tom Malone, Henry Gibson, John Lee Hooker. **F** 133 Min.

An einem schaurig-schönen Morgen zwischen den rauchenden Schloten & stinkenden Schlachthöfen von Chicago: Jake Blues hat gerade drei Jahre abgebrummt, nimmt seine Habseligkeiten in Empfang (»Eine Timex-Digitaluhr – zerbrochen, ein unbenutztes Präservativ, ein benutztes«), macht drei Kreuzchen auf ein Formular, und ab geht die Post. Sein Bruder Elwood nimmt ihn – ausgerechnet in einem ausgedienten Bullenwagen – wieder in Empfang: »Das wüsteste Team seit Nitro & Glyzerin« (Verleihwerbung) ist wieder vereint & zeigt den Cops gleich mal, wat 'ne Harke is. Mit ihrem »Bluesmobil« donnern sie durch ein supergigantobombastisches Warenhaus und geben dabei – verfolgt von zwei wutschnaubenden Streifenpolizisten – Kommentare von sich, die exakt zum Ernst ihrer Lage passen: »Da vorn gibt's Hamburger!« – »Babybekleidung!« – »Hier gibt's alles.« – »Der neue Oldsmobile ist dies Jahr früh rausgekommen.« Daß dabei diverse Dutzend Schaufenster zu Bruch gehen, wundert da schon keinen mehr.

›Saturday Night Live‹-Anarchos im Dienste des Herrn – John Belushi und Dan Aykroyd als ›Blues Brothers‹

In der alten Heimat (einem Waisenhaus) angekommen, erfahren die Brothers, daß der Pleitegeier über dem Dach kreist: Wenn Schwester Mary nicht binnen elf Tagen 5000 Mäuse auftreiben kann, sind die armen Waisen ohne Heimat. Bei einem Kirchenbesuch kommt Jake die Erleuchtung: »Wir bringen die Band wieder zusammen.« Von nun an sind sie »sozusagen im Auftrag des Herrn unterwegs«, und es gelingt ihnen sogar (mit ein wenig weniger feiner Nachhilfe), ihre alten Musikerkumpane wieder zusammenzutrommeln. Verfolgt werden sie dabei unerklärlicherweise von einer unbekannten Schönen, die nichts unversucht läßt, den guten Jake mit Hilfe von Panzerfäusten, Sprengsätzen, Flammenwerfern & MP-Garben vom Leben zum Tode zu befördern. Die Band jedoch will auftreten & Knete machen, haben die Jungs doch allesamt ihre bürgerliche Existenz

51

an den Nagel gehängt, um der guten Sache zu dienen. Aber leider sind nicht nur die Cops hinter den Brothers her, sondern selbige verscherzen es sich auch noch mit der amerikanischen Nazi-Partei und bringen die knochenharte Country-Band »The Good Ole Boys« gegen sich auf – weil jene die Musik der Blues Brothers a) für Niggermusik halten, weil sie ihnen b) einen Gig weggeschnappt haben, und c) vor Wut schäumen, weil ihnen während der Verfolgung der Blues Brothers ihr Wohnwagen zu Bruch gegangen ist.

Bald jagt die halbe Welt hinter Jake und Elwood her, und der Steuertermin rückt immer näher. Bevor es jedoch dank der Hilfe eines mitleidigen Managers zu einem triumphalen Auftritt in der City Hall kommt, wimmelt es im Umfeld der Band von Cops, Good Ole Boys & killwütigen Nazis. Ein freundlicher Plattenproduzent, der früher mal als Rausschmeißer gearbeitet hat, zückt 10.000 Mäuse – als Vorschuß auf einen Plattenvertrag. Jake & Elwood gelingt die Flucht aus dem vollbesetzten Haus durch einen Abwasserkanal (wo ihnen die unbekannte Schöne nochmals auflauert). Eine MP-Salve bringt Elwood endlich dazu, sich die Frage zu stellen, was die Dame eigentlich von ihnen will. Daraufhin belabert Jake die Schießwütige (seine Braut, die er hat sitzenlassen) mit einem dermaßenen Schwachsinn, daß sie erneut vor Liebe dahinschmilzt und den Weg freimacht. »Es sind 106 Meilen nach Chicago«, stellt Elwood lakonisch fest, als sie in ihrem »Bluesmobil« sitzen, »wir haben genug Benzin im Tank, 'n halbes Päckchen Zigaretten, es ist dunkel und wir tragen Sonnenbrillen!« Dann macht er *Bleifuß,* ab durch die Mitte, zum Finanzamt, um den Schotter fürs Waisenhaus einzuzahlen. Damit beginnt Lützows wilde verwegene Jagd, denn hundertfünfzig Streifenwagen mit heulenden Sirenen, eine Kompanie rachedurstiger Nazis und ein Dutzend knüppelbewehrter »Good Ole Boys« sind ihnen fortan auf den Fersen. Keine Frage, daß es auf dem Highway zu einem gewaltigen Chaos und 'ner Menge Blechschäden kommt. Da die Brothers auf der Flucht nahezu jedes Gesetz übertreten, das die amerikanische Straßenverkehrsordnung kennt, ist es eigentlich nur logisch, daß man alles tut, um ihrer habhaft zu werden: Kaum haben sie das Bürohaus geentert, kommt es zu einer beispiellosen Invasion: City Police, Highway Police, FBI, CIA, Texas Rangers, die Feuerwehr, die Nationalgarde, die Armee, die

Rehearsing for the Jailhouse Rock – die Blues Brothers Band im Knast

Ledernacken sowie diverse Helikopter-Einheiten der Air Force stürmen das Gebäude der Finanzbehörde, und zwar mit dem Kracher im Vorhalt. Aber wie immer wird am Schluß das Gute belohnt: Die armen Waisenkinder dürfen in ihrem Heim bleiben! Elwood, Jake & die Jungs von der Band hingegen landen im Knast, wo sie den Insassen mächtig zum Tanz aufspielen … Irrwitz ist der einzige treffende Ausdruck für das, was Dan Aykroyd und John Landis in ihrem ausgeflippten Drehbuch zusammengebraut haben. Wenn man sieht, mit welcher Nonchalance ihre beiden wie jüdische Diamantenhändler gekleideten Heroen (»einfältig im Geist, aber stark im Glauben«, fand Rolf Thissen im FILMBEOBACHTER) die Tücken ihres Daseins meistern, kann man nur noch den Hut vor ihnen ziehen. Als sich z. B. die unbekannte Schöne anschickt, mit einer Bazooka aus der Unterkunft der Brothers eine Ruine zu machen, werfen sich die beiden nur schlicht und cool zu Boden, klopfen sich anschlie-

53

ßend den Staub von der Jacke und gehen ihrer Wege. Als die unbekannte Schöne später tatsächlich das ganze Haus in die Luft bläst, kriechen die beiden aus den Trümmern, klopfen sich den Staub von der Jacke und gehen abermals ihrer Wege. Als die unbekannte Schöne am Abend darauf eine Telefonzelle attackiert, in der Jake und Elwood sich aufhalten, besteht die Reaktion der Brüder in der Feststellung, daß sie nach erfolgloser Explosion von »mindestens siebeneinhalb Dollar Kleingeld« umgeben sind.

Im Presseheft seines deutschen Verleihs behauptet John Landis, er und Aykroyd hätten nur einen unprätentiösen Film ohne »verquaste Botschaft mit versteckten Appellen« schreiben wollen: »Es ist die Geschichte zweier Burschen, die einen geraden Weg gehen wollen, aber immer wieder an ihrer eigenen Unzulänglichkeit scheitern, sich selbst im Wege stehen und schließlich in immer größere Schwierigkeiten geraten.« Der Film mag keine Botschaft haben, aber Landis und Aykroyd sind keinesfalls blind, was gewisse amerikanische Besonderheiten angeht: Da bezeichnet beispielsweise ein uniformierter Polizist die aufmarschierten Nazis als »verdammte Penner«, und Jake sagt: »Ich hasse diese Nazis!«, woraufhin Elwood wortlos Gas gibt und selbige in einen Fluß springen müssen, um nicht überfahren zu werden. Man stelle sich vor, ein deutscher Slapstick-Komödiant (etwa Dieter Hallervorden) würde einen solchen Satz sprechen! Und was die »Good Ole Boys« und deren Anhänger angeht: Diese werden so geschildert, wie der durchschnittliche amerikanische Country & Western-Fan auf Landis und Aykroyd wirkt: als reaktionäres Wichtelhirn »all-american style«, als Vertreter eines Menschentypus, der Bluesmusik schon deswegen ablehnt, weil sie die Musik der Schwarzen ist. Das Gesicht des »Good Ole Boys«-Chefs, als er plötzlich »Jacob Stein von der Musikergewerkschaft« (alias Jake Blues) gegenübersteht; die Art, wie er den Namen »Stein« ausspricht, der für ihn völlig zu Jakes jüdisch wirkendem Äußeren paßt; die Reaktion auf Jakes (zugegeben dreiste) Forderung, er möge ihm doch seinen Gewerkschaftsausweis zeigen – hier zeigt sich nur zu klar ein Weltbild, nach dem in Amerika nur die echten Amerikaner das Sagen haben. Und keinesfalls die eingewanderten Ausländer, die solche unamerikanischen Institutionen wie Gewerkschaften überhaupt erst erfunden haben: »Nehmen Sie mal an,

BLUES BROTHERS

MUSIC IN ACTION

DAS WÜSTESTE TEAM SEIT NITRO UND GLYCERIN.

JOHN BELUSHI — **DAN AYKROYD**
BLUES BROTHERS

JAMES BROWN · CAB CALLOWAY · RAY CHARLES · CARRIE FISHER
ARETHA FRANKLIN · HENRY GIBSON · THE BLUES BROTHERS BAND

Drehbuch: DAN AYKROYD und JOHN LANDIS   Ausführender Produzent: BERNIE BRILLSTEIN
Produktion: ROBERT K. WEISS   Regie: JOHN LANDIS

EIN UNIVERSAL-FILM IM VERLEIH DER

wir haben keine Gewerkschaftskarten, und wir gehen da rein und spielen trotzdem. Was wollen Sie dagegen machen? Wollen Sie uns daran hindern, *Stein*? Würde doch verdammt komisch aussehen, wenn Sie versuchen, Maiskolben zu fressen – *ohne Zähne!*«

Was nun wiederum nicht heißen soll, *Blues Brothers* sei ein gesellschaftskritischer Film. Seinen Reiz erhält er vorwiegend durch die beispiellose Chuzpe der Brothers – und die niederträchtige Art, mit der sie ihre alten Kumpels dazu bewegen, ihrer bürgerlichen Existenz Ade zu sagen: Der Bläser Mr. Fabulous etwa betätigt sich als Empfangschef eines Nobelrestaurants, er will ums Verrecken nicht wieder auf die Walz gehen. Die Brothers gewinnen ihn für sich, indem sie an seinem Arbeitsplatz auftauchen, »Gast« spielen und die dortselbst äsende High Snobiety mit ihrem *gewöhnlichen* Benehmen schockieren. Was so weit geht, daß Jake einem feinen Herrn den Vorschlag macht, ihm seine Töchter »abzukaufen« : »Die kacken Ihnen doch bloß die Hütte voll.«

Momente unterblichen Humors erlebt man auch, wenn man sieht, wie die Brothers von Schwester Mary, der »Pinguin-Tante«, eins mit dem Lineal übergebraten kriegen, weil sie sich nicht einigen können, ob man in Anwesenheit einer Nonne statt »Scheiße« nicht lieber »Kacke« sagt; wie Reverend James eine Predigt hält, bei der nicht nur die Seelen seiner Schäfchen vor Freude hüpfen, sondern auch deren Körper, wie der genervte Einsatzleiter der Highway Police über Funk bekanntgibt: »Die Anwendung von unnötiger Gewalt bei der Festnahme der besagten Blues Brothers ist genehmigt worden!« (was die Truppe mit einem freudigen »Hurra!« quittiert); und wie Jake und Elwood Blues in Aretha Franklins Imbißstube etwas zu Futtern bestellen:

ELWOOD: Haben Sie etwas weißes Brot?

ARETHA: Ja.

ELWOOD: Dann möchte ich bitte … etwas getoastetes Weißbrot, bitte.

ARETHA: Mit Butter oder Marmelade auf dem Toast, Schatz?

ELWOOD: Nein, Ma'am; trocken.

JAKE: Haben Sie auch 'n Brathahn?

ARETHA: Den verdammt besten Brathahn in der Stadt.

JAKE: Dann nehm ich vier gebratene Brathähne und 'ne Cola.

56

ARETHA: Was willst du haben? Die Keulen oder die Flügel?
JAKE: Ich will vollständige Tiere. Und 'ne Cola.
ELWOOD: Und etwas trockenen weißen Toast, bitte.
ARETHA: (zu Elwood) Und wollen Sie auch was dazu trinken?
ELWOOD: Nein, Ma'am.
JAKE: Ich Cola.
Ein ganz besonderer Höhepunkt der Show ist »die längste, materialreichste Autoverfolgungsjagd, die man in letzter Zeit gesehen hat: Du liebe Zeit, da wird die Streifenwagen-Armada einer ganzen Stadt vernichtet. Das ist erstens die Erfüllung eines ganz persönlichen Wunsches von Dan Aykroyd, und zweitens die Erfüllung des Gebets jedes amerikanischen Teenagers. Auch uns machts ganz schön Spaß, wenn Bullenautos der Reihe nach zusammenkrachen. Wir rächen uns dafür, daß sie uns Angst machen. Unsere Kasperles hauen nicht mehr den Teufel, sondern den Polizisten.« (Georg Seeßlen und Beate Seeßlen-Hurler in MEDIUM)
Nicht immer perfekt (aber dennoch recht gut) ist die deutsche Dialogfassung von Arne Elsholtz, die aus einem »Soul Food Restaurant«*) ein »religiöses« und aus einem »Grand« (= 1000 $) einen »Großen« statt einen »Riesen« macht, »Tonight only« als »Nur heute nacht« mißversteht (wo es »Nur heute abend« heißen müßte), und »you boys« fix und foxi als »ihr Jungs« rüberbringt, wo ein simples »ihr« gereicht hätte: Denn die im Englischen notwendige »Kennzeichnung« des Unterschieds zwischen »you« (»du«) und »you« (»ihr«) wird eben durch das nachgehängte »boys« vorgenommen. »Ihr Jungs« sagt in der wirklichen Welt kein Mensch, es sei denn, er ist Synchronsprecher.

*) Dies sollte man besser gar nicht übersetzen.

»Sie sind Norma Desmond. Sie waren früher in
Stummfilmen zu sehen. Sie waren groß.« –
»Ich *bin* groß, die Filme sind es, die heute keine
Größe mehr haben.«

WILLIAM HOLDEN UND GLORIA SWANSON

Boulevard der Dämmerung

(SUNSET BOULEVARD). USA 1950. **P** Paramount (Charles Brak-
kett). **R** Billy Wilder. **B** Charles Brackett/Billy Wilder/D. M.
Marshman, Jr. **K** John F. Seitz. **M** Franz Waxman. **D** Gloria
Swanson (Norma Desmond), Erich von Stroheim (Max von
Mayerling), William Holden (Joe Gillis), Nancy Olson (Betty
Schaefer), Fred Clark (Sheldrake), Lloyd Gough (Morino),
Jack Webb (Artie Green), Buster Keaton, Anna Q. Nilsson,
Hedda Hopper, Ray Evans, Jay Livingston, H. B. Warner, Cicil
B. DeMille. **SW** 110 Min.

»Eine Leiche wird ins Leichenschauhaus gebracht, die Leiche
von Holden. Dort liegen noch sechs andere Leichen, von Tüchern bedeckt. Durch einen Trick sehen wir die Gesichter unter
den Tüchern. Die Toten erzählen sich, wie sie ums Leben kamen. Schließlich fängt Holden mit seiner Geschichte an.« So
sollte der Film beginnen, so wurde er bei einer Preview gezeigt.
Regisseur Billy Wilder berichtet: »... Die Leiche wird auf einer
Rollbahre hereingebracht, am großen Zeh ein Namensschild
befestigt. Als dieses Schild am Zeh festgemacht wurde, da brach
im Zuschauerraum das lauteste Lachen aus, das ich in meinem
Leben gehört habe ... es war furchtbar. Also wurde die ganze
Sequenz herausgenommen. Es blieb nur die Idee, die Geschichte von einem Toten erzählen zu lassen.«
Der Tote schwimmt mit dem Gesicht nach unten in einem Swimmingpool. Seine Story klingt einfach, ganz im Stil eines amerikanischen B-Pictures: Drehbuchautor Joe Gillis, jung, aber erfolglos, rettet sich vor dem Zugriff seiner Gläubiger in ein altes
Anwesen; in der verwahrlosten Villa lebt der einstige Stumm-

58

film-Star Norma Desmond mit ihrem Hausdiener Max, einst ihr
Regisseur und erster Ehemann; Gillis soll ein Drehbuch, das sie
verfaßt hat, überarbeiten, gerät zunächst in finanzielle Abhän-
gigkeit, wird ihr Geliebter, ihr Gefangener; als er sich endlich
von ihr befreien will, indem er ihr schonungslos alle ihre Illusionen nimmt, erschießt sie ihn; es folgt ihr letzter großer Auftritt
im Rampenlicht – vor den Kameras der Wochenschau!
Produzent, Regisseur, Drehbuchautoren, nicht zuletzt die Darsteller selbst liefern den Beweis, daß ein schlüssiges Meisterwerk über das Ungeheuer Hollywood, Brutstätte und Totengrä-
ber von Starkulten und anderen Illusionswelten, nur von unmittelbar Beteiligten und Geschädigten, von Hollywood selbst hervorgebracht werden kann. *Boulevard der Dämmerung* ist eine
bittere Abrechnung mit Hollywood – mit den Mitteln des Holly-
woodkinos, eine Abrechnung, die zeigt, wie zerbrechlich die

›Boulevard der Dämmerung‹ – William Holden nimmt sein letztes Bad

59

Fassade der Filmmetropole ist, die nach außen hin solchen Glanz ausstrahlt. Der Film ist wie ein Gangsterfilm, wie ein Horrorfilm, wie eine Groteske, wie eine Tragikomödie, wie eine Tragödie, wie ein Sensationsstreifen, wie eine Reportage. Er läßt sich keinem Genre zurechnen, er ist gleichzeitig Fiktion und Realität, ist Spiegel und Zerrspiegel.

Boulevard der Dämmerung erzählt von Kinobesessenen, für die das Kino mehr als nur Beruf ist, die für das Kino leben, die ihre Handlungen und Erfahrungen auf Kinovorbilder beziehen. Regisseur Wilder konfrontiert zwei Gruppen von »underdogs«: Die Vergessenen, die ihrem Ruhm nachtrauern, und die Erfolglosen, die mehr oder weniger skrupellos um und für ihren Aufstieg kämpfen. Selbst die Besetzungsliste unterstreicht diese Kontroverse: Gillis, der Drehbuchautor, der verzweifelt seine große Chance sucht, wird von William Holden gespielt, der bis zu diesem Film sein Dasein als Vertragsschauspieler mit unbedeutenden Rollen fristete. Gloria Swanson, selbst eine Stummfilmgröße von einst, die in ihren Erfolgsjahren 1918 bis 1930 Millionenbeträge verdiente und ausgab, deren Marktwert aber mit Beginn der Tonfilmära langsam fiel, spielt den Hauptpart, Norma Desmond. Ist der Film schon deshalb ein »Schlüssel«-Film? Ja und nein! »Hätte ich mir für die Rolle eine andere ausgesucht, so hätte doch jeder gesagt: das ist ja die Story der Swanson. Da holte ich sie mir gleich selbst für die Hauptrolle«, erklärte Regisseur Billy Wilder. Die Anwälte der Paramount waren mit dieser Lösung sehr zufrieden, hatten sie schon bei der juristischen Vorprüfung des Skripts ihre Bedenken wegen möglicher Schadenersatzansprüche geäußert, obwohl die Filmbiographie Norma Desmonds von der tatsächlichen der Swanson in vieler Hinsicht abweicht.

Trotzdem versteht es hier Wilder immer wieder, Film und Wirklichkeit zu mischen: Der Hausdiener Max von Mayerling wird von Erich von Stroheim verkörpert, einem der bedeutendsten Regisseure der Stummfilmzeit, der sich aber aufgrund seiner peniblen Arbeit so viele Feinde verschaffte, daß er im Tonfilm »nur noch« als Schauspieler und Drehbuchautor beschäftigt wurde. In einer »Schlüssel«-Szene führt Diener Max seiner Herrin und ihrem Liebhaber einen Stummfilm vor, den er in gemeinsamen großen Zeiten mit Norma Desmond gedreht hatte. In Wirklichkeit wurde dieser Film, *Queen Kelly,* 1928 von Erich

Rückzug in die Erinnerung an vergangene Größe – Gloria Swanson als vergessener Stummfilmstar Norma Desmond

von Stroheim mit Gloria Swanson in der Hauptrolle inszeniert (Inhalt: Irisches Mädchen wird von sadistischem preußischem Offizier verführt und in ein Bordell verkauft). *Queen Kelly* fiel der Zensur der eigenen Produktionsfirma United Artists zum Opfer: Die Produktion wurde vorzeitig abgebrochen, das Fragment trotz Weigerung Stroheims wie ein autorisierter Film herausgebracht.

Der Gang der Handlung in *Boulevard der Dämmerung* ist gespickt mit Anspielungen und Relikten aus der Filmgeschichte: Das »Übernatürliche«: Ein Toter erzählt seine Geschichte, später das verfallene, äußerlich verkommene Anwesen, der geheimnisvolle Diener, das schrille, fast unbeherrschte Orgelspiel, die wahnsinnige Bewohnerin mit Fingernägeln wie Krallen – alles Zutaten bester Horrorqualität.

Die »Verfolgungsjagd«: Zwei Schuldeneintreiber wollen Gillis an den Wagen. »Seinen Wagen zu verlieren« ist für Joe Gillis »wie seine Beine zu verlieren«. Er schlägt den beiden ein Schnippchen und braust davon. Eine Jagd, die jedem Gangsterfilm alle Ehre machen würde.

Der »Zufall«: Das Ende der Jagd ist frustrierend, ein Reifen platzt. Gillis biegt in eine eigentlich gesperrte Einfahrt ein, die ihn zu Norma Desmonds Villa führt. Die Villa ist luxuriös, verschwenderisch, aber altersschwach, angefüllt und ausgestattet mit nutzlosem Trödel. »Von einer Art schleichender Paralyse befallen, einer anderen Zeit und einer anderen Welt zugehörig«, zerfällt sie in Zeitlupe. Das Haus ist, wie Gillis später einsehen wird, das Sinnbild des Wesens seiner Eigentümerin. Noch glaubt Gillis an einen glücklichen Zufall, denn das Haus hat eine große Garage, in der er seinen Wagen verstecken kann.

Der »Kontrast«: In der Garage steht schon das Monstrum eines Oldtimers, eine Isetta Fraschini, »keines dieser billigen neuen Dinger aus Chrom und Kleister« wie Gillis Wagen. Ohne es zu ahnen, steht Joe am Scheideweg. Norma wirft ihre Schatten voraus. Ihr Wagen, antiquiert, bizarr, Sinnbild der Extravaganz. So wie Joes Wagen den ersten Teil des Films vorangetrieben hat, so wird der von Norma spätere Entwicklungen in Gang setzen.

Die »Falle«: Noch meint Joe, seines eigenen Glückes Schmied zu sein. »Ich warf die Angel aus, und sie biß an!« Norma verpflichtet ihn als Ghostwriter für ihr eigenes Drehbuch, mit dem sie ihre »Rückkehr« zum Film betreiben will. Als die Schuldeintreiber Joes Auto finden und es abschleppen lassen, verliert Joe seine Beziehung zur Außenwelt, zur Freiheit. Joe warf die Angel aus, er geht Norma jedoch ins Netz. Anfangs scheint es darin trotz Schwerstarbeit am Drehbuch recht amüsant zu sein.

Der »Kult«: Norma lebt in der Vergangenheit mit der Vergangenheit – drinnen in ihrem Haus, draußen in ihrer Isetta Fraschini. Zur regelmäßigen Bridge-Runde, von Joe abfällig bis treffend als »Wachsfigurenkabinett« bezeichnet, finden sich wirkliche Stars des Stummfilmzeitalters ein. Alle haben den Sprung zum Tonfilm nicht geschafft: H. B. Warner, Anna Q. Nilsson, Buster Keaton. Die anderen »freien« Abende werden zu Privatvorführungen alter Desmond-Filme genutzt: »Immer noch wundervoll, nicht wahr? Und ohne Dialog! Wir haben keinen Dialog gebraucht, wir hatten Gesichter!« Joe, der aus finanziellen

›Boulevard der Dämmerung‹ – letzter Auftritt der Diva

Gründen ein Interesse daran hat, die Phantasiewelt Normas zu erhalten, wird selbst Teil dieser Welt, was zu seinem Untergang führt.

Die »großen Gesten«: Norma will zum Film zurück. »Ich werd' es ihnen zeigen! Ich werde wieder da oben sein, das schwöre ich!« Gefangen in dem Lichtstrahl, den der Heimprojektor auf die Wohnzimmerleinwand wirft, zeigt sich in Normas Gesicht der blanke Wahnsinn. Die Bearbeitung des Drehbuchs ist längst abgeschlossen. Joe versucht, aus seinem Gefängnis auszubrechen. Sie schneidet sich die Pulsadern auf. Aus Mitleid kehrt Joe zurück. Als Norma mit ihren dick verbundenen Handgelenken im Bett liegt und sich in eine der größten schauspielerischen Leistungen ihres Lebens hineinsteigert, erkennt Joe endgültig, daß er bleiben muß. »Einen Star verläßt man nicht; das ist es, was einen zum Star macht!«

Die »Tragödie«: Paramount hatte mehrmals bei Norma angerufen. Sie weigerte sich jedoch, mit der Firma zu sprechen. »Zwanzig Jahre habe ich auf diesen Anruf gewartet, nun kann DeMille warten, bis ich soweit bin.« Sie glaubt, der Anrufer sei DeMille, einer der wenigen »Überlebenden« der Stummfilmära, der die Regie ihres Films übernehmen will. Ein Besuch in den Studios bringt Freundlichkeiten – Mr. DeMille ist eben ein Mann alter Schule – und Unverbindlichkeiten, nicht jedoch die Wahrheit: Die Filmemacher sind nicht an Norma Desmond interessiert, sondern nur an ihrem Oldtimer. Als Joe ihr später diese bittere Tatsache beibringt, führt diese Enthüllung unmittelbar zu seiner Ermordung. Normas Illusionen sind bedroht. Von drei Kugeln getroffen, fällt Joe in den Swimmingpool.

Der »Abgang«: »Also liefen sie *doch* noch, diese Kameras«, beendet der tote Joe seine Erzählung, »das Leben, das manchmal seltsam barmherzig sein kann, hatte Mitleid mit Norma Desmond. Der Traum, an den sie sich so verzweifelt geklammert hatte, hatte sie eingehüllt.« Max führt zum letztenmal Regie. »In Ordnung, Mr. DeMille, ich bin bereit für die Großaufnahme«, sagt Norma Desmond zu Max. Majestätisch schreitet sie im Scheinwerferlicht die Treppe hinab. Plötzlich erscheinen die Polizisten, der Reporter, der Mob, zu Wachsfiguren versteinert. Diskret zieht sich die Kamera zurück. Das Bild löst sich langsam auf. Die Wirklichkeit hat uns wieder.

Boulevard der Dämmerung erhielt zwei Oscars für das beste Drehbuch und die beste Musik.

Ⓥ Importkassette

Casablanca

(CASABLANCA). USA 1942. **P** Warner Brothers/First National (Hal B. Wallis). **R** Michael Curtiz. **B** Julius J. Epstein/Philip G. Epstein/Howard Koch. **V** Murray Burnett/Joan Alison:»Everybody Comes to Rick's« (nicht aufgeführtes Theaterstück). **K** Arthur Edeson. **M** Max Steiner/M. K. Jerome/Jack Scholl/Herman Hupfeld. **D** Humphrey Bogart (Rick Blaine), Ingrid Bergman (Ilsa Lund/Laszlo), Paul Henreid (Victor Laszlo), Claude Rains (Capt. Louis Renault), Conrad Veidt (Major Heinrich Strasser), Sidney Greenstreet (Ferrari), Peter Lorre (Ugarte), Dooley Wilson (Sam), Szöke Szakall (Karl), Madeleine Le Beau (Yvonne), Joy Page (Annina Brandel), John Qualen (Berger), Leonid Kinsky (Sascha), Helmut Dantine (Jan Brandel), Curt Bois (Taschendieb), Marcel Dalio (Emil), Corinne Mura (Sängerin), Ludwig Stössel, Ilka Grüning (Ehepaar Leuchtag), Charles de la Torre (Captain), Frank Puglia (Händler), Dan Seymour (Abdul), Norma Varden (Engländerin), Torben Meyer (Spieler), Gregory Gay (Bankier). **SW** 102 Min.

Casablanca, Französisch-Marokko, 1941: In der Stadt wimmelt es von Emigranten aus aller Herren Länder. Die Menschen sind vor den Nazis auf der Flucht. Wer noch kein Visum hat, um in die USA einzureisen, schlägt die Zeit in Rick's Café Americain tot, einem Etablissement, das direkt am Flughafen liegt. Dessen Inhaber, der Amerikaner Rick Blaine, hat eine abenteuerliche Vergangenheit: Er hat Waffen nach Äthiopien geschmuggelt, um den Kampf gegen Mussolini zu unterstützen, im spanischen Bürgerkrieg hat er auf seiten der Demokraten gegen Franco gekämpft. Nun jedoch hat er jegliche Lust zu einem persönlichen Engagement verloren. Der Krieg, der in Europa und Afrika tobt, interessiert ihn nicht, er hält sich aus allem heraus, gibt sich ganz als Privatier. Seine Angestellten – Emigranten wie die

Kundschaft – sind seine einzigen Freunde, und ein besonderes Verhältnis verbindet ihn mit dem schwarzen Pianisten Sam, mit dem er Jahre zuvor in Paris gelebt hat. Renault, der örtliche Polizeipräfekt, ist zwar korrupt, aber auch charmant; daß er den Anweisungen der Nazi-hörigen Vichy-Regierung gehorchen muß, scheint ihn nicht zu stören. Er gibt sich völlig »neutral«, wie Rick, in dessen Lokal er den SS-Major Strasser zu einem Umtrunk einlädt. Strasser ist in Casablanca, um den prominenten Nazi-Gegner Victor Laszlo aufzustöbern, der aus einem KZ entflohen ist. Strasser und Renault gehen davon aus, daß Laszlo ein Visum kaufen will, um sich seinen Verfolgern zu entziehen. Rick ist kurz zuvor zufällig in den Besitz zweier Visa gelangt: Sie wurden ihm von einem Gauner namens Ugarte zugesteckt, den die Polizei inzwischen erschossen hat. Als Rick Laszlo kennenlernt, stellt er mit Erschrecken fest, daß dessen Frau Ilsa seine ehemalige Geliebte ist: Sie hat ihn Jahre zuvor – beim Einmarsch der deutschen Truppen – in Paris sitzengelassen. Rick weigert sich, Laszlo und Ilsa zu helfen. Ilsa versucht, Rick klarzumachen, daß sie seinerzeit in Paris ihren Mann für tot gehalten habe. Dennoch ist Rick zutiefst verletzt, auch ein Appell Laszlos an seinen Patriotismus fruchtet nichts: Ilsas plötzliches Auftauchen nach all den Jahren hat alte Wunden in ihm aufbrechen lassen. Als die Nazis in seinem Café »Die Wacht am Rhein« schmettern und die Hauskapelle sie auf Laszlos Anweisung hin mit der »Marseillaise« übertönt, läßt der Polizeipräfekt Renault auf Major Strassers Anweisung hin das Lokal schließen.

Es gelingt Rick schließlich, Ilsa davon zu überzeugen, daß sie ihn immer noch liebt. Als sie sich jedoch bereit erklärt, bei ihm zu bleiben, wenn er Laszlo ein Visum gibt, ändert Rick seine Meinung. Er bittet Ilsa, zusammen mit Laszlo in die USA zu gehen: »Im Grunde wissen wir beide genau, daß du zu Victor gehörst ... Du bist ein Teil seiner Arbeit, ein Teil dessen, was ihn weiterkämpfen läßt. Wenn du jetzt nicht mit ihm gehst, wirst du es später bereuen!« Und: »Ich will hier nicht die Rolle des Edlen spielen, aber es ist doch nicht zu übersehen, daß die Probleme dreier Menschen in dieser verrückten Welt völlig unwichtig sind.« – Major Strasser versucht die Flucht der Laszlos im letzten Moment zu vereiteln, gerät jedoch ins Schußfeld von Ricks Pistole. Nachdem das Flugzeug abgehoben hat, zeigt sich, daß

Peter Lorre und Humphrey Bogart in ›Casablanca‹

Renault keineswegs der Opportunist ist, für den man ihn gehalten hat. »Major Strasser ist erschossen worden«, informiert er seine Leute. Und obwohl er genau weiß, wer ihn getötet hat, lautet sein nächster Befehl: »Verhaften Sie die üblichen Verdächtigen.«

Casablanca ist ein Film, wie ihn sich die Studiobosse nicht besser wünschen konnten, enthält er doch alles, was einen potentiellen Kassenknüller ausmacht: »Action, Abenteuer, Tapferkeit, Gefahren, Spionage, eine exotische Umgebung, Freundschaft,

Schießereien, Humor, Intrigen, eine Dreiecksgeschichte, einen männlichen Helden, eine geheimnisumwitterte Heldin, Patriotismus, Politik (ohne jedoch *zu* politisch zu werden), Romantik, Sentimentalität, einen zündenden Titelsong, einen zeitlichen Faktor, einen bitterbösen Schurken und Krieg.« (Danny Peary, CULT MOVIES) Es ist jedoch vor allem die Rolle, die Humphrey Bogart spielt, die seither Generationen von Kinogängern fasziniert. »*Casablanca* ist natürlich *der* Bogart-Film«, schreibt Allen Eyles in seinem Buch BOGART, »die quintessentielle Verkörperung des Bogart-Charakters.« Bogart/Rick ist der desillusionierte Intellektuelle, der es satt hat, für andere den Kopf hinzuhalten. Er ist ein Mensch, der sich mit aller Macht dagegen wehrt, von den Ereignissen vereinnahmt zu werden. Kontrolle über sein Leben, glaubt er, hat man nur, wenn man seine Nase nicht in anderer Leute Angelegenheiten steckt. Was so weit geht, daß er auf die Frage Strassers, wer wohl den Krieg gewinnen werde, antwortet: »Ich hab' nicht die geringste Ahnung. Politik ist Ihr Geschäft, ich bin nur ein Kneipenwirt.« Die Ausgangssituation, daß der Held sich weigert, etwas Bestimmtes zu tun und dann von den Umständen gezwungen wird, seine Meinung zu ändern, ist ein Bestandteil vieler Bogart-Filme: »Ob es sich um Melodramen wie *Casablanca* ... oder um Filme um die Figur des ›schäbigen Privatdetektivs‹ handelte, Bogart war die Verkörperung amerikanischer Tugenden: Standhaftigkeit, Großzügigkeit und die Fähigkeit, für andere einzustehen, verbarg er hinter der resignativen Geste, hinter der durchsichtigen Maske des Egoisten, ja, es schien des öfteren, als gebe der von Bogart dargestellte Typus sich verzweifelte Mühe, schlecht zu sein, ohne daß es ihm gelingen konnte, sich gegen seinen im Grunde guten Charakter durchzusetzen. Am Ende übernahm er immer die Verantwortung, der er sich zunächst hat entziehen wollen, und führte die gute Sache zum Sieg.« (Hans G. Kellner/ J. M. Thie/Meinolf Zurhorst, DER GANGSTERFILM) In *Casablanca* steht Bogart/Rick zwar nicht vor dem Problem, für andere die Kastanien aus dem Feuer holen zu müssen, aber da sind Leute aufgetaucht, die etwas von ihm *wollen*. Man hat in seinem Leben offenbar immer nur etwas von ihm gewollt, und das hat er satt. Was die Sache noch verschlimmert: Daß ausgerechnet die Frau etwas von ihm will, die ihn – wie er glaubt – schnöde sitzengelassen hat. Und sie will es nicht einmal für sich, sondern für einen anderen Mann. Rick ist verbittert, deswegen hat er sich mit einer Schale umgeben, die verhindern soll, daß man zu vertraulich mit ihm wird. Er trinkt z. B. nie mit seinen Gästen, und er geht auch keine Verpflichtungen ein, die ihn an irgend etwas binden könnten. Als ihn das Mädchen Yvonne, mit dem er offenbar ein beiläufiges Verhältnis hat, fragt: »Sehen wir uns heute nacht?«, erwidert er: »Ich plane nie so weit im voraus.« Rick redet auch nicht über seine Vergangenheit. Als Renault ihn fragt, ob er nach Casablanca gekommen sei, weil er jemanden umgebracht habe, bekommt er zur Antwort: »Ich kam nach Casablanca wegen der Heilquellen.« Darauf Renault, äußerst verdutzt: »Heilquellen? Was für Heilquellen? Wir sind hier in der Wüste!« – Rick: »Man hat mich falsch informiert.«

Als Rick und Ilsa einander zum ersten Mal gegenüberstehen, ist Sam, der Pianist, gerade dabei, ein Lied zu spielen, das er schon

The fundamental things apply – Dooley Wilson, Humphrey Bogart und Ingrid Bergman

vor Jahren in Paris für die beiden gespielt hat: »As Time Goes By«, einen Song, den Rick der schlechten Erinnerung wegen nie wieder hören wollte. »Ich hab dir doch gesagt, du sollst das nie wieder spielen!« Der Schock, Ilsa in Begleitung eines anderen wiederzusehen, setzt ihm zu, und da er glaubt, Ilsa habe ihre Liebe verraten, traut er ihr auch jetzt nicht über den Weg. Er weiß bald, daß mal wieder jemand da ist, der etwas von ihm *haben* will; also reagiert er mit unverhohlenem Zynismus. Zu Laszlo, der trotz der Schrecken, denen er gerade entronnen ist, den Kampf gegen die Nazis wieder aufnehmen will, sagt er: »Fragen Sie sich nicht manchmal, ob es das alles wert ist?« – Laszlo: »Dann können wir uns auch fragen, warum wir atmen. Wenn wir aufhören zu atmen, sterben wir. Wenn wir aufhören, unsere Feinde zu bekämpfen, stirbt die Welt.« Worauf Rick nur lakonisch erwidern kann: »Na, wenn schon. Dann ist sie aus allem Elend raus.« Ilsa erkennt Rick nicht wieder. Die Enttäuschungen des Lebens – die Enttäuschungen, die sie ihm zugefügt hat? – haben ihn verändert. Er interessiert sich nicht dafür, wer in der Welt gerade das Zepter der Macht schwingt. Die spanischen Demokraten, behauptet er jetzt, habe er nur unterstützt, weil man ihn dafür bezahlt hat; ein Argument, das man ihm nicht abkauft, wenn man miterlebt, daß er keinesfalls vergessen hat, was Solidarität bedeutet: Rick gibt einem verzweifelten jungen Emigrantenpaar die Möglichkeit, an einem seiner präparierten Spieltische genug Geld zu gewinnen, daß es sich zwei Visas kaufen kann – und verhindert so, daß sich die junge Frau an Renault verkaufen muß. Rick weiß zwar, daß Renault korrupt ist und den Nazis zu Willen sein muß, wenn er verhindern will, daß man ihn durch einen deutschfreundlichen Erfüllungsgehilfen ersetzt, aber ihm ist auch klar, daß er kein Kollaborateur im klassischen Sinne ist. Renault ist zwar Ricks Gegenspieler, aber er mag ihn: »Mademoiselle«, sagt er zu Ilsa, »er ist der Typ Mann, in den – wenn ich eine Frau wäre und Louis Renault nicht verfügbar – ich mich verlieben würde.« Und als Rick ihm zum Schein vorschlägt, Laszlo hereinzulegen, damit er selbst mit Ilsa die Stadt verlassen kann: »Ricky, ich werde dich vermissen. Du bist, glaube ich, der einzige in Casablanca, der noch weniger Skrupel hat als ich.« – Rick jedoch überwindet den inneren Schweinehund; Laszlos Worte haben ihre Wirkung auf ihn nicht verfehlt. Als Laszlo und Ilsa verschwunden sind, meint

› ... und verhaften Sie die üblichen Verdächtigen!‹

Renault: »Tja, Rick ... du bist nicht nur sentimental, du bist auch ein Patriot geworden.« – Rick: »Es war ja auch eine gute Möglichkeit, damit anzufangen.«

Als die erste deutsche Kinofassung von *Casablanca* 1953 in die Filmtheater kam, hieß Victor Laszlo wundersamerweise plötzlich Larssen und war ein norwegischer Atomphysiker, der irgendwelche geheimnisvollen »Delta-Strahlen« erfunden hatte. Der SS-Major Strasser tauchte in dieser um 24 Minuten gekürzten Bastardisierung ebenso wenig auf wie der Hinweis, der gehetzte Forscher habe mehrere Jahre in einem deutschen KZ zugebracht. Es hieß lediglich, man habe ihm »übel mitgespielt«, weil er sich geweigert habe, seine Erfindung waffentechnisch verwerten zu lassen. Erst 1975 machte die ARD aus dem einstigen »Abenteuer-Reißer« bzw. »Spionagefilm« (FILMDIENST) das, was seine Produzenten beabsichtigt hatten: Einen Propa-

71

gandafilm gegen den Faschismus und das mit den Nazis kollaborierende französische Vichy-Regime, dessen Hauptaussage der amerikanischen Bevölkerung klarmachen sollte, daß es kein Privatleben mehr gibt, wenn sich eine barbarische Macht anschickt, die Welt in ihrem Würgegriff zu erdrosseln. Aber auch dies, so hat es den Anschein, hatte man nicht von Anfang an beabsichtigt. Das Drehbuch war nämlich, als die Aufnahmen begannen, mitnichten fertig: »Häufig wußte die gesamte Besetzung an einem Tag noch nicht, welche Situation oder Dialoge es am nächsten Tag geben würde; das wurde erst klar, als die letzte Szene gedreht wurde. Zweifellos trug diese Atmosphäre des Experimentierens ganz wesentlich dazu bei, daß die Darsteller sehr überzeugend die Unsicherheit der von ihnen gespielten Charaktere, die ja auch nicht wußten, was aus ihnen werden würde, widerspiegeln konnten.« (Curtis F. Brown, INGRID BERGMAN: IHR LEBEN – IHRE FILME)

Die Presse leugnete nach der Uraufführung zwar nicht die kompetente Machart des Films, war aber andererseits weit davon entfernt, in *Casablanca* eine Produktion von bleibendem Wert zu sehen: »Sämtliche Charaktere – wie auch die Situationen – sind schon einmal dagewesen, und man weiß, wie alles ausgehen wird, aber trotz … der Typen-Besetzung, die das Schicksal jeder einzelnen Figur verschenkt, bringt der Film es aufgrund einiger Dialoge stellenweise fertig, glaubhaft zu wirken … Er ist auch der erste ausgesprochene Anti-Vichy-Film, und das wurde auch Zeit.« (Herman G. Weinberg 1943 in SIGHT AND SOUND). Nicht einmal die an den Dreharbeiten unmittelbar Beteiligten und die Produktionsfirma glaubten ernsthaft, *Casablanca* könne ein Riesenhit werden. Aber nach der im November 1942 erfolgten Uraufführung, die auf mildes Interesse stieß, kam den Warner Brothers der Zufall – oder wenn man so will: die politische Entwicklung – zu Hilfe. Mitte Januar 1943 fand die sogenannte »Casablanca-Konferenz« statt, auf der Roosevelt und Churchill den Beschluß faßten, die Truppen der Alliierten auf Sizilien landen zu lassen. Der Name der Stadt Casablanca geriet in die Schlagzeilen und war bald in aller Munde. Der Film wurde erneut gestartet – mit Masseneinsätzen – und zwar sehr erfolgreich. »Curtiz machte aus *Casablanca* … ein Meisterwerk des intelligenten Melodrams, einen Kult-Film, den Anhänger, besonders in den USA, noch heute begeistert verehren. Es ist wohl vor allem die vollendete Künstlichkeit des Films, die noch heute überzeugt. Die Stadt Casablanca ist natürlich im Studio nachgebaut, die Figuren sind ohne sonderliche psychologische Differenzierung auf Typen festgelegt, die Handlung mit ihren vielen klug verwobenen Nebenepisoden läuft wie ein Uhrwerk ab. Diese Vereinfachung, die allerdings nie zum Klischee wird, hat es den Besuchern nach der Uraufführung ermöglicht, den Film auch als zeitgenössische Parabel zu sehen: sie ermöglicht es uns heute, in *Casablanca* die zeitlose Darstellung einer Ausnahmesituation zu entdecken, in der Menschen sich fast gegen ihren Willen bewähren. Denn in den Licht- und Schattenspielen dieses Films verliert die Stadt Casablanca vollends jede Individualität und wird zur Bühne, auf der Gut und Böse sich in einem modernen Mysterienspiel gegenüberstehen.« (Dieter Krusche, RECLAMS FILMFÜHRER) – *Casablanca* wurde mit drei Oscars ausgezeichnet: bester Film, beste Regie, bestes Drehbuch.

Ⓥ Warner Home

> »Es ist bestimmt der Film, der am meisten junge Leute
> veranlaßt hat, sich dem Beruf des Regisseurs
> zuzuwenden ... Wir liebten diesen Film, weil er total
> war: psychologisch, soziologisch, poetisch, dramatisch,
> komisch, exzentrisch.«

FRANÇOIS TRUFFAUT

Citizen Kane

(CITIZEN KANE). USA 1941. **P** RKO (Orson Welles). **R** Orson
Welles. **B** Orson Welles/Herman J. Mankiewicz (Mitarbeit:
John Houseman/Joseph Cotton). **K** Gregg Toland. **M** Bernard
Herrmann. **D** Orson Welles (Charles Foster Kane), Joseph Cotten (Jedediah Leland und Wochenschaureporter), Everett
Sloane (Bernstein), Dorothy Comingore (Susan Alexander
/Kane), Ray Collins (James W. Gettys), William Alland (Jerry
Thompson und Wochenschaukommentator), Agnes Moorehead (Mary Kane), Ruth Warrick (Emily Norton/Kane), George
Coulouris (W. P. Thatcher), Erskine Sanford (Herbert Carter
und Wochenschaureporter), Harry Shannon (Jim Kane), Philipp Van Zandt (Rawlston), Paul Stewart (Raymond, Butler),
Fortunio Bonanova (Matisti), Georgia Backus (Miss Anderson), Buddy Swan (Kane, 8 Jahre), Sonny Bupp (Kane junior).
SW 119 Min.

Dieser Film ist mit Ruhm bedeckt wie kein zweiter. Bei einer
Umfrage unter Filmkritikern, die seit 1952 regelmäßig alle zehn
Jahre stattfindet und bei der die Befragten jeweils zehn Spitzenfilme nennen müssen, hat er 1962, 1972 und 1982 das Rennen
gemacht, zuletzt mit riesigem Vorsprung vor Renoirs *Die Spielregel (La règle du jeu,* Frankreich 1939). Welche Aussagekraft
hat eine solche Wertung überhaupt? Ist künstlerische Qualität
meßbar? Gibt es die weltbeste Oper, das weltbeste Theaterstück, den weltbesten Roman? Eine Antwort erübrigt sich.
Hochverrat ist eine Frage des Datums, Kultur auch! Und so sollte man auch *Citizen Kane* einschätzen, als einen hervorragenden Film aus den frühen vierziger Jahren, einen amerikanischen

›Citizen Kane‹ – eine Glaskugel als letztes Bindeglied zur unbeschwerten Jugendzeit

Film mit einem amerikanischen Thema, als Geniestreich des damals fünfundzwanzigjährigen Orson Welles, der Regisseur, Mitautor am Drehbuch und Hauptdarsteller in einer Person war, als Filmdebüt, wie es bis heute kein zweites gegeben hat. Daß ein so hochgelobter Film auch die Kinokassen klingeln lassen muß, ist freilich ein Gerücht. *Citizen Kane* beweist das Gegenteil: In wesentlich aussagekräftigeren »Hitparaden« als den oben genannten Umfragen, nämlich den Listen mit den Einspielergebnissen, findet sich der Film nicht mal unter den »Oberen Zehntausend«.

Es ist Nacht, im Vordergrund ein Eingangstor mit der Aufschrift »Eintritt verboten!«. Die Kamera fährt an der Aufschrift entlang über den Zaun hinweg. Das Eingangstor mit dem großen Buchstaben »K«, im Hintergrund ein riesiges Schloß, das langsam näher kommt: Xanadu. Die Kamera bewegt sich auf das erleuchtete Fenster an der Fassade des Gebäudes zu. Man sieht ins Innere des Zimmers, im Hintergrund steht ein Bett.

Das Licht verlöscht, geht langsam wieder an, macht die Silhouette einer Gestalt auf dem Bett erkennbar. Überblendung auf ein Schneegestöber: Eine Glaskugel, mit Wasser gefüllt, darin eine »Schneelandschaft«. Die Kamera fährt zurück, eine Hand hält die Kugel, die Hand Kanes. Schnitt auf seinen Mund, die Lippen formen sich zu »*Rosebud*«. Kanes Hände lassen plötzlich die Glaskugel los. Die Kugel rollt weg, rollt einige Stufen hinunter und zerschellt. Das Geschehen spiegelt sich in den Scherben: Die Tür öffnet sich und eine Krankenschwester tritt ein. Sie beugt sich über Kanes Gestalt, bettet seine Hände auf seine Brust, zieht das Laken höher, um seinen Kopf zu verhüllen. Charles Foster Kane ist tot.

News on the March (mehr als nur eine Wochenschau!) bringt einen ausführlichen Nachruf. Daraus einige Auszüge: »Legendär ist die Geschichte von den Anfängen des Kane'schen Reichtums: Wie seine Mutter, Mary Kane, die eine kleine Pension führte, von einem ihrer Gäste, der ihr die Miete schuldig war, einen scheinbar wertlosen Bergwerksschacht vermacht erhielt – die Coloradomine ... bescheidene Anfänge. In diesem baufälligen Gebäude fristete eine Tageszeitung ihr kärgliches Dasein. Auf seinem Höhepunkt jedoch herrschte er in seinem Reich über 37 Zeitungen, zwei Syndikate und ein Netz von Rundfunksendern – ein eigenes Imperium inmitten seines Reiches – Kane Grocery Stores – Papiermühlen – Apartment-Häuser – ganze Wälder – Ozeanriesen – die drittgrößte Goldmine der Welt. Es war Kane, der sein Land (1898) in den Krieg drängte, und Amerikas Teilnahme an anderen Kriegen (1919) bekämpfte, der zumindest einem Präsidentschaftskandidaten zur Macht verhalf. Er kämpfte für Millionen Amerikaner und wurde von ebenso vielen Millionen gehaßt. Seine Zeitungen ergriffen immer Partei. Es gab keinen Mann in der Öffentlichkeit, den Kane nicht persönlich unterstützte oder ruinierte. Erst unterstützte ... (Kane und Hitler in einem Wochenschauausschnitt)... und dann ruinierte. Kaum ein anderes »Privatleben« spielte sich so ausschließlich in der Öffentlichkeit ab. Zweimal verheiratet, zweimal geschieden, zuerst mit der Präsidentennichte Emily Norton, die ihn 1916 verließ und mit ihrem gemeinsamen Sohn bei einem Autounfall 1918 tödlich verunglückte. Zwei Wochen nach der Scheidung heiratete Kane die Sängerin Susan Alexander. Er läßt für sie in Chicago das Städtische Opernhaus bauen.

Für Susan Alexander Kane gedacht, noch im Bau, als Susan sich bereits scheiden ließ, das bis heute unvollendet gebliebene Xanadu. Was es gekostet hat? Kein Mensch weiß es. Obwohl er stets die öffentliche Meinung kontrollierte, ist Kane niemals von den Wählern seines eigenen Landes auf einen Posten berufen worden. Einmal war er nahe daran, doch (Schlagzeile): *Kandidat Kane mit ›Sängerin‹ in Liebesnest ertappt.* In der Depression wackelten Kanes Zeitungen. Elf seiner Zeitungen wurden zusammengelegt, verkauft oder gingen einfach ein … Heute lesen die Amerikaner wieder Kanes Zeitungen. Kane half mit, die Welt zu verändern, aber Kanes Welt ist bereits Vergangenheit geworden … Vergeblich versucht er wie einst, das Schicksal der Nation mitzubestimmen, einer Nation, die nicht mehr auf ihn hören will, ihm nicht mehr vertrauen will. Und dann, letzte Woche, wie es allen Menschen einmal geschieht, kam der Tod zu Charles Foster Kane …«

Der Projektor wird abgeschaltet, das Licht geht an. Die Redakteure diskutieren über den Beitrag. Es fehlt noch das i-Tüpfelchen, der Aufhänger: »Zu erzählen, was der Mann alles tat, ist nicht genug. Man muß doch sagen, wer er wirklich war.« – »Natürlich, Moment mal, was waren Kanes letzte Worte? Könnt ihr euch noch daran erinnern, Jungs?« ... »Als Kane starb, sprach er nur ein einziges Wort! Rosebud (Rosenknospe)!« – »Wer ist sie? ... oder es?« – »Da gibt es also einen Mann, der es zum Präsidenten hätte bringen können, der geliebt und gehaßt wurde, über den so viel geredet wurde wie über niemand andren in unserer Zeit ... aber wenn es ans Sterben geht, erinnert er sich plötzlich an etwas und nennt es Rosenknospe. Was kann das bedeuten? ... Thompson, halten Sie den Film noch eine Woche zurück, wenn's sein muß auch zwei ... Erkundigen Sie sich nach dieser Rosenknospe. Fragen Sie alle Leute, die ihn je gekannt haben, oder die ihn näher gekannt haben ... die je für ihn gearbeitet haben, die ihn geliebt haben oder nicht ausstehen konnten ... Also gut: Rosenknospe, tot oder lebendig. Wird sich wahrscheinlich als eine höchst simple Sache herausstellen.«

Erst in dem Augenblick, als im Projektionsraum das Licht angeht, beginnt Orson Welles mit der eigentlichen Filmerzählung. *News on the March,* eine Parodie auf die damals in den USA sehr beliebte, von Zeitungsverlagen unterhaltene Informationsserie *March of Time,* sollte dem Zuschauer als Film im Film die notwendigen Vorgaben – durchaus im Stil journalistischer Halbwahrheiten und Vermutungen – präsentieren. Um dabei historisches Filmmaterial vorzutäuschen, läßt Welles die Aufnahmen aus der Frühphase von Kanes Karriere beschleunigt abspielen und das Material »künstlich« altern. Den dokumentarischen Wert der »Wochenschau« steigert er dadurch, daß er alte Aufnahmen fingiert, die Kane mit Personen der Zeitgeschichte (Roosevelt, Churchill, Hitler) zeigen (ein Gag, der viel später Woody Allen zu seinem *Zelig* inspirierte, den dieser dort meisterlich ausbaute!). Die »Dokumentation« ist brilliant gemacht, kann jedoch das Filmpublikum inhaltlich nicht zufriedenstellen. Um die Geschichte voranzutreiben, bedient sich Orson Welles eines kriminalistischen Grundmotivs: *Die Jagd nach dem Täter,* hier in der abgewandelten Form der *Ermittlungen zur Person.* Nun tut Orson Welles nicht so, als könne er Tote zum Leben erwecken, er läßt vielmehr fünf Portraits zeichnen, jedes aus der ganz persönlichen Sicht einer anderen, Kane nahestehenden Person, jedes stellvertretend für einen bestimmten Lebensabschnitt, wobei sich zusätzlich interessante Überlappungen, konträre Auffassungen entwickeln. »Detektiv« ist oben erwähnter Reporter Thompson, eine Nicht-Person, die nur von hinten zu sehen ist.

Thompsons erster Versuch, das Geheimnis um Kanes letztes Wort »Rosebud« zu lüften, scheitert: Die zweite Mrs. Kane ist so betrunken, daß aus ihr nichts herauszuholen ist. Thompson begibt sich ins Thatcher-Archiv, um die Memoiren des großen Wall Street-Bankiers einzusehen. Diese liegen unter Verschluß und sind nicht für die Öffentlichkeit bestimmt. Er darf daher nur die Passagen begutachten, die sich konkret mit der Person Kanes befassen. Walter Parks Thatcher hatte auf Geheiß der Mutter, die durch Zufall eine einträgliche Mine geerbt hatte,

Rosebud ist kurz davor, einen unauslöschlichen Eindruck sowohl im Gedächtnis des jungen Kane als auch in der Magengrube Thatchers zu hinterlassen – George Coulouris, Harry Shannon, Buddy Swan und Agnes Moorehead im am weitesten zurückreichenden Flashback von ›Citizen Kane‹

79

den achtjährigen Kane abgeholt, um ihn in der Stadt erziehen zu lassen. Der Junge hatte sich verbissen dagegen gewehrt und Thatcher dabei seinen Rodelschlitten in den Leib gestoßen. Doch es half nichts. Thatcher wurde Kanes Vormund. Als er ihm zu seinem 25. Geburtstag die Verfügungsgewalt über das stattliche Vermögen einräumt, kauft Kane sofort eine bis dahin ziemlich dahinsiechende Zeitung, den »Inquirer«, auf und baut sie zu einer scharfen Waffe aus, mit der er gegen die Mißstände seiner Zeit zu Felde zieht. Der weitere Werdegang Kanes mußte Thatcher ziemlich in Rage gebracht haben, wie die Erklärung zeigt, die der Bankier vierzig Jahre später vor einem Untersuchungsausschuß abgab: »Mister Charles Foster Kane, der Mann, der unablässig und in sträflicher Weise die amerikanischen Traditionen des Privateigentums, der Eigeninitiative sowie der fortschrittlichen Entwicklungsmöglichkeiten zu unterhöhlen trachtete, war mit jeder Faser seiner sozialpolitischen Überzeugung nichts anderes als ein Kommunist.« Weitergehende Informationen bieten die Memoiren nicht, eine persönliche Befragung ist nicht mehr möglich. Thatcher ist vor längerer Zeit in hohem Alter gestorben.

Mr. Bernstein, der ehemalige Chefredakteur des »Inquirer«, berichtet Thompson über die Anfänge Kanes in der Zeitungsbranche. Kane sei ohne Ankündigung eines Tages mit seinem Freund Jedediah Leland in die Redaktion »geschneit« und habe den ganzen Betrieb eher laienhaft, aber durchaus einfallsreich und zielstrebig auf den Kopf gestellt. Er wolle die beste Zeitung überhaupt machen! Bernstein berichtet über Kanes erste Europareise, auf der Kane seine erste Frau kennenlernte: Emily Norton, die Nichte des amerikanischen Präsidenten.

Thompson sucht als Nächsten Jedediah Leland, den langjährigen Weggefährten Kanes, auf, der jetzt zurückgezogen in einem Sanatorium lebt. Von ihm erfährt er die Geschichte der ersten Ehe, die allmählich an Kanes vielseitigen beruflichen Aktivitäten scheitert. Kane, der um ein politisches Amt kämpft, er will Senator werden, lernt auf der Straße die Sängerin Susan Alexander kennen, wird von seinem Gegner öffentlich der außerehelichen Liaison bezichtigt, verliert die Wahl und seine erste Frau,

Sieg oder Schwindel – eine jener Anspielungen auf die Methoden der Hearst-Presse, die ›Citizen Kane‹ schon vor seiner Premiere in Ungnade fallen ließen

EXTRA
KANE ELECTED

Inquirer
CHARLES FOSTER KANE DEFEATED
FRAUD AT POLLS!

heiratet kurz nach der Scheidung eben diese Sängerin. Er legt seinen ganzen Ehrgeiz in die Karriere seiner zweiten Frau, läßt ihr in Chicago ein eigenes Opernhaus bauen, doch er überschätzt ihre künstlerischen Qualitäten maßlos, was sich endgültig bei der Premiere zeigt. Leland sollte dazu einen Bericht für den »Inquirer« verfassen: »Miss Susan Alexander, eine hübsche, aber hoffnungslos unbegabte Dilettantin sang gestern in der Eröffnungsvorstellung des neuen Chicago Opera House in der Oper von … Ihr Gesang ist gottlob nicht Gegenstand dieser Besprechung …« Weiter kommt er nicht, der Alkohol, in dem er seine Gewissensbisse ertränken will, fordert seinen Tribut. Kane reißt das Blatt aus der Maschine, schreibt im selben Stil und Inhalt weiter, wie Leland begonnen hatte. Fast nebenbei sagt er danach zum ausgenüchterten Leland: »Du bist entlassen!« Auf die Frage Thompsons, warum Kane eine solche Rezension überhaupt schreiben konnte, antwortet Leland lächelnd: »Sie haben Charlie eben nicht richtig gekannt. Er dachte, mich mit seiner Ehrlichkeit zu beeindrucken, wenn er die Meldung so fertig schrieb. Er wollte eigentlich immer jemandem etwas beweisen. Diese ganze Geschichte, aus Susan eine Opernsängerin machen zu wollen, war das gleiche: Irgend etwas beweisen zu können. Wissen Sie, wie die Schlagzeile am Tage vor der Wahl lautete? Kandidat Kane mit Sängerin – Sängerin in Anführungszeichen – in Liebesnest ertappt. Er wollte, daß man das Wort Sängerin ohne Anführungszeichen schreibt!«

Zum zweitenmal trifft Thompson mit Susan Alexander zusammen. Kanes Traum von der Opernkarriere seiner zweiten Frau war sein eigener. Susan Alexander teilte ihn nicht, ließ sich jedoch von seinem Ehrgeiz drängen und quälen, verlor dabei ihre Persönlichkeit. Kane schickte sie nach dem Debakel von Chicago auf »Tournee«, nach Washington, San Franzisco, Detroit, New York. Überall Ablehnung! Susan zerbricht. Sie begeht einen Selbstmordversuch. Enttäuscht zieht sich Kane auf sein Schloß Xanadu zurück. Die Einsamkeit und Untätigkeit zerstört die zweite Ehe endgültig, doch erst zwölf Jahre nach dem Selbstmordversuch verläßt Susan nach einem Streit ihren Mann.

Thompson fährt nach Xanadu, um den letzten Zeugen, Kanes Hausdiener Raymond, zu befragen. Das Wort »Rosebud« habe Raymond schon einmal früher vernommen, an dem Tag, als

Das Geheimnis löst sich in Rauch auf

Susan Alexander auszog. Kane habe die Wohnungseinrichtung demoliert. Dabei sei er auf eben jene Glaskugel gestoßen, die ihm später im Tod entglitten sei. Auch damals hätte Kane das Wort »Rosebud« gemurmelt. Thompson schließt seine »Ermittlungen« ab.

LOUISE: Wenn Sie herausgefunden hätten, was *Rosebud* bedeutet, hätte das sicherlich eine Menge erklären können?

THOMPSON: Nein, ich glaube kaum. Nein. Mr. Kane war ja ein Mensch, der alles haben konnte, was er wollte, und es dann verlor. Vielleicht war *Rosebud* irgend etwas, was er gerne haben wollte, oder was er einmal verloren hatte. Jedenfalls würde das nicht alles übrige erklärt haben. Ich glaube, man kann das Leben dieses Mannes überhaupt nicht mit Worten erklären. Keinesfalls. Ich glaube, *Rosebud* ist nur eines der Mosaiksteinchen, die uns für das Bild noch gefehlt haben.

Thompson verläßt die Halle des Schlosses. Unterdessen sind Hausbedienstete damit beschäftigt, Gerümpel in einem offenen

Kamin zu verbrennen. Ein Mann tritt heran und wirft einen alten Schlitten ins Feuer. Man erkennt Buchstaben darauf: ROSE-BUD. Der Schlitten fängt Feuer, ein Buchstabe nach dem anderen brennt ab. Überblendung. Das Schloß. Rauch quillt aus einem Schornstein. Die Kamera entfernt sich. Im Vordergrund das Eingangstor mit dem riesigen »K«. Niemand (außer dem Zuschauer) wird Kanes Geheimnis erfahren, das sich in Rauch aufgelöst hat: Rosebud.

Eine Vielzahl von lesenswerten Büchern und Aufsätzen sind über *Citizen Kane* verfaßt worden, die sich mit der Interpretation des Films, seiner Entstehungsgeschichte, seinen »Machern« (dazu zählen neben Orson Welles und seiner Schauspielertruppe vor allem der Kameramann Gregg Toland und der Komponist Bernard Herrmann) und seiner Wirkung befassen. Kein namhafter Kritiker, der sich nicht in seiner Laufbahn mit dem Film auseinandergesetzt hätte. Allein die Materialfülle zu sichten und auszuwerten, wäre höchst lohnenswert, würde aber den Rahmen dieses Beitrags naturgemäß sprengen. Daher nur die wichtigsten Fakten:

Citizen Kane war für das amerikanische Kino der vierziger Jahre revolutionierend. Orson Welles brach radikal mit der in den USA bis dahin herrschenden Lehrmeinung, das Montageverfahren betreffend, daß eine Sequenz in eine Folge von Einstellungen mit wechselndem Objektiv und wechselnder Distanz zum Objekt aufzulösen sei, um Vorgänge äußerlich zu dramatisieren. Welles ersetzte diese Technik durch eine Art der Montage innerhalb des Bildes. Er benutzte die Tiefenschärfe, eine Technik, die übrigens nicht neu war, ging sie doch auf die Stummfilmzeit zurück, als man noch keinen Schnitt kannte (auch Jean Renoir benutzte sie in seinen Filmen regelmäßig). Hinter-, Mittel- und Vordergrund erscheinen dabei auf dem Bild in gleicher Schärfe. So ist es möglich, ganze Szenen in einer Einstellung ablaufen zu lassen. Es sei aber darauf aufmerksam gemacht, daß sich gegenüber der klassischen Methode keine Zeitersparnis ergibt, im Gegenteil, dem Zuschauer muß Zeit gelassen werden, sich in diesem komplexen Bild zurechtzufinden. Kameramann Gregg Toland soll für diesen Einsatz der Tiefenschärfe zwei Jahre experimentiert haben, bis er zwischen 50 cm und 700 m tiefenscharfe Einstellungen erzielen konnte. Paradebeispiel für diese Technik ist die Selbstmordszene: Halbnah in ihrem Bett Susan Alexander, die eben ihren Selbstmordversuch unternommen hat, groß am Bildrand das Glas, aus dem sie das Gift getrunken hat, total die rückwärtige Zimmerwand mit der Tür, durch die Kane hereinstürmt – alle drei Ebenen sind gleich scharf und damit gleich stark betont. Um das Blickfeld der Kamera nach oben und unten zu erweitern, bei Innenaufnahmen also Decke und Fußboden gleichzeitig sichtbar zu machen, kam zusätzlich ein Weitwinkelobjektiv zum Einsatz. Mit dieser Methode konnte Welles geradezu realitätsverzerrende Effekte erzielen; Bildabläufe wirken unnatürlich. Es gelingt ihm aber dadurch, dem Zuschauer immer wieder zu verdeutlichen, daß er nicht das Portrait Kanes sieht, sondern einen Lebensbericht aus zweiter Hand in Rückblenden, der niemals die objektive Wahrheit erreichen kann.

Howard Hawks rühmte sich einmal, bei ihm befinde sich die Kamera immer in Augenhöhe der abgebildeten Personen. Das entspräche der normalen Sehweise. Genau da befindet sie sich in *Citizen Kane* sehr selten, es dominiert die starke Untersicht, was künstlerisch einleuchtend ist: Nur so kann Kane überdeutlich zu einer überlebensgroßen Figur stilisiert werden.

Welles' Meisterschaft zeigt sich im besonderen in seiner bewundernswerten, bisher oft kopierten, doch nur selten erreichten Verknüpfungstechnik, mit der es ihm in *Citizen Kane* gelang, Zeitabläufe sichtbar zu machen. So wird Kanes erste Ehe ausschließlich mittels einer Folge von kurzen Szenen am Frühstückstisch dargestellt; in wenigen Minuten werden so immerhin acht Jahre eindringlich ins Bild gebracht: Emily und Charles sitzen am Tisch, frühstücken, unterhalten sich lebhaft; Reißschwenk; gelangweilte Unterhaltung, er liest Zeitung; Reißschwenk; beide lesen Zeitung, sie das Konkurrenzblatt! In diesem hier nur unzureichend wiedergegebenen Stil (es fehlen z. B. die Tonüberblendungen) verdeutlicht Welles in sechs Kurzszenen von insgesamt nicht einmal zweieinhalb Minuten Dauer den Zerfall der ersten Ehe Kanes. Ähnlich verfährt er, um die »Opernkarriere« der Susan Alexander aufzuzeichnen.

Citizen Kane ist der erste auf Anhieb geglückte Versuch, das Phänomen *Zeit* in den Griff zu bekommen und in Filmbilder umzusetzen. Wie kein anderes Ereignis markiert das Erscheinen dieses Films den Beginn einer neuen Periode in der Geschichte des Films. Er zieht zugleich die Summe großer Tradi-

Susan Alexander (Dorothy Comingore) mit ihrem Gatten Charles Foster Kane (Orson Welles) – der Part der Susan Alexander war nur zu deutlich nach Hearsts Lebensgefährtin Marion Davies gestrickt

tionen und nimmt viele spätere Entwicklungen vorweg. Das macht ihn möglicherweise zum wichtigsten Film der Filmgeschichte.

Citizen Kane erhielt einen (!) Oscar für das beste Drehbuch.

Ⓥ Videobox

»Hört zu! Ihr seid in Gefahr! Seht ihr das nicht ein?
Sie sind hinter euch her ... sind hinter uns allen her!
Hinter unseren Frauen, unseren Kindern, hinter jedem!
Sie sind schon hier! Ihr seid die nächsten ...
die nächsten ... die nächsten!«

KEVIN McCARTHY

Die Dämonischen

(INVASION OF THE BODY SNATCHERS). USA 1956. **P** RKO (Walter Wanger). **R** Don Siegel. **B** Daniel Mainwaring/Sam Peckinpah. **LV** Jack Finney. **K** Ellsworth Fredericks. **M** Carmen Dragon. **D** Kevin McCarthy (Dr. Peter Bennell), Jean Willes (Sally Withers), Dana Wynter (Mary Driscoll), King Donovan (Jack Belicec), Carolyn Jones (Teddy Belicec), Larry Gates (Dr. Daniel Kaufman), Ralf Dumke (Sheriff Nick Grivett), Virginia Christine (Wilma Lentz), Tom Fadden (Onkel Anton), Beatrice Maude (Oma Grimaldi), Bobby Clark (Jeff Grimaldi), Sam Peckinpah (Gasmann), Richard Deacon (Dr. Harvey Bassell), Whit Bissell (Dr. Hill), Kenneth Patterson (Mr. Driscoll), Gay Way (Sam Janzek), Everett Blass (Dr. Ed Pursey), Dabbs Greer (Tankwart). **SW** 80 Min.

Dr. Peter Bennell wird von seiner Sprechstundenhilfe Sally per Telegramm von einem Medizinerkongreß nach Hause zurückgerufen. Alle Leute in der kleinen Ortschaft Santa Mira scheinen plötzlich krank geworden zu sein. Patienten tauchen jedoch in seiner Praxis nicht auf. Bennell unterhält sich lediglich mit seiner alten Freundin Mary, die sich um den Geisteszustand ihrer Cousine Wilma sorgt; des weiteren verabreicht er dem beinahe hysterischen und sich vehement widersetzenden Jungen Jeff Grimaldi ein Beruhigungsmittel. Als er den Polizisten Janzek, der ebenfalls während seiner Abwesenheit nach ihm verlangt hat, nach dessen Wehwehchen fragt, meint dieser, das habe sich schon erledigt. Die Bewohner Santa Miras scheinen ausnahmslos wieder in Ordnung zu sein – bis auf zwei Ausnahmen:

Jeff Grimaldi behauptet steif und fest, seine Mutter sei nicht seine Mutter; Wilma Lentz, Marys Cousine, behauptet, ihr alter Onkel Anton sei ein Fremder, der nur wie Onkel Anton aussehe. Bennell glaubt an eine Art Massenhysterie und empfiehlt Wilma an den Psychiater Dr. Kaufman weiter, der, wie sich herausstellt, schon jede Menge ähnlicher Fälle behandelt haben will. Als Bennell mit Mary essen gehen will, ist sein Stammlokal leer; die Gäste bleiben seit zwei Wochen grundlos aus. Dann wird Bennell telefonisch zu seinem Freund Jack gerufen, auf dessen Billardtisch ein scheinbar toter Mann mit merkwürdig »unfertigen« Gesichtszügen liegt. Bennell rät seinem Freund, den »Leichnam« zu beobachten. Ihm fällt auf, daß der mutmaßliche Tote Jack irgendwie ähnlich sieht. Später erwacht die seltsame Kreatur zum Leben. Jack und seine Frau ergreifen die Flucht und tauchen bei Bennell auf. Der macht sich plötzlich Sorgen um Mary, deren Vater am Abend zuvor einen »verdächtigen« Eindruck auf ihn gemacht hat. Er dringt in den Keller der Driscolls ein und entdeckt in einer Kohlenkiste eine Gestalt, die Mary ähnlich sieht. Von Panik ergriffen, zerrt er Mary aus dem Bett und bringt sie in sein Haus. Als er später mit Jack und dem ungläubigen Psychiater Kaufman erneut in den Keller eindringt, ist die Gestalt verschwunden – ebenso das seltsame Wesen aus Jacks Haus. Psychiater und Sheriff haben gleich eine Erklärung parat: Die erste »Leiche« war ein betrunkener Landstreicher, den man sogar inzwischen in einer ausgebrannten Scheune gefunden hat – die »Doppelgängerin« Marys war eine Halluzination. Bennell scheint überzeugt, aber als er mit Jack, dessen Frau Teddy und Mary auf seinem Hof grillt, lockt ihn ein zerplatzendes Geräusch in ein Gewächshaus: Dort bricht gerade eine überdimensionale Bohnenschote auf, der unter lautem Geschmatze und Geblubbere ein schleimbedecktes, unfertig wirkendes, menschenähnliches Wesen entquillt. Bennell geht ein Licht auf: Die Schoten »gebären« Menschen, die die echten Menschen imitieren und deren Rolle übernehmen. Als man die Außenwelt alarmieren will, sind alle Telefonleitungen blokkiert. Bennell glaubt an eine gewaltige Verschwörung; wahrscheinlich sind er und seine Freunde die einzigen noch existierenden wirklichen Menschen in Santa Mira – und die Stadt ist der Vorposten einer geheimnisvollen Invasion. Jack und Teddy fliehen; Bennell tötet die Schotenwesen mit einer Mistgabel.

›Die Dämonischen‹ – Kevin McCarthy und Dana Wynter auf der Flucht vor den ›Pod People‹

Während die ganze Stadt nach ihnen sucht, versteckt er sich mit Mary in seiner Praxis, wo er die Theorie aufstellt, daß die Schoten die Menschen während des Schlafes geistig versklaven. Um dies zu verhindern, verabreicht er Mary und sich ein Aufputschmittel. Am nächsten Morgen taucht eine Abordnung der »Schotenwesen« bei ihm auf – darunter auch Dr. Kaufman und der inzwischen umgedrehte Jack: Man bietet ihnen ein Leben ohne Schmerzen, Angst oder Sorgen an, wenn sie den sinnlosen Widerstand aufgeben. Bennell und Mary gelingt erneut die Flucht, aber man ist ihnen rasch wieder auf den Fersen. In der Wildnis nickt Mary kurz ein – als sie wieder erwacht, ist sie eine andere. Bennell flieht allein weiter. Auf einer stark frequentierten Landstraße will er die Menschen auf die drohende Gefahr aufmerksam machen – vergebens. Als er auf einen Lkw klettern will, entdeckt er dort Hunderte von Schoten, die in alle Welt transportiert werden sollen. Das Ende der Menschheit scheint besiegelt. Während Bennell seine sinnlosen Warnungen in die Welt hinausschreit, wird er von einer Streife aufgelesen und nach Los Angeles in ein Hospital gebracht, wo man ihn für einen Ausgeklinkten hält – bis ein Lastwagen in einen Unfall verwickelt wird, der überdimensionale Schoten geladen hat ...

Trotz der wahrhaft unheimlichen und finsteren Atmosphäre, die dieser Film ausstrahlt, und trotz der achtzig spannenden Minuten, die er Generationen von Kinogängern und Fernsehzuschauern beschert hat, haben wir es hier leider, leider und nochmals leider mit einem Streifen zu tun, den man wohl am besten als »interesting failure« bezeichnet. *Die Dämonischen* ist nämlich einer jener zahlreichen Fälle von »science fiction-mäßiger« Inkompetenz, denen das Genre nicht nur seinen schlechten Ruf verdankt, sondern auch ganze Cineastenscharen früherer Jahrzehnte davon abgehalten hat, »diesem Krakenquatsch« auch nur eine aufmerksame Minute zu schenken. Die Logik dieser Geschichte hat Löcher von Bombentrichtergröße, und so nimmt es natürlich nicht wunder, daß sich der, der bei einem Film auch mitdenkt, nur noch gramgebeugten Hauptes abwenden kann, nachdem er sich folgende – nicht unwichtige – Fragen gestellt hat: Warum, zum Henker, wundert sich der famose Dr. Bennell eigentlich nicht über seine plötzlich gesundeten Patientenmassen, nachdem man ihn schon per Telegramm zurückgerufen hat? Und warum, zum Beispiel, kommt er nicht auf die Idee, seinen Freund Jack zu fragen, woher die merkwürdige »Leiche« auf dessen Billardtisch stammt? Und warum läßt er sie (nachdem er festgestellt hat, daß sie *keine* Fingerabdrücke hinterläßt – ein Fakt, der wohl jeden Mediziner die Wände hochlaufen ließe) einfach dort liegen, ohne sie a) ärztlich zu untersuchen, b) die Polizei zu benachrichtigen? Wie kann er, als Arzt, von dem man annimmt, daß er alle fünf Sinne beieinander hat, einem Menschen, in dessen Haus eine unbekannte »Leiche« liegt, den Rat geben, selbige »zu beobachten« und sich dann wieder aus dem Staube machen? Wieso zieht er, als die Schoten in seinem Gewächshaus aufplatzen, völlig unmotiviert den Schluß, daß sie die Ursache des Mißtrauens sein müssen, das Jeff und Wilma ihren Verwandten entgegenbringen? Und was,

›Da hat er sich also versteckt!‹ Dana Wynter, King Donovan, Carolyn Jones und Kevin McCarthy auf der Jagd nach dem Drehbuchautor, der das unlogische Durcheinander ersonnen hat

beim Grabe aller SF-Autoren, die sich zumindest *bemüht* haben, auf einer unmöglichen Prämisse logisch aufzubauen, geschieht mit den wirklichen Menschen, nachdem die Schoten sie imitiert und deren Stelle eingenommen haben? Lösen sie sich auf? Oder imitieren sie sie gar nicht? Versklaven sie sie nur auf einer geistigen Basis, was dazu führt, daß sie sich *kalt* und *unmenschlich* – eben anders – verhalten? Wenn die Schoten die Menschen geistig versklaven, muß man sich natürlich fragen, warum sie die Menschen überhaupt imitieren. Wieso entpuppt sich die holde Mary nach einem kurzen Nickerchen als böse außerirdische Intelligenz? Weil eine Schote sie geistig versklavt hat? Oder weil sie eine Schote ist, die Marys Stelle eingenommen hat?

Da zu befürchten steht, daß aus diesem Wirrwarr eh kein Mensch schlau wird, rasch noch ein paar Anmerkungen allgemeiner Art: Inwiefern die deutsche Synchronisation zu diesem Nonsens beigetragen hat, ist unklar – wie in den fünfziger Jahren üblich, hat man sogar die Namen der Akteure eingedeutscht bzw. dem angenommenen Bildungsstand des Konsumenten »angepaßt«. Miles Bennell heißt plötzlich *Peter* (nicht mal *Pieter*), und aus Onkel Ira wird flugs Onkel *Anton*. Daß Becky Driscoll nun *Mary* heißt, hat wohl damit zu tun, daß in den Schundromanen dieser Zeit *alle* Frauen aus dem englischen Sprachraum Mary – oder Jane – hießen. Der phänomenale Erfolg dieses Films – sowohl in SF-Leser- als auch anderen Zuschauerkreisen – mag damit zu tun haben, daß die Schoten irgendwie als »außerirdische Kommunimus« dargestellt werden: Es sind heimliche Infiltranten, deren geheime Wühltätigkeit dazu führt, daß sie nach und nach alle wichtigen Positionen einnehmen. Sie erheben die Kälte des Individuums nicht nur zur Tugend (und bestätigen damit einen Vorwurf, den die Kalten Krieger dieser Ära den Kommunisten machten), sondern haben auch für die Liebe nur Verachtung übrig: Wie man sieht, haben wir es auch hier mit einem alten, antikommunistischen Vorurteil zu tun – noch heute bringt man in weiten Teilen der USA den Kommunisten vorwiegend mit »sexueller Verwahrlosung« und der sogenannten »freien Liebe« in Zusammenhang. Die Schoten-Menschen sind Repräsentanten einer anderen, einer »ausländischen« Welt, Vertreter eines Glaubens, der dem »wirklichen« Menschen »unnatürlich« vorkommt und vorkommen muß – und dazu bekennen sie sich noch zu einem System, »in dem alle Menschen gleich sind« (was Dr. Bennell ein höhnisches, wissendes Lächeln entlockt): Einen solchen Spruch konnte man während der McCarthy-Ära wohl kaum ablassen, ohne den verhaßten Kommunismus zu meinen.

Ⓥ Impoftkassette

»Ich bin mein eigener Rebell; ich brauche mich auf die
Rebellion von Mr. Brando nicht zu stützen.«

JAMES DEAN

... denn sie wissen nicht, was sie tun

(REBEL WITHOUT A CAUSE). USA 1955. **P** Warner Brothers
(David Weisbart). **R** Nicholas Ray. **B** Stewart Stern. **St** Nicholas
Ray. **K** Ernest Haller. **M** Leonard Rosenman. **D** James Dean
(Jim Stark), Natalie Wood (Judy), Jim Backus (Mr. Stark), Ann
Doran (Mrs. Stark), Rochelle Hudson (Judys Mutter), William
Hopper (Judys Vater), Sal Mineo (Plato), Corey Allen (Buzz),
Dennis Hopper (Goon), Edward Platt (Ray), Steffi Sidney
(Mil), Marietta Canty (Platos Haushälterin), Virginia Brissac
(Jims Oma), Beverly Long (Helen), Ian Wolfe (Vortragsred-
ner), Frankie Mazzola (Crunch), Robert Foulk (Gene), Jack
Simmons (Cookie), Tom Bernard (Harry), Nick Adams
(Moose), Jack Grinnage (Chick), Clifford Morris (Cliff). **F** 106
Min.

Der Gymnasiast Jim ist mit seinen Eltern nach Los Angeles gezogen, denn die Familie zieht sehr oft um: hauptsächlich deswegen, weil Jim hin und wieder Dinge anstellt, die ihnen die Nachbarschaft übel nimmt. An seinem ersten Abend in L. A. wird er
wegen groben Unfugs auf ein Polizeirevier gebracht, wo er Judy
und Plato kennenlernt. Judy wird verhört, weil sie im Dunkeln
spazierengegangen ist; Plato, ein gelangweiltes, einsames Kind
wohlhabender, aber geschiedener Eltern, hat auf junge Hunde
geschossen. Am nächsten Tag trifft Jim die beiden in seiner neu-
en Schule wieder. Während Plato dem selbstbewußten Jim
gleich freundschaftliche Gefühle entgegenbringt, zeigt Judy ihm
die kalte Schulter. Sie geht mit Buzz, einem halbstarken Ju-
gendbandenführer, der es auch gleich auf den »Neuen« abgesehen hat und ihn mit einem Messer provoziert. Jim, der von der
Angst geplagt wird, er könne eines Tages so werden wie sein
schwächlicher und opportunistischer Vater, geht auf Buzz' Pro-
vokationen ein und läßt sich zu einem »Rennen« besonderer Art

› … denn sie wissen nicht, was sie tun‹ – Juvenile Delinquents anno 1955

herausfordern: In einem gestohlenen Wagen wollen die beiden auf einen Abgrund zurasen – und wer als erster herausspringt, ist der Verlierer. Jims Absprung gelingt, Buzz kann den Wagen nicht rechtzeitig verlassen und stürzt in die Tiefe. Während der Rest der Bande in Panik das Weite sucht, bringt Jim die erschütterte Judy nach Hause und will die Polizei über den Vorfall informieren. Dies wird jedoch von seinen Eltern verhindert, die kein Interesse daran haben, daß eine Sache groß aufgebauscht wird, in die ihr Sohn verwickelt ist. Jim geht dennoch – verärgert über die Feigheit seines Vaters – zur Polizei. Er kommt jedoch nicht dazu, eine Aussage zu machen. Bei der Bande gerät er nun in Verdacht, geredet zu haben – man setzt ihm nach. Jim tut sich mit Judy und Plato zusammen. Auf der Flucht vor der Bande brechen sie in ein leerstehendes Landhaus ein, wo sie eine harmonische, nie erlebte Nacht verbringen. Jim und Judy kommen sich auch menschlich näher. Man hat Verständnis für einander, und sogar der hochgradig neurotische, latent homosexuelle Plato scheint zum ersten Mal in seinem Leben so etwas wie Frieden zu empfinden. Die Harmonie wird jedoch empfindlich gestört, als die Bande die drei Flüchtlinge entdeckt. Der aus dem Schlaf geschreckte, völlig verängstigte Plato zückt einen mitgebrachten Revolver und verletzt einen der Eindringlinge. Seine Schüsse locken die Polizei an. Während Jim und Judy die Flucht aus dem Haus gelingt, verbarrikadiert sich Plato ängstlich in einem nahegelegenen Planetarium. Es gelingt Jim, den völlig verstörten Jungen zur Aufgabe zu überreden und dessen Waffe zu entladen. Als Plato sich ergeben will, wird er von einem schießwütigen Polizisten, der sich bedroht fühlt, niedergeschossen. Jim bricht weinend über seinem Freund zusammen. In diesem Moment erfährt er zum ersten Mal so etwas wie Verständnis und Anteilnahme von seinem Vater.

Weder *Jenseits von Eden* (1955) noch *... denn sie wissen nicht, was sie tun* (1955) oder *Giganten* (1956) – und das sind alle Spielfilme, in denen James Dean eine nennenswerte Rolle gespielt hat – sind *Kultfilme*. Aber James Dean war (wie Eddie Constantine, wenn auch aus anderen Gründen) ein Kult*star;* ein Schauspieler, der – wie man so schön sagt – »eine ganze Generation von Jugendlichen nachhaltig beeinflußte«. Warum? Wie ist es dazu gekommen? Wie wirkte sich dieser Einfluß aus? Hans Heinrich Ziemann in DER STERN über die Jugendlichen Mitte der fünfziger Jahre: »Die Jugendlichen lebten in einer Erwachsenenkultur, sie waren Erziehungsobjekte. Bei uns in Deutschland hieß das: lernen, arbeiten, aufbauen, helfen. In den Nachkriegsjahren war es unmöglich, aus dieser Welt zu fliehen. Die jungen Leute hatten kein Geld, und ob sie ins Kino gingen oder Musik hörten, überall peinigte man sie mit verlogenen Ablenkungen von der Realität: *Der Förster vom Silberwald* und allerlei Schnulzenfilme, Rudi Schuricke und andere Capri-Fischer.« Stimmt. Gar nichts hatten wir. *Gar nichts.* Keine eigenen Zimmer, keine eigenen Platten (vom eigenen Plattenspieler ganz zu schweigen). Im Fernsehen, das noch in den Kinderschuhen steckte, dominierten die Millowitschs, im Rundfunk das Labalula. Jugendliche hatten keine »Kaufkraft«, also wurde für sie auch nichts produziert. Wenn jemand Geld hatte, dann war das

Jim Backus und James Dean – der Rebell im Clinch mit dem autoritären Scheißer

Papi, und der hatte auch nur wenig, und außerdem hatte man dem während der letzten Tausend Jahre den Geist so verbogen, daß es ihm scheißegal war, was man ihm an Unterhaltung vorsetzte – Hauptsache, es hatte nichts mit den letzten Tausend Jahren zu tun (»von denen wir ja alle nix gewußt haben«). Ziemann: »Mitte der fünfziger Jahre bescherte ihnen das beginnende Wirtschaftswunder das wichtigste Mittel für die Flucht aus der Wirtschaftswunderatmosphäre: Geld. Die Väter verdienten besser und gaben maßvoll Taschengeld, die Lehrlinge brachten was nach Hause ... Diesen Jugendlichen, die sich selbst zu entdecken begannen, lieferte Hollywood mit *Denn sie wissen nicht, was sie tun* einen Film, der sich um Jugendliche drehte und einen Helden, der so war und so aussah wie sie.« (Es ist unvorstellbar: in *dieser Form* hatte es sowas vorher NIE gegeben!) Hollywood lieferte ihnen einen Helden. Und er hatte offenbar die gleichen

Probleme wie sie: Ihm stank das Verhalten seines Vaters, ihm stank das Verhalten seiner Mutter. Ihm stank das Verhalten der Gesellschaft. Er kam mit den Spießern einfach nicht klar. Er litt an diesen Problemen. Er versuchte, mit anderen darüber zu reden: mit seinen Eltern. Und dann sah er, was er davon hatte. Gar nichts. Überhaupt nichts. (Manche hätten es ihm im voraus sagen können.) Mama war nämlich eine dumme Kuh. (Heute würde man sagen: ein Produkt ihrer Erziehung.) Und Papa war ein blöder Spießer (heute würde man sagen: ein autoritärer Scheißer), der sich am liebsten anpaßte (was die Eltern der Teenies der fünfziger Jahre während der letzten Tausend Jahre auch gern getan hatten) und sich hauptsächlich Sorgen machte, »was wohl die Leute dazu sagen«, wenn ihr Sohnemann etc. pp. Und als der Rebell dies erkannte, war er ganz frustriert, und dann schimmerten Tränen in seinen Augen. Und das war rührend und im höchsten Maße bewegend. Denn in den fünfziger Jahren weinte man als Junge nicht. Während der vorhergegangenen Tausend Jahre hatte man dem männlichen Teil der Bevölkerung nämlich beigebracht, daß ein Junge nicht weint (»Indianer kennen keinen Schmerz«) – vielmehr hätten sie hart wie Kruppstahl, zäh wie Leder und flink wie ein Windhund zu sein. Auch Papa hatte diese Lektion eifrig gelernt, und natürlich hatte er sie an seinen Sohnemann in den fünfziger Jahren weitergegeben.

Die Mädels im Kino fanden es aber nett, wenn ein Junge auch mal weint, deswegen gefiel ihnen Jimmy Dean auch so gut (die Jungs mochten ihn zwar auch, aber weniger wegen seiner tränenerfüllten Äuglein, sondern wegen seiner schneidigen roten Jacke und der tollen Frisur, die er hatte). Und deswegen kam es auch dazu, daß die Mädels ihn geradezu kultisch verehrten (Hollywood frohlockte!), als der junge Mann sich mit seinem schnellen Auto totfuhr; und bei der erstbesten Gelegenheit verfielen sie sozusagen in eine gespenstisch anmutende Ekstase: »Die Backfische veranstalteten eine gespenstische Szene am Grabe des toten Helden, als am 30. September, dem ersten Todestag James Deans, auf dem Friedhof zu Fairmount (Indiana) eine Gedenkfeier abgehalten wurde«, schrieb DER SPIEGEL am 31.10.1956. »Zwei Pastoren gedachten des toten Film-Idols in gefühlvollen Ansprachen, während Fernsehkameras das Schluchzen der jugendlichen Dean-Gemeinde in die fernsten Winkel des Landes übertrugen. Die Szene war kaum beendet, als Rudel heulender Backfische das Grab buchstäblich stürmten, Kränze im Wert von tausend Dollar zerrissen und Erde, Gras und Blumen als ›Reliquien‹ davonschleppten.«

»Zur gleichen Zeit mußte in Kalifornien die Kreuzung der Autostraßen 466 und 41 polizeilich gesperrt werden, weil Hunderte von motorisierten Teenagern zu einer stillen Gedenkminute am Unfallort anrollten und den Verkehr blockierten. Starke Polizeikräfte ließen die Steilküsten Kaliforniens nicht aus den Augen: Einige Jugendliche hatten telephonisch die Absicht kundgetan, sich zu ›Jimmys‹ Ehren in seiner Todesstunde mit dem Auto ins Meer zu stürzen.« Der letzte Film des Akteurs, *Giganten,* wurde pietätvoll so lange vom Markt zurückgehalten, bis die Vampiriade ihren Höhepunkt erreicht hatte. »Auch kommerziell erreichte der Dean-Kult in den letzten Wochen einen Höhepunkt. Eine Gipsbüstenfabrik steigerte ihre Tagesproduktion an ›lebensechten James Dean-Köpfen‹ auf 300 und hatte trotz des hohen Stückpreises von 30 Dollar (damals 126 Mark) keine Absatzsorgen. Der Bildhauer Kenneth Randall, der kurz vor Deans Tod eine Büste des Schauspielers fertiggestellt hatte, wurde mit Bestellungen auf Gipsabgüsse zu 150 Dollar (damals 630 Mark) je Exemplar überschwemmt, seit er das Original öffentlich der Universität Princeton vermacht hatte. Nachdem Nicholas Ray, der Regisseur von … *denn sie wissen nicht, was sie tun* erklärte, er werde ein Buch über seine denkwürdige Zusammenarbeit mit James Dean schreiben, kündigte jetzt auch Vater Dean eine offizielle Biographie seines Sohnes an. Ein unabhängiger Filmproduzent ließ sich vorsorglich den Titel ›Die James Dean-Story‹ schützen*).«

Und warum all dieses Theater um einen Schauspieler, von dem Marlon Brando gesagt hat »In *Jenseits von Eden* trägt er nicht nur die Kleider, die ich letztes Jahr getragen habe, sondern weist auch mein Talent vom letzten Jahr auf«? Warum all das wegen eines jungen Mannes, der – aus heutiger Sicht – nicht mehr als den Jugendlichen verkörperte, den sich die Mamis und Papis der achtziger Jahre geradezu als Schwiegersohn wünschen? Die Tatsache, daß er tatsächlich den vielzitierten Eindruck auf die Jugendlichen seiner Zeit ausübte, läßt vielleicht

---

*) *The James Dean Story* (USA 1957; Regie: George W. George und Robert Altman (Dokumentarfilm).

*›Keine Angst, Judy! Den Typen von BRAVO stell' ich mich allein!‹ –
Natalie Wood und James Dean*

erkennen, wie *mies* und *langweilig* das Dasein der Jugendlichen
damals wirklich war. Dean war der erste prominente Tote im
Showbiz – wenn man einmal von Rodolfo Valentino
(1895–1926) absieht, bei dessen Beisetzung es zu ähnlichen Reaktionen gekommen war –, aber er hatte sich in relativ kurzer
Zeit Weltruhm erspielt, und es gelang Hollywood, den Fans
noch lange vorzugaukeln, Dean sei so gewesen, wie er sich in
seinen Filmen gezeigt hatte: ein echter Rebell; ein Junge, der
sich gegen elterliche Unterdrückung und Unverständnis zur
Wehr setzt. Dabei war er nichts anderes als ein *screen rebel*, ein
Rebell aus der Dose – ein Schauspieler. Bloß wollte die Wirklichkeit keiner wissen. Der amerikanische Drehbuchautor Bill
Bast, der in den fünfziger Jahren mit Dean an der UCLA studiert
und anschließend ein Zimmer mit ihm geteilt hatte, nachdem

man ihn aus der Wohngemeinschaft einer schlagenden Verbindung wegen vermeintlicher Homosexualität herausgeworfen hatte: »Schon ein Jahr nach Jimmys Tod habe ich ein Buch geschrieben, und das nur, weil soviel Mist über ihn erschienen und der Kult um ihn gespenstisch war. Die Hölle brach los, als es erschien. Ich mußte tatsächlich Amerika verlassen, um den verrückten Dean-Anhängern zu entkommen ... Ich habe mit Jimmy gelebt und die Möglichkeit gehabt, zu beobachten. Jimmy war verschlagen und unaufrichtig. Er lebte zwei, drei, vier Leben gleichzeitig, und die hielt er geheim ... Er hat daran gearbeitet, schnell erwachsen zu werden.*) Die Schauspielerei war ihm das Wichtigste im Leben. Er bewunderte und beneidete Marlon Brando (der von seinem Bewunderer allerdings nicht sonderlich viel hielt. Anm. d. Verf.) und nutzte jede Gelegenheit, ihn zu imitieren. Jimmy war unersättlich in seinem Drang, das Leben voll auszukosten und immer neue Menschen kennenzulernen. Nur Spießer konnte er nicht ausstehen.« (In einem Interview mit Frances Schoenberger in BILD UND FUNK)

Spießer gingen auch nicht in Jimmy Deans Filme. Jedenfalls nicht die Erwachsenen, und die waren ja, wenn man der landläufigen Meinung vertraut, die einzigen Spießer, die die Welt zu bieten hatte. Jugendliche gingen in seine Filme (die, wenn man es genau nimmt, eigentlich Filme Elia Kazans, Nicholas Rays und George Stevens' waren), um aus ihnen zu erfahren, wie sich die Freiheit anfühlt, auch wenn sie nur aus zweiter Hand war. Die James Dean-Fans von einst – sie waren beileibe keine Revoluzzer; sie wollten lediglich in Frieden gelassen werden. Wie ihre Kinder heute von ihnen in Frieden gelassen werden wollen. Hans Heinrich Ziemann im STERN: »Die Halbstarken von 1955, Lieblingsobjekt der Nachkriegs-Soziologen, Vor-Apo-Schrecken der Christlichen Demokraten – sie kriechen heute im Verkehrsstau zur Arbeit, sie tragen, wenn es geht, Schlips und Anzug, finden sich pünktlich an Kaffeetafel und Stammtisch wieder, sind verheiratet und haben Kinder, die sich in einem James Dean-Film langweilen würden, weil keine Disco drin vorkommt.«

Ⓥ Warner Home

*) Müßten seine Fans von damals bei diesem Satz nicht das kalte Grausen kriegen?

Diva

(DIVA). Frankreich 1981. **P** Galaxie/Greenwich/Antenne 2 (Irene Silberman). **R** Jean-Jacques Beineix. **B** Jean-Jacques Beineix, Jean Van Hamme. **LV** Delacorta. **K** Philippe Rousselot. **M** Vladimir Cosma. **D** Frédéric Andrei (Jules), Roland Bertin (Simon Weinstadt), Richard Bohringer (Gorodish), Gérard Darmon (Spic), Chantal Deruaz (Nadia Kalonsky), Jacques Fabbri (Inspektor Jean Saporta), Thuy An Luw (Alba), Patrick Flörsheim (Mortier), Wilhelmenia Wiggins Fernandez (Cynthia Hawkins, die Diva). **F** 123 Min.

Kinogänger, die sich mit schönen Bildern, mit Inhalten identifizieren können, die Filme mit-»erleben«, kennen das Gefühl: Ist die Vorstellung zu Ende, strömen sie mit den anderen Besuchern durch den Ausgang – spätestens auf der Straße platzt die durch den Film aktivierte Phantasiewelt wie ein großer Luftballon mit lautem Knall! Der Holzhammer des Alltags schlägt zu, die Erde hat uns wieder! Nicht vielen Filmen gelingt es, eine solche Faszination auszuüben. Aber immerhin, es gibt sie! *Diva* zählt dazu. Es soll Kinogänger gegeben haben, die die rauhe Wirklichkeit des Alltags nach dem Besuch von *Diva* nicht ertragen konnten, schnurstracks kehrtmachten, um in die nächste Vorführung zu gehen. Und wenn sie nicht gestorben sind, dann …!

Diva ist ein Märchen, besser gesagt ein moderner Zweig dieser Gattung. Nicht etwa das Wohlstandsmärchen von Lieschen Müller nach dem Motto »Keiner wäscht reiner« (obwohl *Diva* auch mit Werbung zu tun hat!). *Diva* ist vielmehr eine Mischung aus märchenhafter Romanze und märchenhaftem Kriminalfilm in einer zwar synthetischen, aber nicht futuristischen, dafür superrealistischen, somit unwirklichen, märchenhaften Jetzt-Welt, eine Komposition aus Gut und Böse, aus Eleganz und

Postbote in Schwulitäten – ›Diva‹ von Jean-Jacques Beineix

Häßlichkeit, aus Kitsch und Kunstfertigkeit, ein Spiel mit klaren Gegensätzen.
Der Film spielt in Paris. Ein Paris, das mit der Postkartenromantik nichts mehr gemein hat. Ein amerikanisches Paris, wie man sich New York vorstellt, wo das organisierte Verbrechen

auf offener Straße Morde begehen kann, wo es zerfallene Häuser gibt, in denen es sich trotzdem gut leben läßt. Unterm Dach, in einem Loft, der obersten Etage einer Fabrik oder eines Kaufhauses, nur über einen Lastenaufzug zu erreichen, dort, wo kein »normaler« Mensch lebt, ist viel Platz. Jules, ein junger Postbote, – seine Geschichte erzählt der Film – wohnt in einem solchen Loft. Im Vorraum stehen Autowracks, darunter sogar ein Rolls Royce; im Wohnraum selbst ist mit knalliger Farbe das Bild eines Autokrans gemalt, der ein amerikanisches Auto, einen Phantasie-Oldtimer, schweben läßt, in dem eine Frau sitzt und schreit. Auf dem Fußboden das Bild einer nackten Frau mit eingelassenen Glühbirnen, dazu Musikgerätschaften, Schlafstellen, Leitern und ungezwungen gewachsene Unordnung. Jules ist leidenschaftlicher Anhänger von Opernmusik, geradezu ein Opern-Narr, daher die extravagante Hifi-Anlage in seinem

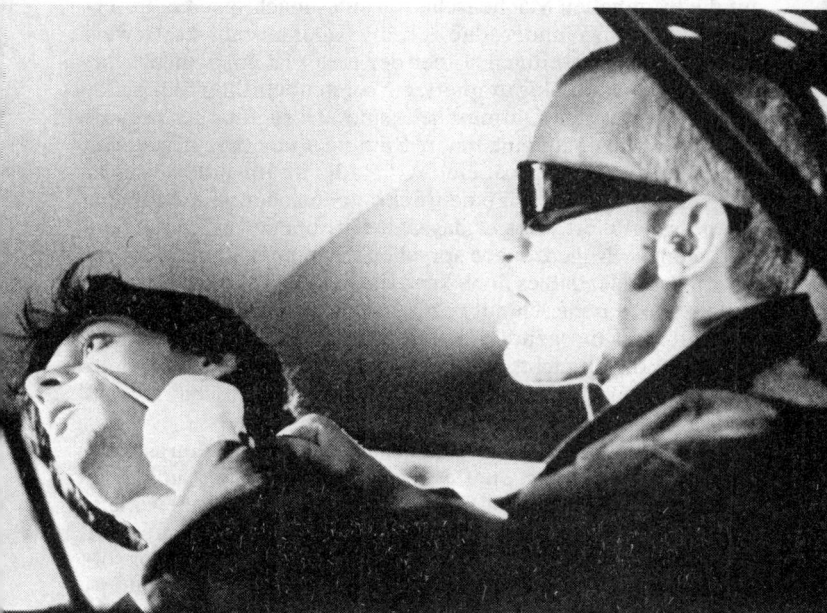

›Was soll das heißen, die Sex Pistols haben sich aufgelöst?‹

103

Loft. Seine besondere Begeisterung gilt dem weltbekannten, geheimnisvoll schönen, schwarzen Opernstar Cynthia Hawkins, genannt »Die Diva«. Um sie auf der Bühne zu erleben, reist Jules selbst in weit entfernt liegende Städte. Die Diva lehnt grundsätzlich reproduzierte Musik ab, so daß es von ihr keine Mitschnitte gibt. Bei ihrem Auftritt in Paris stibitzt ihr Jules nicht nur eine Robe, ein schmuckes Silberkleid, sondern auch ihre Stimme: Er nimmt ihr Konzert heimlich mit seinem tragbaren Hochleistungstonbandgerät auf (sauber ausgesteuert, versteht sich). Jules besitzt einen Schatz: das Tonband mit der Traumstimme der Diva.

Am nächsten Morgen, morgendlicher Berufsverkehr auf einem Bahnhof. Unter den vielen tausend Füßen der Berufstätigen hetzen auch die zwei nackten einer Frau. Die Frau ist auf der Flucht – vor zwei Killern. Die Frau ist ein Call-Girl. Sie hat ein Tonband besprochen. Mit hysterischer Stimme prangert sie darauf die kriminellen Machenschaften eines mächtigen Gangsterbosses an. Kein Wunder, daß er seine Killer ausschickt, Beweis und Zeugin zu beseitigen. Einer der Killer ist ein wahres Unikum, aggressiv, punkig drapiert, ein sonnenbebrillter Skinhead, der ständig an der Ohrmuschel seines Hörgeräts herumfummelt, als wolle er auf eine innere Stimme hören (wie sich später herausstellt, ist das Gerät eine Art Radio im Invalidendesign), wenn er nicht gerade mit einem Schraubenzieher seine Mitmenschen drangsaliert. Wie er das Call-Girl umlegt, ist nicht ganz klar, manche Augenzeugen sprechen von einem Stahlsack. Fest steht jedenfalls, daß es noch kurz vor seinem Tod das Tonband in Jules' Posttasche schmuggeln kann. Jules, der mit seiner Motocyclette auf morgendlicher Dienstfahrt zufällig hier vorbeikam, ahnt davon nichts und gerät somit genau in die Situation, die Altmeister Hitchcock so geliebt hatte: Der Zuschauer weiß mehr als das Opfer.

Die Killer nehmen die Verfolgung auf. Andere gesellen sich dazu: die Polizei, deren Chef etwas zu verbergen hat, und zwei Taiwanesen, die das Diva-Band geschäftlich verwerten wollen. Eine Verfolgungsjagd, die es in sich hat und die Wendigkeit der Motocyclette und ihres Fahrers unter Beweis stellt. Verfolgungsgags am laufenden Band: Mit der Cyclette auf Slalomfahrt, über Treppen und Rolltreppen, hinein in den U-Bahn-Schacht, dann in einen Metrowaggon, der abfährt – ein Polizist

Jules (Frédéric Andrei) und seine angebetete Diva (W.W. Fernandez)

hinterher, springt auf die Kupplung des Waggons, fährt zwangsläufig mit, macht Zeichen, man solle die Tür öffnen und ihn her-
einlassen, verleiht seinem Begehren mittels Dienstausweis amt-
lichen Nachdruck, stößt jedoch auf Ablehnung: ein Fahrgast
zückt seinen Invalidenausweis – Körpersprache im Sinne von
›Du kannst mich mal, einen Ausweis habe ich auch!‹.
Andere aberwitzige Verwirrungen stellen sich ein, da keiner so
recht die Motive des anderen kennt. Jules' Situation ist äußerst
brenzlig, ja aussichtslos, aber auf nahezu wundersame Weise
begegnet er zwei loyalen Freunden, die dieses Abenteuer zu
einem guten Ende führen werden. Alba, eine blutjunge Parise-
rin vietnamesischer Abstammung, klaut in ihrer Freizeit (also
immer) unter anderem Schallplatten, um sie in Robin Hood-
Manier unters Volk zu bringen. Sie lebt in einem größeren Loft,

105

in dem sie zur Fortbewegung schon Rollschuhe benötigt, mit dem leicht angegrauten Gorodish zusammen, einem pfiffigen, etwas undurchsichtigen, versnobten Lebenskünstler und Blaufarbenfetischisten. Seine Welt ist blau gefärbt, in Blautönung sein Loft gehalten, blau seine Kleidung, er raucht blaue Gitanes, die Marke des frustrierten Linken, puzzelt an blauen Meeresansichten. Gleichsam aus einer fremden Welt taucht dieses Paar auf, um Jules zu retten. Der Zen-Freak und Puzzle-Philosoph entpuppt sich als ein Meister raffinierter und erfolgreicher Strategien. Jules kann zu guter Letzt seine Verfolger loswerden (auch der Polizeichef wird als Übeltäter entlarvt) und seiner angebeteten Diva die gestohlene »Stimme« zurückgeben. Regisseur Beineix hat Spaß an Bewegung, verblüffenden Einstellungen und schönen Bildern. Sein Film schert sich weder um Logik noch um Einsichtigkeit, ist anfänglich verwirrend. Alle Handlungsstränge finden zum Schluß wie bei einem Puzzle zusammen, so daß keine Frage offenbleibt. Märchenhafte Gegensätze spielen eine große Rolle: Gut und Böse, Eleganz und Häßlichkeit, Menschenverehrung und Menschenverachtung, der wunderschöne Gesang der Diva und das hysterische Kreischen des Call-Girls auf den Bandaufnahmen, Jules' komplizierte Musikanlage und Skinheads Primitivradio. Nicht die Frage »Wer ist der Täter?« ist wichtig; wichtig ist allein die Atmosphäre des Geschehens: eine Welt aus glitzerndem, leuchtendem Neonplastik, inszeniert mit den Mitteln der aktuellen Pop- und Werbetrends. Beineix verpackt »alte Bekannte« neu, wuchert mit Filmzitaten: Eine Nutte geht über ein Gitter, ihr Rock weht hoch (Monroe-Effekt); Jules, neben sich seine Motocyclette schiebend, wandelt mit Alba die Straße entlang (Vorbild *Außer Atem*); die Verfolgungsjagd *(French Connection)*. Kinoklischees – das ironische Spiel mit Krimimustern, dick aufgetragene Gangsternummern – und Werbeklischees – extrem teure Luxusgegenstände – werden lustbetont, fast schwarzhumorig bis hin zur Persiflage übersteigert. *Diva* – ein einmaliges Märchen!

Ⓥ CIC Taurus

»Gehen's heraus, oder ich vergeß' meinen Wiener Charme!«

PAUL HÖRBIGER

Der dritte Mann

(THE THIRD MAN). Großbritannien 1949. **P** British Lion/London Films/David O. Selznick/Alexander Korda (Carol Reed). **R** Carol Reed. **B St** Graham Greene. **K** Robert Krasker. **M** Anton Karas. **D** Joseph Cotten (Holly Martins), Orson Welles (Harry Lime), Alida Valli (Anna Schmidt), Trevor Howard (Major Calloway), Bernard Lee (Sergeant Paine), Paul Hörbiger (Portier), Annie Rosar (seine Frau), Ernst Deutsch (Baron Kurtz), Erich Ponto (Dr. Winkel), Siegfried Breuer (Popescu), Hedwig Bleibtreu (Pensionswirtin), Geoffrey Keen (Britischer Polizist), Wilfrid Hyde-White (Crabbin), Alexis Chesnakov (Brodsky). **SW** 104 Min.

Wien 1948, in vier Sektoren aufgeteilt, das Zentrum international; die Zeit des schwarzen Marktes, auf dem mit allem geschoben wurde, was die Leute brauchten. Amateure dieses Fachs kamen dabei natürlich leicht unter die Räder oder fanden sich in der Donau wieder. Aber wer etwas von dieser Branche verstand, der konnte reich werden, sehr reich! Wien sah in jener Zeit nicht viel anders aus als viele andere Städte Europas – zerbombt und verhungert. Das alte Wien, das leichtlebige Wien des Walzertraums? Aus und vorbei! Wien 1948: eine Welt desillusionierter Melancholie, vom Krieg ausgezehrt, noch entmutigt von der ungeheuren, übermächtig erscheinenden Aufgabe des bevorstehenden Wiederaufbaus!
Ach, ich wollte ihnen ja an dieser Stelle die Geschichte von Holly Martins erzählen, einem Amerikaner, der nach Wien kam, seinen Freund zu besuchen. Der Freund hieß Harry Lime. Martins hatte in Amerika Pech gehabt, mit einem Wort, er war pleite. Harry Lime hatte ihn eingeladen, weil – wie er schrieb – in Wien etwas zu machen sei. Eines Tages kam er nun an, der arme

Teufel, vergnügt wie eine Haubenlerche und ohne einen Cent in der Tasche ...

Harry Lime wohnt Stiftgasse 15. Martins klingelt. »Da werden Sie kein Glück haben, mein lieber Herr! Sie kommen um zehn Minuten zu spät, da ist niemand mehr hier, Sie läuten umsonst! ... Mr. Lime ist tot! Unfall! Überfahren vom Auto – hier, direkt vor'm Haus! Hab's selber gesehen, war sofort tot. Er ist schon ... im Himmel! Oder ... in der Hölle! Wenn'S sich beeilen, kommen Sie noch zur Beerdigung zurecht!«

Auf Limes Begräbnis lernt Martins dessen Freundin Anna und den Chef der britischen Militärpolizei, Calloway, kennen. Calloway deutet an, daß Lime in dubiose Geschäfte verwickelt gewesen sei. Martins ist außer sich und stellt Nachforschungen an, um seinen Freund zu rehabilitieren, muß aber bald erkennen, daß da etwas nicht stimmt. Unfallzeugen sprechen von zwei Männern am Unfallort; der Portier von Stiftgasse 15 will dagegen drei gesehen haben (eine Beobachtung, die er später mit seinem Leben bezahlen muß). Wer war der dritte Mann? Calloway ist wenig beeindruckt von dieser Neuigkeit: »Das ist mir völlig egal, ob ein Gangster wie Lime durch seine Freunde oder durch einen Unfall umkommt, die Hauptsache ist, daß er tot ist!«

Martins gibt nicht auf. Er befragt die Unfallzeugen, den zwielichtigen Baron Kurtz und dessen Intimus Dr. Winkel. Er macht sich an Anna, Limes Geliebte, heran, die als tschechischer Flüchtling illegal mit falschem Paß in Wien lebt.

Plötzlich wendet sich das Blatt; Martins wird zum Gejagten. Calloway zu Martins: »Ich habe Ihnen gesagt, Sie sollen abreisen. Hier ist nicht Santa Fé! Ich bin kein Sheriff, und Sie sind kein Cowboy. Sie haben sich mit der gefährlichsten Schieberbande von Wien eingelassen, mit dem Erfolg, daß man Sie jetzt als Mörder (Anm.: des Portiers) sucht ... Ich möchte nicht, daß Sie das nächste Opfer der Bande werden – ich werde Sie in die Sache einweihen! ... Wissen Sie, was Penicillin ist? ...« Harry Lime hat auf dem schwarzen Markt aus Lazaretten gestohlenes Penicillin verhökert, hat es jedoch vorher verdünnen, also strecken lassen und sich damit eine goldene Nase verdient. Von den verheerenden Auswirkungen dieses dreckigen »Geschäfts« muß sich Martins in einer Kinderklinik überzeugen. Er ist kuriert. Von Interesse ist für ihn nur noch, ob Anna von der Schieberei gewußt hat.

Trümmerhaufenmelancholie – ›Der dritte Mann‹

Martins kommt aus Annas Wohnung, tritt ins nächtliche Wien hinaus, fühlt sich beobachtet. Ein Lichtschein fällt auf eine Gestalt in einem dunklen Hauseingang. Harry Lime?!? Ist das möglich? Martins nimmt die Verfolgung auf, die Gestalt verschwindet spurlos.

Daran hätte Calloway auch eher denken können, daß in Limes Grab ein anderer liegt: »Joseph Harvey, Hilfsarbeiter im Militärhospital, Zuträger von Harry Lime. Seit zehn Tagen vermißt!« Calloway setzt Anna unter Druck, droht ihr mit der Abschiebung in den sowjetischen Sektor. Martins sieht nur noch eine Möglichkeit, Anna zu retten. Er muß Lime finden; der soll seine »Beziehungen« spielen lassen.

Martins trifft Lime am Riesenrad im Prater; sie steigen zusammen in eine Gondel. Lime präsentiert sich als Weltmann, den Hut lässig ins Genick geschoben, den eleganten Schal flott um die Schultern drapiert. Doch die Fassade kann sein persönliches Unwohlsein nicht verdecken. Sein leerer Augenausdruck, die Starre seines Gesichts, dessen untere Partie wie gelähmt erscheint, während er spricht, sein unsicheres Lächeln, das ständige Schlucken von Magentabletten (»Es sind die letzten, ich krieg' keine mehr in ganz Europa!«), das alles läßt seine innere Unsicherheit erkennen. Im krassen Gegensatz dazu ist seine Moral die alte geblieben: klar und bestürzend. Anna hat er schon längst aufgegeben, sie ist ihm lästig, er kann nichts mehr für sie tun: »Hör endlich mit Anna auf! Ich muß sehr vorsichtig sein!« ...

MARTINS: Hast du schon mal eins von deinen unschuldigen Opfern gesehen?

LIME: Zugegeben, das Ganze ist nicht sehr schön! Aber ... aber Opfer? Was für ein Wort! Sieh mal da hinunter. Würde es dir leid tun, wenn einer von diesen ... diesen Punkten da aufhören würde, sich zu bewegen? Wenn ich dir 20.000 £ für jeden krepierten Punkt bieten würde, würdest du mein Geld zurückweisen, oder würdest du ... ja sagen, vorausgesetzt, daß keine Gefahr dabei ist?

Das Wortgefecht hoch über dem Prater spitzt sich zu. Lime (»Ich trage immer eine Pistole bei mir.«) sieht in Martins seinen möglichen Verräter. Als Martins jedoch die Exhumierung Harbins erwähnt, weiß Lime, daß ihm sein alter Freund nicht mehr gefährlich werden kann. Andere werden ihn jagen! Lime verabschiedet sich von Martins: »Nun sei nicht so trübsinnig, ist alles halb so schlimm! Denk dran, was Mussolini gesagt hat: In den dreißig Jahren unter den Borgias hat es nur Krieg gegeben, Terror und Blut, aber dafür gab es Michelangelo, Leonardo da Vinci und die Renaissance. In der Schweiz herrschte brüderliche Liebe – 500 Jahre Demokratie und Frieden –, und was haben wir davon? Die Kuckucksuhr! Adieu, Holly!«

Calloway setzt Martins zu, er solle helfen, Lime in eine Falle zu locken. Erst als der Polizeichef einwilligt, Anna in Sicherheit zu bringen, willigt Martins ein. Doch Anna weigert sich: »Wenn Sie Ihre Dienste verkaufen, dann möchte ich nicht der Preis sein!«

Die Falle ist ausgelegt. Holly Martins und Anna sitzen in einem kleinen Café.

ANNA: Sie können mir doch nicht erzählen, daß Sie das umsonst machen? Was haben Sie denn bekommen?

MARTINS: Ich hab' nichts bekommen!

ANNA: Der ehrliche, vernünftige, gute und harmlose Holly Martins! Holly … schon dieser Name! Es muß ein erhebendes Gefühl sein, für die Polizei den Spitzel zu machen …! *Harry, lauf weg! Die Polizei steht draußen! Schnell!!*

Harry Lime flieht in die »Unterwelt« von Wien, die Kloaken und das unterirdische Bett der Donau. Nach heftigem Schuß-

Aus Xanadu in die Wiener Kanalisation – Orson Welles in ›Der dritte Mann‹

wechsel wird er in die Enge getrieben und wie eine Ratte abgeknallt. Die Luft bleibt dumpf, zurück bleiben die Opfer.

»Haben Sie den dritten Mann gesehen?« fragt der Autor schlechter Wildwestromane Holly Martins im Film; eine Frage, die heute noch, über 35 Jahre nach der Erstaufführung, unter Filmästheten und Normalsterblichen aktuell ist. Zugegeben, der Film ist glänzend besetzt! Er bietet für den Mitteleuropäer zusätzlichen Anreiz wegen der österreichischen Schauspieler-Crew Hörbiger, Rosar, Deutsch, Ponto und Bleibtreu, die hier sämtlich einmal nicht den Wiener Charme vertreten. Trotzdem: Das Hauptverdienst für den anhaltenden Erfolg tragen vier Männer, die auf der Leinwand nicht auftreten, und einer, der insgesamt höchstens zehn Minuten (bei einer Spieldauer von über anderthalb Stunden) zu sehen ist. Da ist der Kameramann Robert Krasker, ein Schwarz-Weiß-Spezialist, ein Meister des ungewöhnlichen Blickwinkels und überraschender Licht-Schatten-Effekte, der für diese Leistung den wohlverdienten Oscar erhielt. Da ist der Regisseur Carol Reed, einer der besten seiner Zeit, dessen Gespür, sich die richtigen Mitarbeiter auszusuchen, dem Film erst seine endgültige Prägung gab. Er arbeitete zunächst mit Drehbuchautor Graham Greene zusammen. Der hatte eine Novelle geschrieben, die im Nachkriegs-Wien spielte, messerscharf, sezierend. Diese Erzählung, die zunächst nicht zur Veröffentlichung bestimmt war, bildete die Grundlage für das Drehbuch. Die verschiedenen Fassungen entstanden in enger Teamarbeit zwischen Autor und Regisseur. Meinungsverschiedenheiten betrafen nur das Ende des Films. In Greenes ursprünglichem Treatment, das 1950 auch in Buchform veröffentlicht wurde, verlassen Martins und Anna Arm in Arm gemeinsam den Friedhof. Ein solcher Schluß, fand Reed, müsse auf das Publikum, das eben erst Limes Tod miterlebt habe, zynisch wirken. So geht Anna in der Filmversion auf der Friedhofsallee achtlos an dem wartenden Martins vorbei. Greene: »Der Film ist tatsächlich besser als die ursprüngliche Erzählung, weil er in diesem Fall die endgültige Fassung der Erzählung darstellt.«

Der Schauspieler, der diesem Film seinen unverzichtbaren Stempel aufsetzte, war Orson Welles, der künstlerisch sicher als Regisseur höher einzuschätzen ist. *Der dritte Mann* markiert einen Meilenstein in Welles' Karriere, gar nicht so sehr wegen seiner schauspielerischen Leistung, sondern wegen des erstaun-

›Wo ist denn die verflixte Zither?‹

lichen Phänomens der Kristallisierung, der mit der Figur des Harry Lime um Welles einsetzte: »Zum ersten und vielleicht einzigen Mal fand dieser populäre Schauspieler endlich eine Rolle, mit der er im Bewußtsein des Publikums identifiziert werden konnte. Alle anderen waren Charakterdarstellungen gewesen, selbst die des Kane. Es ist bezeichnend, daß er Harry Lime ohne Perücke oder Maske spielte. Wenn er, den Mantelkragen hochgeschlagen, in der halbgeöffneten Tür erscheint, macht er

113

tatsächlich den Eindruck, als trete er aus seinem Privatleben hervor ... Harry Lime/Welles (war) in diesem Fall viel mehr als eine Figur: Er war ein Mythos.« (André Bazin)

Doch wäre es dazu gekommen, hätte Welles, wann immer er im Film erschien, nicht dieses eingehende musikalische Leitmotiv, gespielt auf einer Zither, begleitet, das Harry-Lime-Thema? Kaum vorstellbar, daß Regisseur Reed den Zitherspieler eines Heurigenlokals Anton Karas erst nach Fertigstellung des Films entdeckt hatte. Er lud ihn nach London ein, und Karas schrieb die Begleit- und Erkennungsmusik, natürlich ausschließlich für Zither: eine unheimliche, monoton-aufreizende, aber auch melancholische Melodie, in der der zerbrochene Glanz vergangener Epochen, die Not der Gegenwart, der Aufruhr der Gehetzten im Unterton mitvibrierten, gespielt auf einem anspruchslosen Instrument, von dem durch Verstärkung dramatische Wucht ausgeht.

Anton Karas ist Anfang Januar 1985 im Alter von 78 Jahren in Wien gestorben. Sein einziger Erfolg blieb das Harry-Lime-Thema. Von den Einnahmen einer großen Tournee, die ihn 1950/51 nach Großbritannien, Skandinavien und in die USA führte und den Tantiemen baute er sich in Sievering ein Heurigen-Lokal, das zunächst eine Art Wallfahrtsort wurde. Er mußte es aber 1966 gezwungenermaßen schließen: »Die zahlreichen Gäste wollten immer nur das Lied hören, aber essen wollten sie nicht.«

Der dritte Mann erhielt einen Oscar für die beste Kameraführung.

Ⓥ Importkassette

Duell

(DUEL). USA 1971. **P** Universal-TV (George Eckstein). **R** Steven Spielberg. **B** Richard Matheson. **LV** Richard Matheson. **K** Jack A. Marta. **M** Billy Goldenberg. **D** Dennis Weaver (David Mann), Jacqueline Scott (Mrs. Mann), Eddie Firestone (Chuck), Lou Frizzell (Busfahrer), Gene Dynarski (Mann im Café), Lucille Benson (Schlangenzüchterin), Tim Herbert (Tankwart), Charles Seel (Alter Mann am Café), Shirley O'Hara (Kellnerin), Dale Van Sickel (Fahrer), Alexander Lockwood, Amy Douglas (Altes Ehepaar), Cary Loftin (Tankwagenfahrer). **F** 90 Min.

An einem Tag wie jeder andere: Der Handelsvertreter David Mann bricht mit seinem roten Plymouth Valiant zu einer Geschäftsreise auf. Er bahnt sich einen Weg durch die Straßen einer kalifornischen Großstadt und biegt auf eine Landstraße ab. Das Autoradio dudelt vor sich hin, die Rundfunksprecher reden das übliche Blech, David konzentriert sich auf den Verkehr. Er holt einen verdreckten Tankwagen ein, dessen stinkende Auspuffgase ihn zum Husten bringen. David überholt, aber kurz darauf donnert der Tanker mit schrillem Gehupe wie ein wütender Saurier an ihm vorbei. David ist zwar sauer, bleibt aber vorerst gelassen. Als er erneut zu einem Überholmanöver ansetzt – der Trucker ist so freundlich und winkt ihn vorbei –, kommt es beinahe zu einem Frontalzusammenstoß mit einem anderen Wagen. David ist entsetzt; irgendwo, meint er, muß der Spaß doch ein Ende haben. Die Katastrophe nimmt ihren Anfang, als es ihm dennoch gelingt, den Tankwagen auszutricksen: Von nun an jagt der Unbekannte wie der Teufel hinter ihm her und versucht, ihn zu rammen. David gerät in Panik, er fragt sich, ob der andere noch bei Sinnen ist. Die fast leere Landstraße wird zum Schauplatz eines mörderischen Duells, in dem David dem

115

40-Tonnen-Goliath mehrmals zu unterliegen droht. Als David nach einem Beinahe-Unfall in Chucks Café Rast einlegt, zeigen sich in ihm erste Anzeichen einer starken Paranoia. Als er einen Gast anrempelt, in dem er den Fahrer des ihn verfolgenden Tankwagens zu erkennen glaubt, bezieht er Prügel. Als er einem steckengebliebenen Schulbusfahrer helfen will, dessen Fahrzeug flottzumachen, taucht der unheimliche Tankwagen wieder auf. David ergreift die Flucht; als er von einer einsamen Tankstelle aus die Polizei alarmieren will, donnert der unbekannte Feind heran und zermalmt die Telefonzelle, die David in letzter Sekunde gerade noch verlassen kann. Kurz darauf versucht der Tankwagen Davids Fahrzeug auf ein Eisenbahngleis zu schieben, über das gerade ein endlos erscheinender Güterzug dahinrast. Der unbekannte Fahrer, der es äußerst geschickt versteht, sich vor Davids Blicken zu verbergen, gibt nicht auf. David, der nichts anderes will, als in Ruhe gelassen zu werden und keinerlei Heldentum an den Tag legt, erkennt, daß ihm kein anderer Ausweg bleibt als der Kampf. Aber da er der Schwächere ist, kann er sich nur mit einem Trick aus der Affäre ziehen: Als es keinen Ausweg mehr zu geben scheint – David hat nicht nur Probleme mit seinem Motor, sondern ist auch völlig mit den Nerven fertig –, setzt er alles auf eine Karte und lockt den mordlüsternen Verfolger in eine Falle, aus der es kein Entrinnen gibt.

Duell ist ein Horrorfilm, der sämtliche Bestandteile des Genres rigoros verschmäht: Der Terror wird erzeugt von der Präsenz des bedrohlich wirkenden Tankwagen-Ungetüms, dessen Fahrer man – bis auf einen Arm und ein paar Stiefel – niemals im Bild sieht. Ebenso bleibt seine Motivation völlig im dunkeln. David Mann, der »Held« dieser ungewöhnlichen Geschichte, ist, wie man aus einigen geschickt verstreuten Hinweisen ersieht, eher ein Pantoffelheld, ein Durchschnittsmensch, der nicht mal im Privatleben gern Stellung bezieht. Er reagiert auf die grundlosen Attacken des anonymen Truckers anfangs mit der typischen Verärgerung eines Autofahrers, der glaubt, alle anderen Verkehrsteilnehmer hätten ihren Führerschein in Ennepetal gemacht – als seien sie nur darauf aus, ihn mit ihrem Unvermögen in Schwierigkeiten zu bringen. Erst als er erkennt, daß das »Spiel« (»Wollen wir doch mal sehen, wer hier die schnellere Karre hat«) blutiger Ernst ist, packt ihn die nackte

Mr. Everyman und seine Nemesis – Dennis Weaver in ›Duell‹

Angst, die ihn für den Rest des Geschehens nicht mehr losläßt. Seine schlecht artikulierten Hilfeersuchen stoßen bei sämtlichen Angesprochenen auf Verständnislosigkeit. Als er in einer äußerst bedrohlichen Situation einen Wagen anhält, gerät er unverhofft an die amerikanische Familie »Ohnemichel«, die nichts anderes im Sinn hat, als sich »da rauszuhalten«. Auch eine alte Dame, die neben ihrer Tankstelle eine Schlangenfarm betreibt, hat nichts anderes im Sinn, als ihre »lieben Tierchen« wieder einzufangen, nachdem der Tankwagen ihren halben Besitz verwüstet hat. Der Tankwagen (nicht etwa dessen Fahrer) nimmt im Laufe der Handlung sämtliche Charakteristika des Bedrohlichen an, was sich besonders deutlich in der Schlußszene manifestiert, als er mit einem urweltlichen, saurierhaften Brüllen in den Abgrund rutscht und sein unsichtbarer Beherrscher alle Hebel zieht, um den Absturz zu verhindern. Eine starke Leistung vollbrachte Jack A. Marta, der seine Kamera effektvoll einzusetzen wußte. Aber auch Dennis Weaver in der Rolle des David weiß zu überzeugen: Seine panisch hervorgestoßenen, an das eigene Fahrzeug gerichteten Bitten, es möge doch um Himmels willen schneller fahren und sein hysterischer Erleichterungsausbruch, als er – von der Last der Todesangst befreit – zum Zeugen des Untergangs seines Gegenspielers wird, ist eine Leistung, die sich sehen lassen kann. Daß er den »Mr. Average American« verkörpert, statt in typischer Hollywood-Manier jede Menge Trümpfe aus dem Ärmel zu ziehen, macht deutlich, daß Steven Spielberg tatsächlich mehr zu zeigen beabsichtigte als eine simple, actiongeladene Geschichte. Sein beklemmender Thriller wurde von der Kritik auch sogleich als Allegorie gedeutet: »Im Verfolgungswahn des aus dem Nichts bedrohten Automobilisten spiegeln sich die kollektiven Zwangsvorstellungen einer kaputten Zivilisation«, meinte, stellvertretend für viele ähnlich klingende Stimmen, Hans C. Blumenberg im KÖLNER STADT-ANZEIGER.

Die Universal-Studios waren von diesem fürs Fernsehen produzierten Streifen so begeistert, daß sie der nur 73 Minuten langen Originalversion 17 weitere hinzufügen ließen, um sie auch kinomäßig auszuwerten. *Duell* wurde in England nahezu über Nacht zu einem Kultfilm, und die Reputation, die Steven Spielberg dadurch erlangte, führte dazu, daß man dem damals gerade 24jährigen Regisseur nur noch Multi-Millionen-Dollar-Projekte anvertraute – darunter internationale Kassenfüller wie *Der weiße Hai* (1975), *Unheimliche Begegnung der dritten Art* (1977), *Jäger des verlorenen Schatzes* (1981) und *E.T. – Der Außerirdische* (1982). Steven Spielberg gehört heute zu den ganz Großen Hollywoods, nicht nur als Regisseur, sondern auch als Filmproduzent. Seine heutige Produktion richtet sich jedoch, wie die Amerikaner es so nett (und schlitzohrig) ausdrücken, an »Kinder jeglichen Alters«. »Spielbergs Filme sind bombig, unbe-

›Duell‹ von Steven Spielberg

kümmert und spaßig, in Leinen gebundenes Comic-Lesefutter für Kinder und Erwachsene, denen das gefällt, was einmal war, und die der realen Welt entfliehen möchten.« (Ronald Bergan, A–Z OF MOVIE DIRECTORS)

Ⓥ CIC Taurus

> »Mein Film handelt nicht von der Freiheit,
> sondern vom Mangel an Freiheit.«

PETER FONDA

Easy Rider – Die wilden jungen Männer

(EASY RIDER). USA 1969. **P** Pando/Raybert (Peter Fonda). **R** Dennis Hopper. **B** Peter Fonda/Dennis Hopper/Terry Southern. **K** Laszlo Kovacs. **M** Hoyt Axton/Mars Bonfire/Gerry Goffin/Carole King/Robbie Robertson/Antonia Duren/Jimi Hendrix/Bob Dylan/Roger McGuinn/Mike Bloomfield/David Axelrod/Jack Keller/Larry Wagner/Elliot Ingber. **D** Peter Fonda (Wyatt, »Captain America«), Dennis Hopper (Billy), Jack Nicholson (George Hanson), Luke Askew (Anhalter), Robert Walker (Jack), Luana Anders (Lisa), Sabrina Scharf (Sarah), Warren Finnerty (Farmer), Toni Basil (Mary), Karen Marmer (Karen), Anthony Mendoza, Karen Black. **F** 95 Min.

Los Angeles, im sonnigen Kalifornien, während der sechziger Jahre: Der schweigsame Wyatt und sein etwas unbekümmert-naiver Kumpel Billy haben gerade einen tollen Deal gemacht. Ein reicher Snob mit einem dicken Wagen und Leibwächter hat ihnen für diverse große Scheine eine Drogenladung abgekauft. Da den Jungs nun der Sinn nach Fun (in New Orleans, nicht Acapulco) steht, verstauen sie den Kies in den Tanks ihrer heißen Öfen und brettern gen Süden. Beautiful America, wohin man auch sieht. Tolle Landschaft: endloser Horizont, knallblauer Himmel, wie auf'm Trip. Auf dem Land aber hat man andere Sorgen. Da leben kleine Leute, die keinen Luxus kennen, ihr Tagwerk verrichten, Fremden gegenüber freundlich sind & ihr daily bread im Schweiße ihres Angesichts verzehren. Je ärmer sie sind, desto hilfsbereiter sind sie, ob nun Landfreak-Kommune oder Bauernfamilie alten Schlages. Wyatt und Billy haben zwar geistig nicht viel auf der Pfanne, aber irgendwie erkennen sie daran, wie die Leute sie behandeln, daß es in ihrem

›Und der Sprit ist wirklich bleifrei, Mann?‹ – Dennis Hopper in ›Easy Rider‹

wunderbaren und schönen Land 'ne Sorte Mensch gibt, die ihre anarchische Freiheit nicht nur mißbilligt, sondern in ihrer Dummheit, Bigotterie & falschem Nationalstolz zu Grausamkeiten neigt; die alle Außenseiter (= Langhaarigen etc.) automatisch in die Kategorie »unamerikanisch« einteilt. Nachdem die Boys mit ihren knatternden Öfen versehentlich eine Kleinstadt-Parade gestört haben, landen sie im Knast und lernen dort den versoffenen Juristen George Hanson kennen, das schwarze Schaf einer einflußreichen Familie, der es nicht nur mit dem Sheriff gut kann, sondern eigentlich auch mal was ganz anderes machen möchte, als seinen Frust im Fusel zu ersäufen. George schließt sich den Jungs an, aber bald darauf – weiter südlich – liefert man ihm und seinen neuen Freunden einen schlagkräftigen

Beweis dafür, was man in God's Own Country von Motorrad-
fahrern im allgemeinen und von langhaarigen & unkonventio-
nell gekleideten »Typen« im besonderen hält: Sie kriegen kein
Zimmer und werden in der örtlichen Hamburgerbude nicht mal
bedient. Als dann noch die örtliche Teenybopper-Vereinigung
per Blick & Gestik kundtut, daß sie mit den Jungs mal gern was
machen würde, reagieren die einheimischen Rednecks mit Zäh-
nefletschen und Sprüchen, die die Jungs nicht zu Unrecht um
ihre Gesundheit fürchten lassen. In der Nacht kampieren sie bei
Mutter Grün. Ein Joint fördert die Intuition, und man erkennt,
daß die Provinzler die Menschenwürde der Drei nur deswegen
mit Füßen treten, weil sie im Grunde nur von Freiheit *reden,* sie
aber nicht zu praktizieren wagen: Sobald sie jemandem begegnen, der sich seine Freiheit *nimmt,* fürchten sie Subversion,
kriegen Angst & schlagen zu. Und das tun sie dann auch in
Wirklichkeit: Die geballte Macht der zwergenhirnigen Dörfler-
Schlagetots tobt sich mit Knüppeln aus. George wird totgeschla-
gen. Wyatt und Billy – fassungslos, verletzt – düsen nach New
Orleans, in den besten Puff der Stadt, den George ihnen hatte
zeigen wollen. Mary und Karen, zwei Huren mit Herz, wollen
den Jungs was beibringen, aber das geht schief, denn die Ritter
der Landstraße, die in den Augen der Spießer irgendwelche tie-
rischen Lebewesen sind, auf die man die Gesetze der Menschen
gar nicht erst anzuwenden braucht, entpuppen sich als ziemlich
verschüchtert und entsprechen so gar nicht dem promiskuitiven
Typ, den die Ländler hassen. Man nimmt zu viert am Mardi
Gras-Fest (dem Karneval von New Orleans) teil und wirft auf
einem Friedhof einen LSD-Trip ein (dessen Auswirkungen jedoch einem fröhlichen Highsein nicht entsprechen), der allen irgendwie die Erkenntnis bringt, daß die Große Mutter Amerika
zu einer Hure geworden ist, derer sich jeder bedient, wie es seinem Gusto entspricht. Als die Boys am nächsten Tag ziemlich
desillusioniert die Stadt verlassen, jagt auf der Landstraße ein
schwerer Truck hinter ihnen her. Am Steuer: zwei Rednecks
wie gehabt, »echte« Amerikaner, aufrichtige Amerikaner,
Amerikaner, die das Banner der Freiheit hochhalten, Amerikaner, die dreckerte, »unamerikanische« Hippies & Rocker hassen. Der Beifahrer hebt eine mächtige Knarre und ballert den
gelassen dahineilenden Billy von seiner Harley. Einfach so.
Und als Wyatt seinem Freund zu Hilfe eilt, wendet der Truck

›Easy Rider‹ – Peter Fonda im Puff von New Orleans

noch mal. BANG! Auch Wyatt ist nicht mehr. Der American
Dream geht im Rauch & in den Flammen seiner explodierenden
Maschine auf.
Easy Rider ist ein politischer Film über zwei oder drei apoliti-
sche Typen, die von apolitischen Spießern, die gar nicht merken, auf welche Weise man sie politisiert hat, über den Haufen
geschossen werden. *Easy Rider* kennt keine Helden, nur Verlierer, und zwar auf beiden Seiten. Er ist der erste authentische
Film über die (amerikanische) Jugendkultur der sechziger Jahre. »Easy Rider«, so Peter Fonda in einem Interview mit der
Zeitschrift ROLLING STONE, »nennt man im Süden (der USA)
den Geliebten einer Hure, also nicht ihren Zuhälter, sondern
den Burschen, der mit ihr geht; weil er 'n *easy ride* (die »Gratis-

nummer«) kriegt. Nun, genau das ist Amerika zugestoßen, Mann. Die Freiheit ist zur Hure geworden, und wir alle genehmigen uns 'nen *easy ride*.« – Die USA, 1968: Da war nicht nur der Krieg in Vietnam und der (meist von Jugendlichen getragene) Protest dagegen, sondern auch das eiserne Festhalten an irgendwelchen verschwommenen »alten Werten«, die man aufgrund der vermeintlich zügellosen Lebensweise gewisser jugendlicher Kreise in Gefahr geraten sah, was sich u. a. in Gegenbewegungen der »schweigenden Mehrheit« manifestierte, die dieser »Opposition«, wo immer sie sich zeigte, mit Freuden eins aufs Maul gab: Erinnert sei in diesem Zusammenhang an jene New Yorker Bauarbeiter, die (»My country – love it or leave it!«) alles niederknüppelten, was »unseren Boys« in Südostasien »in den Rücken fiel«. – »Wenn Motelbesitzer, Polizisten, das Publikum in einem kleinstädtischen Café abrupt ablehnend auf das langhaarige, unrasierte, parodistisch-buntfarbene Äußere der Hippies reagieren, so will der Film uns damit wissen lassen, daß das nicht eine kurzlebige Oberflächenreaktion auf die provokante Aufmachung seiner zwei Parzivals ist, sondern eine viel tiefersitzende, grundlegende Ablehnung (gemischt mit uneingestandenem Neid) der freiheitlichen, uramerikanischen Lebensform, die sie verkörpern … Damit bekennt sich der Film also zu einer tragischen Sicht der amerikanischen Gegenwart und faßt die Grunderfahrung so vieler junger Amerikaner, die sich und den jahrhundertealten amerikanischen Traum von Freiheit und Selbstverwirklichung heute verraten fühlen, in Bilder, die kaum der Worte bedürfen.« (Gertrud Mander in FILM) Ein Zeitzeuge, damals siebzehn und Lehrling: »Wer in der Ära der New Wave-HJ-Frisuren großgeworden ist, kann sich kaum vorstellen, wie's Mitte/Ende der sechziger Jahre war, wenn man mit 'ner sogenannten ›Beatles-Frisur‹ in 'ne Kneipe ging. Es war das reinste Spießrutenlaufen. Scherzkekes, die einen mit ›Fräulein‹ ansprachen, waren eher dünn gesät, damals. Thekenhänger, die einen provozieren wollten, indem sie fragten ›Bist du eigentlich schwul?‹ oder ›Du hältst dich wohl für besonders schön, wa?‹ gab's da schon öfter, eigentlich regelmäßig, jeden Tag. Von denen, die nach 'ner Schere schrien oder eine aus der Tasche zogen, ganz zu schweigen. Aber da gab es auch welche – und die waren höchstens vier oder fünf Jahre älter als man selber –, die hätten einen am liebsten gekillt, denen flackerte der Haß aus den Augen, da hätte man's sich nicht erlauben dürfen, ein falsches Wort zu sagen. Die kriegten das irgendwie mit, daß man ihre Lebensweise ablehnte. Und was denen am meisten stank, und das ist 'ne Sache, die einem heute fast komisch vorkommt, war, daß sich die Mädels damals von Jungs mit langen Haaren wirklich antörnen ließen. Nun hat man ja '63 bis '68 in den Kreisen, in denen ich verkehrt hab', also vorwiegend in Kreisen von Amateurmusikern, die aber alle aus der Arbeiterschaft kamen, keine Ahnung gehabt, wer da in Vietnam *was* machte. Wir wußten ja nicht mal, daß es Vietnam gibt und wo es liegt, und die Amerikaner waren für uns ja das Allergrößte überhaupt. Wir, unsere Alten und die Typen, die uns Langhaarige haßten, hatten alle keine Ahnung, was da los war. Die Amis

Peter Fonda, Jack Nicholson und Dennis Hopper in ›Easy Rider‹

aber schon, die kriegten das tagtäglich mit. Keine Frage, daß die einen Haß auf alle hatten, die ihren Träumen nachhingen, während ihre eigenen Jungs für irgendwelche Gooks auf der anderen Seite der Welt die Rübe hinhalten mußten. Die waren einfach sauer auf die, die sich 'n schönen Tag machten und sich einen Dreck um diesen Krieg scherten – oder vielleicht auch noch *dagegen* waren. Die Spießer wollten ihnen das Träumen austreiben, das war mir ganz klar, nachdem ich *Easy Rider* gesehen hatte, aber weil das so einfach nicht ging, haben sie eben die Träumer selbst umgebracht.«

Peter Fonda hat, dem Vernehmen nach, ein Budget von 50.000 US $ für die Realisierung dieses Films gefordert. Gekostet hat er schließlich 355.000 – eine Summe, die in keinem Verhältnis zu seinem Einspielergebnis (US $ 22.000.000) steht. Es gab auch kein Drehbuch im üblichen Sinn: Ein Großteil der Dialoge wurde *on the road* erdacht oder improvisiert; Schauspieler, die in *Easy Rider* nur kleine Parts hatten, wurden – je nach Entwicklung der Geschichte – unterwegs engagiert. Daß Jack Nicholson eine Rolle in diesem Film übernahm, war ursprünglich gar nicht vorgesehen, aber Dennis Hopper hatte einen Einfall, der seinen Streifen auch jenen Leuten nahebringen sollte, denen es völlig gleichgültig war, wer wann wo irgendwelche Hippies abknallte: »Als ich den Film schrieb, wollte ich, daß jene Leute, die sich nicht mit den Langhaarigen identifizieren konnten, sich mit dem Charakter identifizierten, den Jack [Nicholson] spielte, denn für sie wäre es so gewesen, als hätte man ihren eigenen Sohn umgebracht ... damit dieses Publikum hätte sagen können: ›Mein Gott, *den* da könnt ihr ja umlegen, aber doch nicht *den*!«« (Robert David Crane/Christopher Fryer, JACK NICHOLSON: FACE TO FACE)

Wie sehr der Tod der beiden harmlosen Motorrad-Hippies, die aufgebrochen sind, um Amerika zu suchen, ohne es je zu finden, den Zuschauern an die Nieren ging, beschreibt Wim Wenders in einem Aufsatz für die FILMKRITIK: »Wie ich aus der Columbia-Vorführung herausgekommen bin ... mit ein paar Freunden, die sehr traurig waren, und einem Mädchen, das geweint hat, habe ich mich auf ungewohnte Weise WIE IN EINEM FILM gefühlt. Nicht wie nach einem Western, wenn man sich schon beim Hinausgehen eine Zigarette anzündet und tief Luft holt und den Weg zum Auto zurücklegt, als ginge man vom Saloon zu dem gegenüberliegenden Pferdestall; eher wie nach einem Film, den man schon sehr oft gesehen hat, in dem man diesesmal aber mehrfach eingeschlafen ist und nur in kurzen Wachzuständen manchmal einen bekannten Satz oder eine Großaufnahme gesehen hat, und nun, aufgeschreckt von dem geschlossenen Vorhang und dem allgemeinen Gedränge, sich plötzlich auf der Straße wiederfindet, noch gar nicht wach, sondern mitten in seinem Filmtraum ... Ich habe vor dem Columbia-Haus gestanden und gemerkt, daß ich tatsächlich so aussehe wie die Leute in dem Film, daß ich die Musik von Jimi Hendrix mag, daß ich in vielen Lokalen nicht bedient werde, daß auch ich wegen NICHTS im Gefängnis gesessen habe.

Irgendwann werden die Leute auch schießen, habe ich gedacht.«

ⓥRCA/Columbia

127

»Ich bin völlig normal. Ein Wunder der modernen
Wissenschaft!«

JACK NICHOLSON

Einer flog über das Kuckucksnest

(ONE FLEW OVER THE CUCKOO'S NEST). USA 1975. **P** Fantasy
Films (Paul Zaentz/Michael Douglas). **R** Miloŝ Forman. **B** Law-
rence Hauben/Bo Goldman. **LV** Ken Kesey. **K** Haskell Wexler.
M Jack Nitzsche. **D** Jack Nicholson (R. P. McMurphy), Louise
Fletcher (Ratched), Vincent Schiavelli (Frederickson), Will
Sampson (Bromden), William Redfield (Harding), Christopher
Lloyd (Tober), Dean R. Brooks (Dr. Spivery), Danny De Vito
(Martini), Brad Dourif (Billy Bibbitt), Delos V. Smith (Scan-
lon), Scatman Crothers (Turkle), William Duell (Sefelt), Na-
than George (Washington), Michael Barryman (Ellis), Peter
Brocca (Col. Matterson), Alonzo Brown (Miller), Mwako
Cumbuka (Warren), Josip Elić (Bancini), Len Fendors (Itsu),
Ken Kenny (Beau Garfield), Mel Lambert (Hafenmeister),
Dwight Marfield (Ellsworth), Kay Lee (Nachtschwester), Ted
Markland (Hap Arlich), Louisa Moritz (Rose), Mimi Sarkisian
(Pilbow), Phil Roth (Woolsey), Maria Smal (Candy), Tim
Welch (Ruckley), Sidney Lassick. **F** 134 Min.

Randell Patrick McMurphy, der wegen einer Vergewaltigung
(die er jedoch bestreitet) in einem Arbeitslager brummt und
dort durch ewiges Querulantentum aufgefallen ist, wird in eine
Nervenklinik eingewiesen, da er auf seinen Geisteszustand untersucht werden soll. Man sieht gleich, weshalb er ständig in
Konfliktsituationen gerät: McMurphy ist irgendwie nicht »angepaßt«, er verhält sich »irrational«, zeigt seine Gefühle, quatscht
den Ärzten dazwischen und begegnet den anderen Patienten
wie seinesgleichen. Seine Vitalität und Unbekümmertheit bringen den zu reinen Ritualen erstarrten Tagesablauf in der Klinik
sofort durcheinander – sehr zum Unwillen der Stationsschwester Ratched, die es z. B. gar nicht gern sieht, wenn man die

Jack Nicholson in ›Einer flog über das Kuckucksnest‹ – feuchte Rebellion gegen das System der Irrenanstalt

Einnahme der täglichen Beruhigungsmittel bloß deswegen verweigert, weil man sich völlig ausgeglichen fühlt. Ratched macht McMurphy klar, daß man ihn auch mit Gewalt zur Pilleneinnahme zwingen kann. McMurphy kapituliert – aber mit einem fröhlichen Grinsen auf den Lippen. Das vergeht ihm jedoch immer mehr, als er erkennt, wie das Personal der Anstalt auf seine unschuldigen Versuche reagiert, seine Mitpatienten mit Sport und kleinen Späßchen aufzuheitern. Seine sorglose Verhaltensweise führt nämlich dazu, daß die verängstigten, apathischen Menschen langsam wieder Interesse an ihrer Umwelt finden. Und das bekümmert Schwester Ratched, die ganz und gar den Charakter des Bewahrenden verkörpert: Sie will den Status quo erhalten, und sei er auch noch so inhuman und falsch. Sie will keine Veränderungen. Sie will auch niemandem helfen, denn sie haßt die »Irren«, die sie wie kleine Kinder behandelt; man sieht es ihr förmlich am Gesicht an, daß sie die Menschen, die in ihrer Obhut dahinvegetieren, für wertlos hält. McMurphys Verhalten, das auf die Patienten geradezu heilsam wirkt, wird ihm zum Verhängnis: Ein illegaler Angelausflug mit den Heiminsassen (die er dem Hafenmeister als »Ärztekollegium« vorstellt), bricht ihm beinahe das Genick. Die Anstaltsleitung hält ihn nun wirklich für verrückt, und bald wird McMurphy klar, daß er die Freiheit so bald nicht wiedersehen wird. Nach einem Zwischenfall, der in einer Rauferei endet, unterzieht man ihn einer Elektroschockbehandlung, aber auch diese kann McMurphys Geist nicht brechen. Es gelingt ihm sogar, einen fast erfolgreichen Ausbruchsversuch zu unternehmen. Er geht im letzten Moment schief, weil McMurphy für seine neuen Freunde einen »bunten Abend« organisiert. Die Patienten betrinken sich über Gebühr, und am nächsten Morgen wird im Bett des an einem schweren Mutterkomplex leidenden Billy eine von McMurphy ins Heim geschmuggelte Prostituierte gefunden. Schwester Ratched reagiert auf ihre Weise: Billy, auf geradezu wunderbare Weise von seinem Stottern befreit, wird dermaßen niedergemacht, daß er sich im nächsten Badezimmer die Kehle durchschneidet. McMurphy, der seine Flucht am offenen Fenster verschlafen hat, dreht angesichts der Niedertracht und Inkompetenz Ratcheds durch und würgt sie fast zu Tode. Er wird einem gehirnoperativen Eingriff unterzogen, die seine Persönlichkeit völlig zerstört. Als er auf die Station zurückkehrt, ist er nur noch ein Schatten seiner selbst – ein lebender Toter, krank gemacht von denen, die Menschen gesund machen sollen. Der hünenhafte Indianer Bromden, der völlig normal ist, aber den Taubstummen spielt, weil er sich der kranken Welt der Normalen verweigert, »befreit« McMurphy, bevor er selbst in eine zweifelhafte Freiheit entflieht: Er erstickt ihn mit einem Kissen, weil er den Mann, dessen Menschlichkeit ihm wieder Mut gegeben hat, in diesem Zustand nicht zurücklassen will.

»Wer sich mit dem System anlegt, tut es auf eigene Gefahr.« (Peter Cowie in FOCUS ON FILM) Natürlich ist McMurphy ein Schlitzohr. Natürlich versucht er sich vor der Arbeit zu drücken. Natürlich hat er auch das Verbrechen begangen, das man ihm zur Last legt: Die Frage ist eben nur, ob es gerecht ist, ihm einen Strick daraus zu drehen, denn seiner eigenen Aussage zufolge, hat er keine »Vergewaltigung« begangen, sondern nur mit einem Mädchen geschlafen, das noch minderjährig, aber nicht unerfahren war. Was McMurphy so einmalig macht, ist die Tatsache, daß er zwischen sich und den Kranken keinen Unterschied macht. McMurphy ist ein Underdog, sie sind Underdogs. McMurphy hat wahrscheinlich das ganze Leben zwischen Underdogs verbracht, sie sind nichts Ungewöhnliches für ihn. Die Patienten, die mit ihm auf einer Station leben, sind für McMurphy Individuen, wie er sie von der Außenwelt her kennt, er reagiert weder mit Kontaktangst noch mit Überheblichkeit auf sie. Nur ist es in dieser Anstalt eben so, daß man den Patienten keine individualistischen Freiräume zugesteht: Sie sitzen ihre Tage ab – stumpfsinnig die einen, ichverloren die anderen –, und alles, was sie sich leisten, ist das Kartenspiel. Es gibt in ihrer Um-

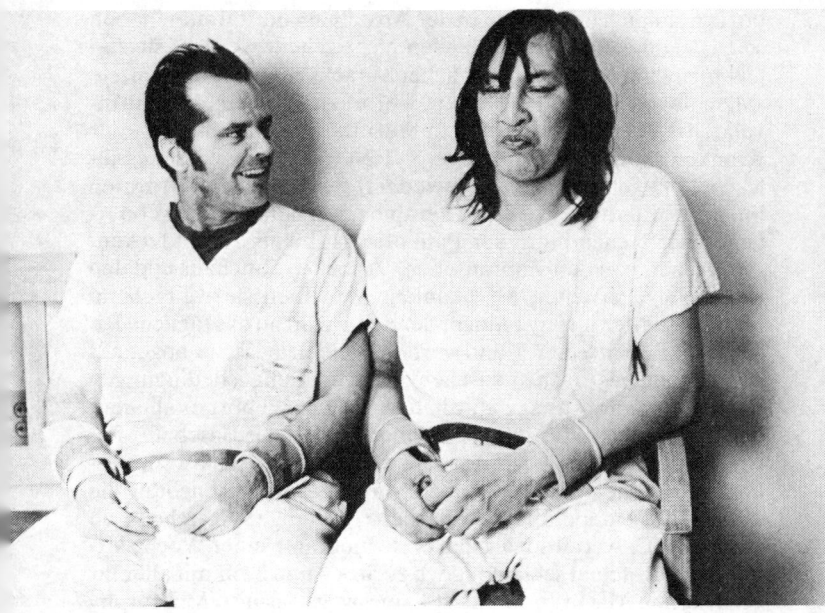

›Einer flog über das Kuckucksnest‹ – McMurphy (Jack Nicholson) entlockt einem angeblich taubstummen Indianer (Will Sampson) die ersten Worte seit dessen Einweisung

131

gebung nichts, das der Unterhaltung dienen könnte. Die Patienten haben gelernt, daß der Weg des geringsten Widerstandes derjenige ist, der am wenigsten Ärger für sie bereithält. Sie verhalten sich »systemkonform«. McMurphy ist jedoch ein lebensfroher Bursche, der auf »Unterhaltung« besteht. Da passive Mitmenschen ihm in dieser Hinsicht kaum etwas bieten können, »agitiert« er sie, und zwar so, daß sie ihn zwangsläufig wahrnehmen *müssen*. Mustern sie ihn anfangs auch noch mit verunsicherten Blicken – später geht einer nach dem anderen auf ihn ein. McMurphy ist ihre Therapie, denn er fordert sie und macht ihnen klar, daß ihre erzwungene Untätigkeit nicht gut für ihren Gesundungsprozeß ist.

Stationsschwester Ratched ist jedoch der Meinung, daß der Kranke zu schweigen hat, wenn die »Fachwelt« über ihn urteilt: Sie gibt sich alle Mühe, den Patienten einzureden, daß sie lebensuntauglich und mithin in der Anstalt am besten aufgehoben seien: »Diese Patienten ... sollen nicht geheilt werden, sie sollen, im Gegenteil, zu menschlichen Wracks gemacht werden, sie sollen davon überzeugt werden, Verbrecher zu sein, Seelen-Invaliden.« (Maria Ratschewa in MEDIUM) Der größte Teil der Kranken sind außerdem keine von Behörden eingewiesene Fälle, sondern solche, die sich entweder freiwillig oder auf Anraten ihrer Verwandtschaft einer Therapie unterziehen. Nur: Von irgendeiner Behandlung der Patienten ist nichts zu entdecken. Abgesehen von den »moralischen« Appellen Ratcheds und den regelmäßig verteilten Medikamenten bleiben sie weitgehend unter sich. McMurphy jedoch, der noch nicht an das tägliche Ritual der Pillenfresserei und verbalen Gehirnwäsche angepaßt ist, verlangt es nach menschenwürdigen Lebensbedingungen bzw. nach dem, was er dafür hält: Und dazu gehört es allemal, daß man sich im Fernsehen die Übertragung der Baseball-Meisterschaften ansehen darf oder auf dem Hof der Anstalt ein Basketballspielchen macht. Schlitzohrig wie er ist, versucht er die absurden »gruppentherapeutischen« Sitzungen Ratcheds zu sprengen. Er wettet sogar, daß er sie innerhalb einer Woche kirre kriegt. Ratched schlägt jedoch zurück – und zwar mit aller ihr verliehenen Macht (und die ist keineswegs gering). McMurphy zieht unweigerlich den kürzeren, er muß ihn ziehen: Er hat sich mit dem System angelegt, ohne zu wissen, daß er ihm schon von vornherein unterlegen war. Er war ihm schon am Tag seiner Ge-

Gesunder hinter Gittern – Jack Nicholson

burt unterlegen. Am Beispiel des verschüchterten jungen Billy, der nach einer Nacht mit einer Frau ein überraschendes Selbstbewußtsein an den Tag legt und sein Stottern völlig vergessen hat, erkennt McMurphy jedoch, daß die medizinische Behandlung *mit* ein Grund für Billys vorheriges Versagen war. Folgerichtig stürzt er sich auf Ratched, das Symbol der menschlichen Unterdrückung, die Ursache für Billys letzten Zusammenbruch und dessen schlußendlichen Tod. Denn seine Erkenntnisse zu formulieren und dem System seine Untauglichkeit zu beweisen ist eine Sache, die seine Möglichkeiten übersteigt. »Formans Film ist dort am stärksten, wo er in einem leichten, teils ironischen, teils grotesken Komödienspiel eingefahrene Verhaltensnormen, sture Zwänge und inhumane Machtverhältnisse entlarvt und eine Lanze für die Unangepaßten, die Verweigerer bricht. Durch das Verhalten der ›Verrückten‹ stellt er auf intelligente, unterhaltsame Weise die ›Normalen‹ in Frage.« (Franz Ulrich in FILMDIENST)

Einer flog über das Kuckucksnest – schon vor der Verfilmung als Buch ein Kultbestseller – wurde mit Preisen geradezu überschüttet: Er erhielt Oscars in den Kategorien bester Film, beste Regie, beste Darstellerin (Louise Fletcher), bester Darsteller (Jack Nicholson) und bestes adaptiertes Drehbuch. Des weiteren verlieh man ihm den Golden Globe der Hollywood Foreign Press Association, den David di Donatello-Preis (Miloš Forman und Jack Nicholson), den Stella der Britischen Gesellschaft für Film- und Fernsehkunst, den Preis der New Yorker Filmkritiker (Jack Nicholson), den Preis der Gilde Londoner Filmkritiker (Jack Nicholson), den Nestro d'Argento des Verbandes der italienischen Filmjournalisten (Miloš Forman), den Belgischen Filmpreis, den Bodil-Preis der Kopenhagener Filmjournalisten, den Preis der National Board of Review (Jack Nicholson), den Preis der American Screen Writers Guild für das beste adaptierte Drama, die Goldene Ähre der Internationalen Filmwoche Valladolid und die Goldene Leinwand.

Ⓥ Thorn EMI

Die Ferien des Monsieur Hulot

(LES VACANCES DE MONSIEUR HULOT). Frankreich 1953. **P** Ca-
dy/Discina (Fred Orain). **R** Jacques Tati. **B** Jacques Tati/Henri
Marquet (neue dt. Fassung: Martin Morlock). **K** Jacques Mer-
canton/Jean Mousselle. **M** Alain Romans. **D** Jacques Tati
(Monsieur Hulot), Louis Perrault (Fred), André Dubois (Der
Ex-Kommandant), Lucien Frégis (Der Hotelier), René Lacour
(Der Promenierer), Raymond Carl (Der Kellner), Georges Ad-
lin (Der Südamerikaner), Nathalie Pascaud (Martine), Michèle
Rolla (Ihre Tante), Valentine Camax (Die Engländerin), Martine Gérard (Die Promeniererin), Suzy Willy (Frau des Kom-
mandanten), Michèle Brabo (Der Dauergast). **SW** 85 Min.

Meine persönlichen Erfahrungen mit Monsieur Hulot gehen etwa auf das Jahr 1963 zurück. Damals brachte der Atlas Filmverleih eine sog. neue deutsche Fassung in die Kinos, bearbeitet
von Martin Morlock, vielen noch als der witzigste SPIEGEL-Ko-
lumnist aller Zeiten in bester Erinnerung. In einer überaus traurigen Kinolandschaft brachte es Hulot in meiner Provinz-Groß-
stadt auf Langzeiteinsätze. In der 36. Woche entschloß ich mich,
gerade dreizehn Jahre alt (mit dreijähriger Kinoerfahrung), diesen »Spaß für die ganze Familie«, wie es die Kinowerbung ver-
kündete, unter die kritische Lupe zu nehmen. In Erwartung
eines großen Lacherfolges setzte ich mich auf meinen Stamm-
platz in der ersten Reihe, was zu dieser Zeit den billigsten Platz
bedeutete. Ich war gut vorbereitet, hatte ich doch kurz vorher –
wie ich dachte – amerikanische Spitzenleistungen auf dem Gebiet des Humors gesehen, *Der fliegende Pauker* etwa oder einige
Jerry-Lewis-Filme, und jedesmal war ich vor Lachen kaum aus
der Türe gekommen.

135

Monsieur Hulot enttäuschte mich auf der ganzen Linie: »doof und albern« war mein fachmännisches Urteil. Man konnte ja kaum etwas verstehen, nicht einmal zusammenhängende Sätze, komische Geräusche, gar keine richtige Handlung, nur ein Episödchen nach dem anderen, alles nur durch den Urlaubsort und diese unmöglich stolzierende Person zusammengehalten, allenfalls ein Vergnügen für Sechsjährige und Infantile! Mir war die Reaktion des Publikums dabei völlig unverständlich. In der einen Ecke des Kinos platzten regelmäßig wohlstandsdicke Bäuche vor Lachen, aus der Mitte wieherndes Gelächter, dann dumpfe HoHos und in der anderen Ecke kräftige HaHas – die Zuschauer gingen vor Vergnügen mit, ohne daß es zu solchen generellen Lachsalven kam, wie ich sie von den Vorstellungen amerikanischer Humorergüsse her kannte. Irgendwie hatte ich für Hulot die falsche Antenne.

Was ich jedoch nicht für möglich gehalten hätte, trat ein. Die Amerikaner hatte ich längst vergessen, Hulot lebte in mir weiter. Noch nach Jahren konnte ich mich lebhaft an viele Einstellungen und Einzelheiten erinnern, so als hätte ich den Film erst gestern gesehen. Und als ich ihn dann fast zwei Jahrzehnte endlich wieder sah (in einer sog. nichtkommerziellen Aufführung), da war die Verblüffung perfekt: Ich traf einen alten Bekannten, der mir über die Jahre ans Herz gewachsen war; das Vergnügen war königlich, das Lachen endgültig auf meiner Seite. Und da wurde er mir klar, der Unterschied zur amerikanischen Gag- und Lachsalvenfabrik! Tatis Film ist ein ruhiger Film mit langen Einstellungen, in denen viele Ereignisse und Gags gleichzeitig ablaufen. Je nach Wahrnehmungsfähigkeit entsteht im Kopf des Betrachters ein mehr als nur um Nuancen anderer Film. Jeder Zuschauer sieht seinen eigenen Hulot-Film.

Den Inhalt gebührend zu würdigen, heißt das Unmögliche zu versuchen. Monsieur Hulot fährt in Urlaub. Nicht im bequemen Omnibus und auch nicht im modernen Stromlinienwagen, wie es in der ILLUSTRIERTEN FILMBÜHNE zur Erstaufführung hieß. Er reist zwar motorisiert, doch sein »auto« – das Wort groß zu schreiben, verbieten Umfang und Zustand dieses prähistorisch anmutenden Vehikels Marke Amilcar 1924 – ist umgekehrt proportional zur immerhin stattlichen Größe seines Besitzers. In einem kleinen Seebad bezieht Hulot die kleinste Kammer in einem der typischen Ferienhotels, direkt unter dem Schräg-

Auch der bravste Bürger riskiert mal einen Seitenblick – Jacques Tati in ›Die Ferien des Monsieur Hulot‹

dach. Klappt er das Fenster seines Zimmers hoch, so kann er mit einigen Anstrengungen über den verträumten Badeort, über Strand und Meer blicken. Die Ferien des Monsieur Hulot beginnen. Auf die Frage, warum denn der Film so wenig Handlung aufweise, antwortete Regisseur und Hauptdarsteller Tati: »Wenn ein einfacher Mann zwei Wochen an einem schönen Strand verbringt, Ferien macht, für die er ein ganzes Jahr gespart hat, mit der Absicht, es sich gut gehen zu lassen, dann ist das ein großes Abenteuer für ihn und all die Leute, die seine Wünsche nachempfinden können.« Und in der Tat erlebt Hulot viele kleine Abenteuer, die sich zu einem großen Ferienerlebnis verdichten. Der Atlas Filmverleih hat in seinem ersten Filmheft zur Neufassung unter dem Motto »Die traurige Geschichte, wie

137

man einen lustigen Film die Eingeweide herausnehmen kann«
einen Katalog der Sequenzen ohne Anspruch auf Vollständig-
keit zusammengestellt. Daraus seien die Abenteuer des Hulot
zitiert: Die Anreise – Hulots Vehikel und die Straßenkreuzer
sowie ein Hund ohne Respekt vor dem Alter (eines Autos). –
Die Ankunft im Hotel: Hulot soll seinen Namen sagen. – Hulot
führt sich als liebenswürdiger Pensionsgast ein. – Das gemeinsa-
me Mahl am Abend und die Sprache der Schwingtür. – Des
Morgens am Strand. – Das Mittagsmahl oder Wie man sich Senf
nimmt. – Die Naturfreunde. – Hulot als Kofferträger. – Die
Zerstreuung am Abend. – Nächtliche Ruhestörung. – Ein Pad-
delboot begibt sich ins Wasser. Hulot auch. – Der Einzug ins
Hotel. Die Spur führt zum Garderobenständer. – Erlebnis am
Friedhof. Auch ein Kranz. Hulot und die trauernde Gemeinde.
– Hulot als Tenniscrack. – Hulot und das Ping-Pong sowie das
Betrügen beim Kartenspiel. – Hulot als galanter Hippomane. –
Selbiges Pferd und der Sieg über die Technik. – Hulot beim
Maskenball inkl. Gesellschaftstanz und Rückendekolleté. – Das
Picknick. – Die Panne und wie man eine solche behebt. – Hulot
als mutiger Hundefreund. – Hulot läßt ein Feuerwerk entsprin-
gen, an welchem er selbst nur geringes Vergnügen zu haben
scheint. – Zu guter Letzt: Abschied und Abreise.
Nun vermittelt diese Auflistung bestenfalls den Gang der Handlung, bietet Überschriften zu vielen, vielen Gags (sie aufzuzäh-
len bzw. sie alle zu erzählen, würde den Rahmen dieses Buches
mit Sicherheit sprengen!). Sie sagt aber nichts aus über die Person selbst. Wer ist dieser Hulot?
Die großen Komiker schaffen, bevor sie den Zuschauer zum Lachen bringen, erst einmal ein eigenes Universum. Tati macht da
keine Ausnahme. Von seiner Figur Hulot aus ordnet er sich die
Hulot'sche Welt. Hulot ist zwar äußerlich bereits komisch anzusehen, der große, steife Typ, der stets in einem konstanten Winkel nach vorn geneigt einherstolziert. Ein Markenzeichen, doch
nicht mehr! Die Hulot'sche Komik entfaltet sich immer erst in
direkter Beziehung zur Umwelt, zum Hulot'schen Universum.
Monsieur Hulot ist geradezu die Inkarnation einer Unordnung,
die sich in seiner Umwelt fortsetzt. So kann er persönlich bei
den komischsten Gags außerhalb des Bildes fungieren, trotzdem biegen sich die Lachbalken: Unter den Anweisungen eines
Gymnastiklehrers will sich am frühen Morgen eine Gruppe

Witz des Dokumentarischen – ›Die Ferien des Monsieur Hulot‹

Turnwütiger fit halten. Die Gruppe, auf- und abächzend, hält plötzlich in der unangenehmeren unteren Position still; länger und länger quälen sich alle, die Gesichter verzerren sich, alles wartet auf das erlösende Zeichen des Turnlehrers. Die Kamera löst das Rätsel. Hulot hat den Turnlehrer abgelenkt, um mit ihm irgendeine Nebensächlichkeit zu besprechen. Er ahnt nicht, was er anrichtet, hat er doch trotz seiner szenischen Abwesenheit Einwirkung auf die Handlung. Auch ein Beweis dafür, daß Hulot eigentümlicherweise nicht wagt, richtig zu existieren. Er ist ein wandelndes Wollen, sein Sein ist Diskretion, seine Schüchternheit sein Ordnungsprinzip! »Aber natürlich ist diese Leichtigkeit, mit der Monsieur Hulot die Welt berührt, genau die Ursache aller Katastrophen, denn sie folgt nie den Regeln des An-

139

stands und der sozialen Wirksamkeit. Monsieur Hulot besitzt das Genie der Ungelegenheit ... er ist (dabei) die Grazie selbst, ein Traumwandler, und die Unordnung, die er verursacht, ist die der Zärtlichkeit und der Freiheit (André Bezin).« Was ihn dabei so sympatisch macht, ist sein ständiger Kampf mit der Tücke des Objekts: so wird er z. B. fast von seinem zusammengeklappten Faltboot verschluckt, seine Autoreifen machen sich selbständig; um eine Gießkanne schnell mit Wasser zu füllen, läuft er im Kreis hinter einem sich drehenden Rasensprenger her. Hilfsbereit ist er immer, auch wenn er jedesmal den kürzeren zieht: Als er sich ritterlich anbietet, einer Dame den Rucksack zu tragen, ahnt er nicht, daß eine Bergtour auf dem Programm steht; er trägt ihr das Gepäck bis auf den Gipfel. Koffer haben es in sich! Ganz Kavalier will er dem jungen Fräulein Martine die Koffer ins Hotel tragen, stolpert aber mit dem allzu schweren Gepäck gleich zur Hintertür wieder heraus. Hulot übt stets physischen und psychischen Einfluß auf seine Mitmenschen aus. Folgeerscheinungen reichen von Frustration bis Keilerei. Da rollt der Hoteldiener seinen Ärmel hoch, um einen Füllfederhälter, der ihm ins Aquarium gefallen ist, herauszufischen; durch die Anwesenheit Hulots irritiert, taucht er den anderen Arm ins Wasser, wobei sein Ärmel natürlich naß wird. In einer anderen grandios gespielten Szene widmet sich Hulot dem Ping-Pong-Spiel, die Hulot'sche Abwandlung des Tischtennis! Ein Ball fällt zu Boden. Als er ihn aufheben will, versetzt er den Drehstuhl eines Kartenspielers in Bewegung, so daß sich dieser, vertieft in seine Karten, plötzlich in einer anderen Runde wiederfindet, in der die Karten nicht mehr stimmen. Das führt in Frankreich zwangsläufig zum Handgemenge. Hulot jedoch geht friedlich von dannen. Diese Beispiele Hulot'scher Wesenszüge müssen leider genügen. Meisterlich beherrschen Tati und seine Schauspieler (meist Laien!) die Typenzeichnung. Die Geräuschkulisse (Hulot verursacht sämtliche lauten Geräusche, einzige Ausnahme das Pling-Plong der Hotelschwingtür) ist bis ins kleinste ausgetüftelt. Tati bevorzugt einfache Kameraführung, lange Einstellungen, oft gefilmt mit einem Weitwinkelobjektiv, wenige Schwenks, keine Nahaufnahmen. Der Zuschauer soll selbst entscheiden, was er sehen möchte oder nicht.

Selbstverständlich ist *Monsieur Hulot* auch älter geworden. Urlaubsgewohnheiten haben sich geändert, manche Details sind

Monsieur Hulot (Jacques Tati) im Kampf mit der Tücke des Objekts

heute nicht mehr haltbar. Doch der verbleibende »Rest« ist zeitlos. »Tatis Komödie ist eben kein Film über Ferien, sondern eine Einlassung auf das Thema Mensch.« (Reinhold Jacobi) Einen der wenigen zusammenhängenden Sätze im Film spricht am Schluß der alte Mann, der bis dahin nur auffiel, weil er immer in gebührendem Abstand hinter seiner Gattin herlief: »Wir müssen uns einmal wiedersehen!« Recht hat er!

Ⓥ Atlas Video

Finsterer Stern

(DARK STAR). USA 1974. **P** John Carpenter (Jack H. Harris). **R** John Carpenter. **B** John Carpenter/Dan O'Bannon. **K** Douglas Knapp/Cliff Fenneman/Dale Beldin. **M** John Carpenter. **D** Brian Narelle (Doolittle), Dre Pahich (Talby), Cal Kuniholm (Boiler), Dan O'Bannon (Pinback), Joe Saunders (Commander Powell), Miles Watkins (Mission Control). **F** 83 Min.

Die *Dark Star* (eig. »Dunkelstern«) ist ein kleines, interstellares Torpedoboot, das sich seit zwanzig Jahren auf einer einsamen und gefährlichen Mission befindet. An Bord, in großer Enge, befinden sich fünf Astronauten, von denen einer – Commander Powell – tot ist und sich in einer Art Kryogenesekammer aufhält, und ein anderer – Mr. Pinback – rein versehentlich auf das Schiff gekommen ist. Nun ärgert er sich aus gutem Grund, denn eine Rückkehr zur Erde und deren Freuden ist vorerst unmöglich. Der Auftrag der Crew besteht nämlich darin, 20 Jahre lang in den Tiefen der Milchstraße Planeten zu atomisieren, deren Laufbahn instabil geworden ist, weswegen sie angeblich die Raumfahrt bedrohen (das ist zwar relativ kalter Kaffee, aber für den Verlauf der Handlung eh nicht von Belang). Aber es ist nicht nur die reguläre Crew, deren Verhalten Mr. Pinback mächtig auf den Geist geht: An Bord befindet sich außerdem noch ein Alien, eine Art überdimensionaler Wasserball mit Hühnerkrallen, der ihm nach dem Leben trachtet und somit beweist, daß er weniger in die Kategorie der Kuscheltiere als in die Kategorie »feindliches Fremdwesen« einzuordnen ist. Doolittle, Talby und Boiler sind zudem in höchstem Maße ausgeflippt, d. h. nur noch dann bei der Sache, wenn es gilt, eine Torpedobombe loszulassen. Die Bomben haben jedoch, wie sich herausstellt, auch ihre Macken, denn sie sind mit einem eigenen

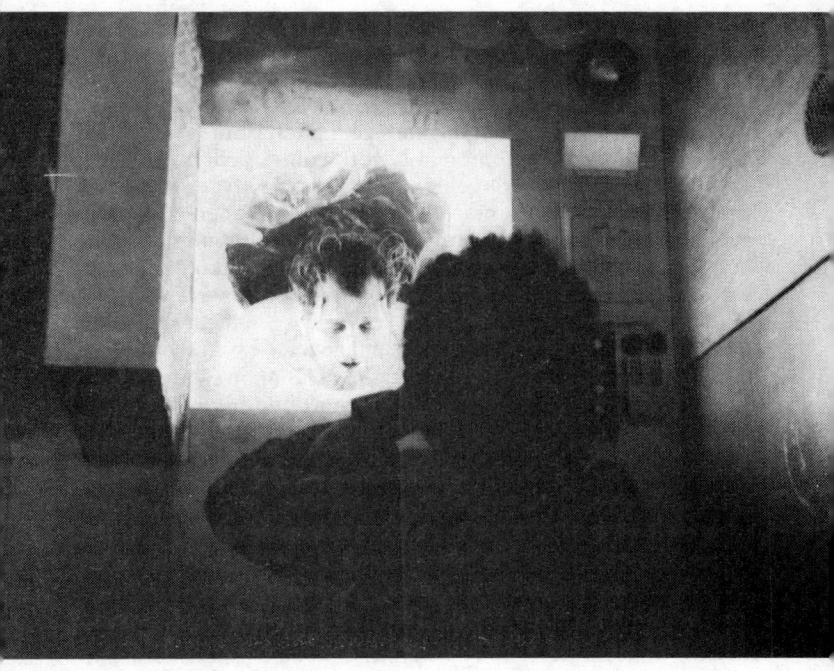

›Reden Sie doch mal mit der Bombe‹ – Joe Saunders und Brian Narelle in John Carpenters ›Finsterer Stern‹

Bewußtsein und einer Stimme ausgestattet und nicht so ohne weiteres bereit, den Menschen mehr zu glauben als dem fehlerhaft funktionierenden Steuerungscomputer der *Dark Star,* der routinemäßig und mit sexy-rauchiger Frauenstimme alle Nase lang »System klar« meldet, obwohl es im Inneren des Schiffes nicht eben zum besten steht: Die Astronauten sind hochgradig neurotisch (wenn nicht gar zwiegespalten), und wenn unter ihnen überhaupt einmal Gespräche zustande kommen, drehen sie sich um Banalitäten und Nebensächlichkeiten. Was aber nicht auffällt, da man sowieso ständig aneinander vorbeiredet. Nachdem ein Meteoriteneinschlag die Quartiere verwüstet hat, lebt man – inklusive einer quer durchs Zimmer gespannten Wäscheleine mit daran aufgehängten Unterhosen – in einer Abstellkammer und nächtigt auf simplen Matratzen. Die Zeit schlägt man mit blöden Scherzen, Schießübungen und Kartenspielen tot, wenn man nicht gerade vom Wellenreiten schwafelt oder Country Music hört. Zu ernsten Problemen kommt es jedoch während der Vorbereitungen eines geplanten Bombardements: Die selbstbewußte Atombombe verklemmt sich in der Abschußmechanik und droht einen Meter unterhalb der *Dark Star* zu explodieren. Hektik macht sich breit, zum ersten Mal erwachen die abgestumpften Astronauten aus ihrer Lethargie. In seiner Verzweiflung begibt sich Doolittle in die Tiefkühlkammer, wo er trotz der Tatsache, daß Commander Powell während eines fatalen Kurzschlusses sein Leben ausgehaucht hat, über eine mysteriöse Kommunikationsanlage mit dessen Geist Kontakt aufnimmt. Powell ist jedoch kaum bei Sinnen (was man von einem Toten auch kaum verlangen kann) und interessiert sich mehr für gewisse Baseball-Ergebnisse denn für den drohenden Untergang (was bei einem Toten zumindest verständlich ist). Dennoch gelingt es Doolittle, Powell zu einem Ratschlag zu bewegen: Er soll mit der Bombe über die »Phänomenologie des Geistes« reden. In einem nervenzerfetzenden Rededuell gelingt es dem im All schwebenden Astronauten, die Bombe dazu zu bringen, über ihre Existenz nachzusinnen. Dies tut sie dann auch – aber mit dem Ergebnis (»Ich denke, also bin ich!«), daß sie ihre wahre Bestimmung erkennt. Und da die wahre Bestimmung einer Bombe darin besteht, zu explodieren, vergeht die *Dark Star* in einem blendendweißen Lichtblitz ...

John Carpenter, der Produzent, Regisseur, Co-Drehbuchautor und Komponist dieses Films, geboren 1948, hatte *Finsterer Stern* eigentlich als Abschlußarbeit seines Studiums an der University of South California vorgesehen. Zusammen mit seinem Freund und Kommilitonen Dan O'Bannon (der später auch für das Drehbuch des SF-Films *Alien* verantwortlich war, obwohl man ihn im Nachspann nicht aufführte), hatte er das Szenario entworfen. 1970 machten sich die beiden an die Realisation des Streifens, der an sich nur 30 bis 45 Minuten lang werden sollte, aber es dauerte vier Jahre, bis er endlich fertig war. John Carpenter: »Dan O'Bannon sollte ihn schneiden, die Spezialeffekte machen und darin mitspielen, ich produzierte und führte Regie. Das dauerte dann zwei Jahre, weil wir kein Geld hatten, rein gar nichts. Wir hatten aber die Ausrüstung und machten deshalb alles selbst. Dann lernten wir einen Investor kennen, der sah sich das an, was wir fertig hatten und sagte ›Laßt uns einen richtigen Spielfilm daraus machen.‹ Wir sagten ›Großartig!‹ Nun hatten wir etwas Geld und machten ein paar neue Aufnahmen. Rechnet man noch mal acht Monate hinzu, kommt man auf zweieinhalb Jahre. Als die um waren, trafen wir Jack H. Harris, der sich bereit erklärte, uns das restliche Geld zu beschaffen. Wir stellten den Film im 35-mm-Format fertig und bliesen die bereits fertigen 16-mm-Aufnahmen auf. Das Geld reichte aber nicht, deswegen dauerte es länger. Wieder mußten wir alles allein machen ... sechs Monate dauerten die Weltraum-Trickaufnahmen ... Als wir fertig waren, waren vier Jahre um.«

Nach all den haarsträubenden Krakengeschichten, die die Filmindustrie dem an Science Fiction interessierten Publikum (mit Ausnahme von *2001: Odyssee im Weltraum,* und *Lautlos im Weltraum,* 1972) bis dahin vorgesetzt hatte, kam *Finsterer Stern* den Leuten wie eine Offenbarung bzw. Beweis für die These, daß SF-Filme kein Synonym für absoluten Schund sein *mußten.* Was John Carpenter mit seinem nahezu unglaublich niedrigen Budget von US $ 60.000 zustande brachte, begeisterte nicht nur die Kritik, sondern auch die Fans – allerdings erst einige Zeit später: Die Verleiher hatten ihre angepeilte Zielgruppe bei den Underground-Freaks vermutet, also bei jenen Leuten, die sich auch an den von Andy Warhol produzierten Dracula- und Frankenstein-Filmen delektiert hatten. Carpenter: »Ich werde den Freitag nie vergessen, als er (in 40–50 Kinos in L. A.) anlief. Dan und ich klapperten ein paar Kinos ab, um die Lage zu peilen. Die Leute gingen zwar nicht raus, aber als der Film zu Ende war, lachten sie und machten Bemerkungen. Aber es gab nichts, was sie in den Film reinzog.« *Finsterer Stern* wurde also zunächst einmal nach Europa verkauft, wo er von der BBC und der ARD ausgestrahlt und auf diversen Festivals gezeigt wurde. Obwohl er speziell auf Festivals bei den Leuten gut ankam, tat sich weiter nichts. Erst als Carpenter mit Filmen wie *Assault on Precinct 13 (Anschlag bei Nacht,* 1976) und *Halloween (Halloween,* 1978) große internationale und zumindest im letzteren Fall kommerzielle Erfolge vorweisen konnte, stieg das Interesse der Öffentlichkeit auch an dem, was er vorher gemacht hatte: etwa dem Kurzfilm *The Resurrection Of Bronco Billy* (mit Jim Rokos, 1970), der sogar einen Oscar gewann, und *Finsterer Stern,* den

Der Kommandostand der ›Dark Star‹

Danny Peary gewiß nicht zu Unrecht mit den Attributen »hip, respektlos, frisch, provokativ, komisch und wagemutig« belegte. Und dabei ließen sich Kritik und Publikum nicht einmal von den kompetent gemachten Tricksequenzen blenden – sie wußten auch den Ideenreichtum der Filmemacher zu würdigen: Bärtige, langhaarige Astronauten, die über Wellenreiten, Country Music und knapp werdendes Toilettenpapier redeten, hatte es zuvor nämlich ebenso wenig gegeben wie sprechende Bomben, Ratschläge erteilende tote Raumschiffkommandanten und ich-verlorene Helden, die bewegungslos den Sternenhimmel anstarren und im allgemeinen den Eindruck erwecken, auf einem permanenten LSD-Trip zu sein. Ganz zu schweigen von witzig aussehenden außerirdischen Maskottchen, die die Gemeinheit in Person sind: Selbiges bringt den gutmütigen Mr. Pinback in eine bedrohliche Situation, die an schwarzem Humor schwerlich zu überbieten ist – der unfreiwillige Weltraumfahrer stürzt in einen Liftschacht, und als er sich (an der auf- und abwärts fahrenden Kabine hängend) mittels Bordcomputer zu retten versucht, reagiert die vertrackte Maschinerie mit Opernmusik und Ratschlägen, die eventuell einer Putzfrau dienlich wären, aber kaum einem Mann, der um sein Leben ringt. »Carpenter parodiert ... nicht nur die im Science Fiction-Genre latent vorhandene kolonialistische Tendenz, sondern auch den Mythos der Maschine ... und läßt so die Urängste des Menschen vor einer allmächtig werdenden Maschine deutlich hervortreten.« (Ursula Bechtold in SF PERRY RHODAN MAGAZIN) – »Der Film ist jedoch weit mehr als die Summe seiner Einzelteile. Carpenters Vision beschreibt Männer, die im wahrsten Sinne des Wortes führerlos sind ... und sich in der Einsamkeit des Weltraums ganz ihren Phantasien unterwerfen.« (Phil Hardy, THE AURUM FILM ENCYCLOPEDIA: SCIENCE FICTION)

Ⓥ VCL-Vidio (u. d. T. DARK STAR)

> »Erst wenn man getötet hat,
> kennt man die wahre Ekstase der Liebe.«
>
> LESLIE BANKS

Graf Zaroff – Genie des Bösen

(THE MOST DANGEROUS GAME). USA 1932. **P** David O. Selznick
für RKO Radio Pictures (Merian C. Cooper/Ernest B. Schoedsack). **R** Ernest B. Schoedsack/Irving Pichel. **B** James A.
Creelman. **LV** Richard Connell. **K** Henry Gerrard/Robert De-
Grasse. **M** Max Steiner. **D** Joel McCrea (Robert Rainsford),
Leslie Banks (Graf Zaroff), Fay Wray (Eve Trowbridge), Robert Armstrong (Martin Trowbridge), Hale Hamilton (Bill
Woodman), Noble Johnson (Iwan), Steve Clemento (der Ta-
tar), Dutch Hendrian (der Narbige), William B. Davidson
(Captain), Landers Stevens (Doc), James Flavin (Erster Offi-
zier). **SW** 63 Min.

Der Großwildjäger und Buchautor Robert Rainsford befindet
sich auf der Jacht seines Bekannten Bill Woodman auf einer
Kreuzfahrt in der Südsee, als es zu einer Schiffskatastrophe
kommt. Aufgrund bewußt falsch postierter Warnleuchten auf
einer Insel läuft das Schiff auf ein Riff und sinkt. Die Mannschaft und die Passagiere fallen den Haien zum Opfer.
Rainsford, der einzige Überlebende, rettet sich an Land und
stößt in der Dunkelheit auf ein burgähnliches Anwesen, daß
einem russischen Grafen namens Zaroff gehört. Obwohl Zaroffs Dienstpersonal einen eher unheimlichen und abschrecken-
den Eindruck auf Rainsford macht, entpuppt sich der Hausherr
als Mann von Kultur, der charmant zu plaudern versteht, für seinen Gast Klavier spielt, einen erlesenen Geschmack aufweist,
Rainsfords Bücher im Regal stehen hat und auch dessen Begeisterung für die Jagd teilt – wenngleich auch auf eine extrem andere Weise. Während es Rainsford trotz der relativ angeneh-
men Umgebung – in der er auch das ebenfalls gestrandete Ge-
schwisterpaar Eve und Martin Trowbridge kennenlernt – wie-

Im Schloß des Schreckens – eine Szene aus ›Graf Zaroff – Genie des Bösen‹

der nach Hause zieht, hat Zaroff sich von der Zivilisation losgesagt, um auf seiner Insel »das gefährlichste Spiel überhaupt« (so der Originaltitel des Films zu spielen. Seine Manie besteht darin, daß die Jagd zu seinem einzigen Daseinszweck, zu seinem *way of life* geworden ist: Bloß hetzt er keine exotischen Bestien mehr, sondern das gefährlichste Raubtier, das die Erde hervorgebracht hat: den Menschen. In Rainsford glaubt der Graf nicht nur eine verwandte Seele zu erblicken, sondern auch einen Ebenbürtigen. Er gibt seinem Gast zu verstehen, daß er einer gemeinsamen Jagdpartie nicht abgeneigt sei. Von der sadistischen Herrenmenschenphilosophie Zaroffs abgestoßen, lehnt Rainsford ab. Mit dem Ergebnis, daß der Graf ihn zu einem Spiel zwingt, das er nicht ablehnen kann, weil ihm keine andere Wahl bleibt: Rainsford wird zum Jag*dopfer* ernannt; er erhält

149

ein Messer und ein paar Stunden Vorsprung. Überlebt er bis zum nächsten Sonnenaufgang, hat er gewonnen und kann die Insel verlassen. Eve Trowbridge, deren schwächlichen und versoffenen Bruder der Graf inzwischen auch auf dem Gewissen hat, schließt sich Rainsford an. Die beiden schlagen sich durch den wild wuchernden Dschungel, der das Anwesen umgibt und stellen Zaroff eine Falle, die dieser jedoch rechtzeitig entdeckt und unwirksam macht. Da der Graf die Gerissenheit Rainsfords kennt und weiß, daß er sein Opfer trotz seiner überlegenen geographischen Kenntnisse mit seiner Armbrust nicht »erlegen« kann, kehrt er zurück, um ein Gewehr zu holen. Zwei Stunden vor dem Einsetzen des Morgengrauens versucht Rainsford, den Grafen in eine Fallgrube zu locken, aber auch dieses Unterfangen geht schief. Verzweifelt verbergen Rainsford und Eve sich in einem nebelverhangenen, krokodilverseuchten Sumpf. Zaroffs Lakaien erscheinen mit einer wilden Bluthundmeute. Nachdem der Graf Rainsford erschossen zu haben glaubt, verschleppt er Eve in seine Burg. Aber Rainsford kehrt zurück. Es kommt zu einem letzten, verzweifelten Kampf, an dessen Ende der Graf – tödlich verletzt – seinen eigenen Hunden vor die Füße fällt. Sie zerreißen ihn.

Dieser Horror-Klassiker ist ein Juwel, dessen Wert man während der Herstellung überhaupt nicht erkannte – nicht erkennen konnte. Er war nicht einmal geplant gewesen, sondern entstand sozusagen spontan während einer unvorhergesehenen Zwangspause bei den Dreharbeiten zu *King Kong*. Merian C. Cooper, der an der Realisation beider Filme beteiligt war, erinnert sich: »Wir brauchten ein Projekt, während das Script [zu *King Kong*] umgeschrieben und die Animation ...gemacht wurde, deshalb griff ich diese Geschichte auf ...Ich stellte mir vor, daß Monty [Ernest B. Schoedsack] und ich alles einbauen könnten, was wir in *Chang* [ein in Siam gedrehter Dokumentarfilm] verwendet hatten – die Fallen und die Todesgruben und all das. Davon findet sich nichts in der Originalstory*), ebensowenig die Liebesgeschichte ...*The Most Dangerous Game* war ein billiger Film – er kostete nur um die 150 000$. Und wir sparten Geld, indem

---

*) Und auch nichts in *Graf Zaroff:* Zwar deutet der Graf an, daß es auf der Insel von Todesfallen wimmelt, zum Einsatz kommen sie jedoch nicht.

wir Fay Wray und Robert Armstrong in den Drehpausen von *King Kong* einsetzen konnten. Da beide Filme im Dschungel spielten, konnten wir die gleichen Schauplätze...benutzen, indem wir uns einfach abwechselten, ich drehte *Kong,* dann machte ich für Monty Platz, der *The Most Dangerous Game* drehte ...« – Obwohl die gesamte Produktion ohne die typischen Horror-Versatzstücke auskam, die seit Mitte der siebziger Jahre die Leinwand in ein bluttriefendes Schlachthaus verwandeln, vermittelt der Film dem Betrachter eine morbide, bedrohliche, unheilschwangere Atmosphäre: »Der wuchernde, schlingende, von erektilen Gebilden durchsetzte, wie eine einzige (Licht-) Falle magisch lockende Studio-Dschungel, durch den das junge Liebespaar vor dem distinguierten Unhold und seinen blutrünstigen Hunden fliehen muß, nimmt sich wie eine gigantische

Joel McCrea und Fay Wray – aus King Kongs Pratze in die Fänge eines Herrenmenschen

Materialisation des Unbewußten aus; ein Dom der Erotomanie.« (Andreas Meyer in MEDIUM) Und um Erotomanie geht es in diesem Film, dessen deutscher Verleih, bevor er sich eines besseren besann, mit den Parolen »Die Verzückungen der Wollust in Todesangst« und »Menschenjagd aus Lust und Freude« werben wollte, hauptsächlich: Richard Connells Kurzgeschichte »The Most Dangerous Game« (1924 erschienen, mit dem O. Henry-Gedenkpreis ausgezeichnet und zahllose Male anthologisiert) handelt nämlich von einem sadomasochistisch veranlagten Sodomiten, der Lust nur noch dann empfinden kann, wenn er auf intelligente »Beute« Jagd gemacht hat. Der Original-Zaroff trägt vorzugsweise schwarze Lederkleidung »und unterhält zu seinen riesigen schwarzen Jagdhunden Beziehungen, die laut Strafgesetzbuch verboten sind« (Franz Schöler in FILM). In der Leinwand-Version will er erst töten, bevor er sich die Heldin (Eve) sexuell untertan macht, denn: »Erst wenn man getötet hat, kennt man die wahre Ekstase der Liebe.« Zaroff sieht in der Jagd allein ein Hilfsmittel zur Steigerung sexueller Lust: »Seine Lust am Mord mischt sich mit der Lust, möglicherweise selbst ermordet zu werden, d.h. seine Nekrophilie ist nicht nur aktiv, sondern auch passiv.« (Franz Schöler) Und Herbert Holba in ACTION: »Die Filmgeschichte kennt keinen ähnlichen Fall. Was immer über sexuelle Verirrungen bekannt wurde – dieser Film deutet es bereits an. Im Wechselspiel von Sexus und Schaudern gelang es, die Tabus der Gesellschaft kurzerhand zu überspielen. Die Gigantomanie des Grauens, die Steigerung ins Überdimensionale erreicht hier ihre höchste Stufe.« Merian C. Cooper: »Der Film war ein Hit.« Was sicher auch damit zu tun hat, daß er mehr Remakes aufweisen kann als jeder andere Hollywood-Streifen: Robert Wise nahm sich des Themas mit *A Game of Death* (1945) an; 1949 kam die nächste Version von Ted Tetzlaff, 1950 erschien eine Version von George Coulouris unter dem Titel *Kill or Be Killed;* 1956 versuchte sich Roy Boulting mit *Run for the Sun (Der Sonne entgegen)* am gleichen Thema, und 1966 kamen gleich zwei Filme auf den Markt, die Connells Plot ausbeuteten: *The Naked Prey (Der Todesmutige)* von Cornel Wilde, und *Blood Feast,* ein »exploitation movie« von Herschell Gordon Lewis, dem sogenannten »King of Gore«: ein in sechs Tagen heruntergekurbelter Ekelfilm »in blood color«, der nur mehr das Handlungsgerüst des Originals verwendet und in

Sadomasochist im Märchenwald des Schreckens – Leslie Banks in ›Graf Zaroff – Genie des Bösen‹

erster Linie deswegen bekannt wurde, weil das Publikum ihn scharenweise und sich übergebend verließ. *Graf Zaroff – Genie des Bösen* verhalf übrigens auch Larry »Buster« Crabbe, dem Helden zahlreicher Serials, zu seiner ersten Rolle: Er doubelte Joel McCrea in den etwas gefährlicheren Szenen.

>Mit fünfundsiebzig ist es zu früh zum Sterben,
und mit fünfundachtzig tritt man auf der Stelle.«

RUTH GORDON

Harold and Maude

(HAROLD AND MAUDE). USA 1971. **P** Mildred Lewis/Colin Higgins Productions für Paramount Pictures (Mildred Lewis). **R** Hal Ashby. **B** Colin Higgins. **LV** Colin Higgins. **K** John A. Alonzo. **M** Cat Stevens. **D** Bud Cort (Harold Chasen), Ruth Gordon (Maude), Vivian Pickles (Mrs. Chasen), Cyril Cusack (Glaucus), Charles Tyner (Onkel Victor), Ellen Geer (Sunshine Dore), Eric Christmas (Pastor), G. Wood (Psychiater), Judy Engles (Candy Gulf), Shari Summers (Edith Phern), Ray Gorman, Harvey Brumfield, Gordon Devol (Polizisten), Henry Dieckoff (Butler), Philip Schultz (Arzt), Sonia Dorell (Oberschwester), Margot Jones (Lernschwester), Barry Higgins (Internist), William Lucking (Motorrad-Cop), Susan Madigan, Jerry Randall. **F** 92 Min.

Der zwanzigjährige (aber viel jünger aussehende) Harold Chasen ist äußerlich ein verkorkster, aber sensibler Junge. Aber da seine wohlhabende, spießige Mutter, eine Dame der feinen Gesellschaft, kaum etwas unversucht läßt, ihren am liebsten in einem Leichenwagen herumkurvenden und Beerdigungen fremder Leute beiwohnenden Sohn per Computer-Partnervermittlung unter die Haube zu bringen, entzieht sich Harold ihren Bemühungen durch allerlei makabre Scherze: Er gibt vor, akut selbstmordgefährdet zu sein und läßt keine Gelegenheit aus, sich das Leben zu nehmen. Und zwar äußerst erfindungsreich: Wenn er sich nicht gerade zu erhängen, zu ersäufen oder zu verbrennen versucht, spielt er Russisches Roulette. Obwohl sein Verhalten Mama schier zur Verzweiflung treibt (sie hat deswegen auch schon einen Psychiater eingeschaltet), setzt sie ihm weiterhin zu. Harolds seltsames Verhalten ändert sich erst, als er – wie gehabt – auf einer Beerdigung die neunundsiebzigjähri-

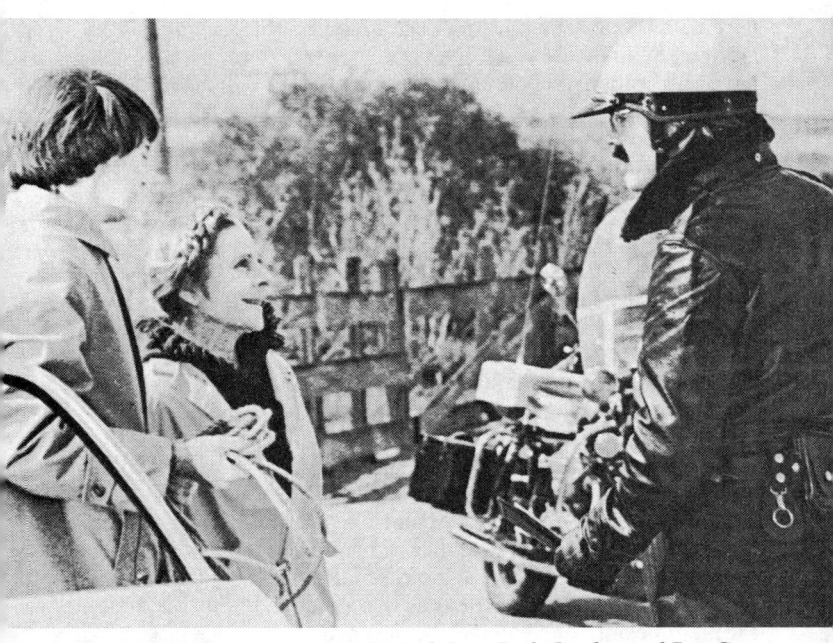

Der Baumtransport geht schief – Bud Cort, Ruth Gordon und Ray Gorman in ›Harold und Maude‹

ge Wienerin Maude kennenlernt, die offenbar einen Teil ihres Lebens in einem KZ verbracht hat, obwohl sie darüber kein Wort verliert. Maude, eine ziemlich verrückte, aber gewiß auch geistreiche Person, lebt inmitten von allerlei Trödelware in einem alten Eisenbahnwaggon – und zwar nach der Maxime, daß jeder Mensch das Recht hat, sich so ausgeflippt aufzuführen, wie es ihm behagt. Trotz ihres hohen Alters hat sie eine Art Hippie-Ideologie verinnerlicht: Es ist ihr schnurzegal, was die Leute von ihr denken; von gesellschaftlichen Konventionen hält sie eh nichts. Da klaut sie schon lieber Autos und (Polizei-)Motorräder, wenn sie rasch mal irgendwo hin will, und Spaß am Sex hat sie auch noch. In Harold, der sich immer ausgefallenere Tricks ausdenkt, um den zwar schnuckeligen, ansonsten aber furchtbar durchschnittlichen Girlies zu entgehen, die seine Mut-

155

ter ihm ins Haus schleppt, findet sie einen gelehrigen und wißbegierigen Schüler, dem sie diverse Lebensweisheiten vermitteln kann: So graben die beiden mitten in der Stadt einen gerade angepflanzten Baum aus, um ihn in den Wald zurückzubringen, weil Maude meint, er werde sich dort wohler fühlen. Harold liebt und verehrt die alte Frau – er geht sogar mit ihr ins Bett. Als er sie an ihrem achtzigsten Geburtstag auch noch heiraten will, gerät die Familie (inklusive Psychiater und Pastor) in Panik. »Erst jetzt durchdringt die Botschaft das merkwürdige Spiel ...Harold ist nicht vom Todeswunsch besessen, er versucht nur mit seinen trickreichen Selbstmordversuchen die Aufmerksamkeit seiner Mutter ...zu wecken ...Das aber ist eine Forderung, für die sie keine Zeit hat.« (FILMS ILLUSTRATED) – Auch Maude weiß scheinbar, wo die Grenzen ihres fröhlichen Anarchistentums liegen: Sie gesteht ihrem jugendlichen Verehrer, daß sie sich mit einer Schlaftabletten-Überdosis vergiftet hat – vorgeblich deswegen, weil sie glaubt, mit fünfundachtzig werde man allmählich wirklich alt, deswegen sei es an der Zeit, eine andere neue Erfahrung zu machen. Harold bringt sie in ein Hospital. Zu spät. Also setzt er seinen allerletzten Suizidversuch in Szene: Aber seine Bekanntschaft mit Maude hat ihm offenbar zu viel gegeben, für das es sich zu leben lohnt. Im letzten Moment besinnt er sich eines besseren.

Colin Higgins, der Autor dieser Geschichte, hatte das unverschämte Glück, im gleichen Haus zu wohnen wie Mildred Lewis, die Gattin eines Filmproduzenten. Eines Tages zeigte er ihr ein 20-Minuten-Skript, das er an sich als Examensarbeit für die University of California in Los Angeles vorgesehen hatte. Mrs. Lewis war von der Sache so begeistert, daß sie ihm vorschlug, zusammen eine Produktionsgesellschaft zu gründen. Nachdem sie einen Deal mit der Paramount unter Dach und Fach gebracht hatte, übernahm sie den Part der Produzentin, während Higgins ein Drehbuch (und einen Roman) aus seinem Stoff machte. Das Endresultat, eine Komödie voll schwarzen Humors, irritierte viele Kritiker, und nicht selten auch jene, denen der Film gefiel. Woran sich die meisten stießen, war das ungewöhnliche Verhältnis zwischen einem vorgeblich morbiden/nekrophilen Geist und einer alten Frau, die gut und gern seine Urgroßmutter hätte sein können. Aber auch die sorglose Lebensphilosophie der hochbetagten Hippie-Dame (»Nimm das Leben einfach wie es ist, aber koste es aus«) brachte einige Publizisten auf die Palme. Hielten sie den Film bestenfalls für »geschwätzig« (Michael Krey in MEDIUM), so hieß es in der einflußreichen Branchenzeitschrift VARIETY, *Harold and Maude* sei eine »geschmacklose *offbeat comedy«,* die den gleichen Witz aufweise »wie ein in Flammen stehendes Waisenhaus«. Im SAN FRANCISCO CHRONICLE meinte Anita Earle, »Eine ganze Menge Kinogänger werden von diesem Film entsetzt oder zumindest leicht abgestoßen sein«, während es bei Charles Champlin in der LOS ANGELES TIMES hieß, er werde »einen entweder amüsieren oder einem Zahnschmerzen bereiten«. Andere Kritiker waren der Ansicht, *Harold and Maude* ließe den Zuschauer »mit einem schlechten Geschmack im Mund zurück« und »verdiene nicht mehr Aufmerksamkeit, als ein zweiköpfiges Kalb auf einer Landwirtschaftsausstellung«. (Jerry Parker in NEWSDAY) Nicht

›Harold und Maude‹ von Hal Ashby

einmal bei Paramount erwartete man einen Blockbuster: Um so
mehr wunderte man sich, als der Streifen – speziell in den Uni-
versitätsstädten – bald nicht mehr aus den Kinos herauszukrie-
gen war und in manchen Theatern ununterbrochen zwei und
drei Jahre lang pausenlos lief. Und all das lag nicht nur an der
makabren, unkonventionellen Story, die sich der Student Colin
Higgins ausgedacht hatte, sondern auch an der Leistung der
Hauptdarsteller, was sogar die gefürchteten Kritiker von VA-
RIETY zugeben mußten: »Cort macht seine Sache als irrer Neu-
rotiker, dessen wiederholte Selbstmordversuche seine Mutter –
deren Darstellung überragend ist – völlig kalt läßt, bestens. Ellen Geer ist köstlich …und Charles Tyner sorgt mit seinem salu-
tierenden künstlichen ›Arm‹ todsicher für Gelächter …« –
»Cort ist die Verkörperung der verlorengegangenen Kindheit,
Miß Gordon ist von liebenswürdiger Direktheit und zutiefst bewegend – sie spielt eine gefühlvolle Rolle. Und Vivian Pickles ist
als Corts Mutter die personifizierte Perfektion.« (Judith Christ
in NEW YORK)
Aber auch die anderen Figuren, die Jung-Harold den Nerv töten, sind nicht ohne: Neben seinem militärisch eingestellten Onkel Victor, der es tatsächlich bedauert, daß er »nur ein Leben«
hat, daß er »für sein Land hergeben« kann und nichts unversucht läßt, um aus seinem Neffen einen reaktionären Macho zu
machen (bis Harold ihm vortäuscht, daß er sogar fürs Militär
»zu blutrünstig« ist), schlägt sich unser Held noch mit einem
Geistlichen herum, der sich zwar anmaßt, sein Schäfchen in
»Moral« zu unterweisen, bei dem Gedanken, Harold könne mit
Maude geschlafen haben, jedoch Übelkeit empfindet. Der Psychiater der Chasens indessen gibt sich alle Mühe, aus dem etwas
verschrobenen jungen Mann einen Zombie mit weißem Kragen
zu machen, ohne nur im entferntesten zu sehen, woran sein »Pa-
tient« leidet und daß Maude die einzige ist, die ihn davor bewahrt, ein Angepaßter zu werden. Gerade sie ist es, die Harold
lehrt, dem Leben ins Auge zu schauen, ein Jemand zu sein, seinen Spaß zu haben und sich – beispielsweise – für Musik zu inter-
essieren.
Daß Maude sich ausgerechnet in dem Augenblick von ihrem
Schützling »trennt«, als sie erkennt, daß er von seiner angebli-
chen Todessehnsucht »geheilt« ist und allein vor dem Leben bestehen kann, hat die Kritik dem Film teilweise verübelt. Mög-

licherweise zu Unrecht, denn unter dem Gesichtspunkt, daß Maude eine Vergangenheit hat, von der wir beinahe nichts wissen (außer, daß ihr Ehemann in einem KZ umgekommen ist), wird ihr Freitod eventuell verständlich: Ihr Lebensmut, so könnte man annehmen, ist bereits vor Jahrzehnten zum Erliegen gekommen – nämlich in jenen Zeiten, in denen man ihr und ihrem verstorbenen Gatten schreckliche Dinge angetan hat. – »Ich würde davon ausgehen, daß sie schon viele Jahre zuvor hatte sterben wollen ...daß sie aber das Abkommen mit sich geschlossen hat, das Leben fortzusetzen und für jene, die in den Lagern starben, ein Mahnmal zu sein, und einem Leben (ihrem eigenen), das den Holocaust überstanden hat, einen Sinn zu geben.« (Danny Peary, CULT MOVIES)

Ⓥ Importkassette

Höllenfahrt nach Santa Fé / Ringo

(STAGECOACH). USA 1939. **P** United Artists (John Ford/Walter Wanger). **R** John Ford. **B** Dudley Nichols. **LV** Ernest Haycox. **K** Bert Glennon/Ray Binger. **M** (Adaption) Richard Hageman/John Leopold/Leo Shuken/Louis Gruenberg. **D** John Wayne (Ringo Kid), Claire Trevor (Dallas), Thomas Mitchell (Dr. Joshua Boone), Andy Devine (Buck), George Bancroft (US Marshal Curly Wilcox), Donald Meek (Peacock), Louise Platt (Lucy Mallory), John Carradine (Hatfield/Ashburn), Berton Churchill (Gatewood), Tim Holt (Lt. Blanchard), Chris Martin (Chris), Elvira Rios (Yakima), Francis Ford (Billy Pickett), Marga Daighton (Mrs. Pickett), Kent Odell (Pickett jr.), Yakima Canutt (Scout), Chief Big Tree (Scout), Joseph Rickson (Luke Plummer), Tom Tyler (Hank Plummer), Vester Pegg (Ike Plummer), Paul McVey (Wells Fargo-Agent), Jack Pennick (Jerry), Harry Tenbrook (Telegraphist), Cornelius Keefe (Capt. Whitney), Florence Lake (Mrs. Whitney), Walter McGrail (Capt. Sickels), Louis Mason (Sheriff), Brenda Fowler (Mrs. Gatewood), William Hoffer (Sergeant), Bryant Washburn (Capt. Simmons), Nora Cecil (Wirtin), Buddy Roosevelt, Bill Cody (Cowboys), Helen Gibson, Dorothy Appleby (Barmädchen), Chief White Horse (Geronimo). **SW** 97 Min.

»Es war zu jener Zeit, als die Postkutsche noch das einzige Verkehrsmittel zur mexikanischen Grenze zwischen Tonto und Lordsburg-Santa Fé war. Trotz der Indianerreservate, die sie zu durchqueren hatte, galt diese Linie als verhältnismäßig sicher. Weder Dry Forks noch Apache Wells waren besonders befestigte Stationen. Und wer Lees Fährhaus hinter sich hatte, konnte beruhigt Lordsburg-Santa Fé entgegensehen. So war es bis zu jenem denkwürdigen 24. September des Jahres 1857, als sich eine gemischte Gesellschaft zusammenfand und erleben mußte,

John Wayne und Claire Trevor in ›Höllenfahrt nach Santa Fé‹

daß die Befriedung der Indianer noch immer ein Zukunftstraum war ...« Die gemischte Gesellschaft, von der die Off-Stimme berichtet, sind der Kartenhai Hatfield (ein Mann aus gutem Hause, der seine Herkunft verleugnet), Dr. Joshua Boone (ein permanent betrunkener Arzt, der aber mit seinen Instrumenten umzugehen versteht), der Bankier Gatewood (der sich mit den Einlagen seiner Kundschaft aus dem Staub machen will), die schwangere Mrs. Mallory (Gattin eines Offiziers, der im Indianerland Dienst tut und den sie besuchen will), der verschüchterte Whisky-Vertreter Peacock (dessen Musterköfferchen besonders auf Doc Boone eine magische Anziehungskraft ausübt), Marshal Wilcox (ein aufrechter Polizist), der redselige Kutscher Buck, und die Gunstgewerblerin Dallas, die die Stadt Tonto

161

aufgrund eines vom örtlichen Frauenverein gefaßten Beschlusses verlassen muß. Auf dem durch das desolate Land führenden Weg nach Lordsburg gesellt sich ein Kavallerietrupp zu der Kutsche; des weiteren liest man unterwegs den aus dem Gefängnis entflohenen Ringo Kid auf, der ebenfalls nach Lordsburg will – um die Plummer-Bande zu stellen, die seinen Bruder getötet und ihn selbst mit einer Falschaussage hinter Gitter gebracht hat. Wilcox entwaffnet Ringo zwar, läßt ihn aber zwischen den Passagieren der Kutsche Platz nehmen. An der Raststation Dry Forks erfährt man, daß die Lage alles andere als sicher ist: Geronimo ist mit seinem Stamm unterwegs; Captain Mallory, der die Station schützen sollte, ist Tags zuvor abberufen worden. Auch die Kavalleristen, die die Kutsche begleiten, rücken ab. Trotz der gefährlichen Lage beschließen die Passagiere – jeder aus einem anderen Grund –, die Reise fortzusetzen. Während Ringo schüchtern Kontakt zu Dallas aufnimmt, die von einem Teil der Reisenden geschnitten wird, und sich der Spieler Hatfield mit formvollendeten Manieren um die Schwangere kümmert, läßt sich der betrügerische Gatewood über die Segnungen des freien Unternehmertums im allgemeinen und die Frechheit der Regierung im besonderen aus: »Als Neuestes setzen sie jetzt überall Bankprüfer ein … Jetzt sollen wir Bankiers uns auch noch vom Staat beschnüffeln lassen! Da bekomme ich doch wirklich einen Brief von so einer aufgeblasenen Behörde, daß man meine Bücher prüfen müßte!« Zudem geht ihm der betrunkene Boone auf die Nerven, während die feine Mrs. Mallory von Dallas abrückt, als diese sich um sie kümmern will. An der Raststation Apache Wells findet man auch keine Spur von Soldaten. Capt. Mallory ist in einen Kampf mit Apachen verwickelt worden und verwundet nach Lordsburg abgerückt. Als seine Frau dies erfährt, kommt es zur vorzeitigen Geburt ihres Kindes, das Doc Boone mit Dallas' Hilfe zur Welt bringt. Dann werden die Reservepferde der Station geraubt, und die indianische Frau des Stationshalters verschwindet. Gatewood drängt daraufhin zur Weiterfahrt, was sich jedoch aufgrund des Zustandes von Mrs. Mallory als problematisch erweist. Dallas will Ringo zur Flucht verhelfen, Wilcox vereitelt sie. Da sich die Anzeichen mehren, daß es in der Umgebung von Indianern wimmelt, entschließt man sich trotz der ungünstigen Situation zur Weiterreise, die jedoch durch das plötzliche Auftauchen von

Geronimos Männern zu einer gefährlichen Verfolgungsjagd wird. Unter ständigem Beschuß steuert Buck das Gespann durch die Einöde, während seine Passagiere aus allen Rohren schießen und zum ersten Mal so etwas wie ein Zusammengehörigkeitsgefühl entwickeln. Als Hatfield nur noch eine Patrone hat, schickt er sich heimlich an, Mrs. Mallory zu töten, um zu verhindern, daß sie den Indianern in die Hände fällt. Eine verirrte Kugel von außen streckt ihn jedoch nieder. Mit dem letzten Atemzug bittet er die Frau, »Richter Ashburn« zu grüßen – seinen Vater. Eine Kavallerieeinheit kommt der Kutsche zu Hilfe und verjagt die Angreifer. In Lordsburg angekommen wird Gatewood verhaftet, und Ringo bittet Marshal Wilcox um zehn Minuten »Urlaub«, um mit der Plummer-Bande abzurechnen.

›Stagecoach‹ – Höllenfahrt durch die zerklüftete Landschaft der Psyche

Wilcox läßt ihn gehen. Ringo tötet die Brüder Plummer in einem schnellen Showdown. Als Ringo anschließend mit Dallas zusammen verschwindet, unternimmt der Marshal nichts. Das, was Alfred Hitchcock einen *McGuffin* nennt, hält diesen Film nur scheinbar in Bewegung, denn Rache ist mitnichten sein Thema, auch wenn es vordergründig so erscheinen mag. Es geht hier auch nicht allein um eine Odyssee durch das Land der Gefahren, sondern in der Hauptsache um eine Reise durch die Landschaft der Seele, um die Charakterstudie einer Gruppe von Menschen und deren Verhalten in einer außergewöhnlichen Situation. Wir werden Zeuge ihrer charakterlichen Eigenschaften, und dabei entdecken wir, daß sich gerade die Außenseiter (Dallas, Hatfield, Ringo, Doc Boone) durch jene Tugenden auszeichnen, auf die ihre Widersacher – die »ordentlichen Bürger« – im Grunde spucken: Tapferkeit, Hilfsbereitschaft, Ehrenhaftigkeit, Treue. Wir finden heraus, daß die Außenseiter die echten »Christenmenschen« sind, denn obwohl sie sich – jeder auf seine Weise – von der bürgerlichen Gesellschaft losgesagt haben, können sie in einer Notsituation nicht anders, als eben jene Grundwerte zu verteidigen, deren Nichtvorhandensein in der Gesellschaft sie zu Außenseitern gemacht hat. Der versoffene Doc Boone gibt sein Letztes, als die dünkelhafte Mrs. Mallory niederkommt. Was er an Qualen erleidet, um sich zu ernüchtern, damit er ihr beistehen kann, ist möglicherweise nur Alkoholikern verständlich, und daß er sich anschließend noch von Hatfield als »versoffenes Schwein« bezeichnen lassen muß, deutet an, daß Undankbarkeit allemal der Guten Lohn ist. Hatfield kann jedoch kaum anders reagieren, als es ihm seine bürgerliche Erziehung gebietet: Er kann einem Trinker, dem man seine Trunksucht schon äußerlich ansieht, nichts anderes als Verachtung entgegenbringen. Aber auch er, der als Berufsspieler nach der Maxime lebt, daß es die Menschen danach verlangt, betrogen zu werden, demonstriert aufrichtige Anteilnahme, als es darum geht, eine kranke Frau zu beschützen – die freilich eine Angehörige seiner Klasse ist. Für die Prostituierte Dallas hingegen rührt er keinen Finger. Gatewood, der die unternehmerische Freiheit predigt und es dem Staat verweigert, in seine Bücher zu sehen, ist gleichzeitig derjenige, der am lautesten nach der staatlichen Ordnungsmacht schreit, als er seine individuelle Freiheit gefährdet sieht, und Mr. Peacock, der from-

Outcasts unter sich – John Wayne und Claire Trevor

me kleine Mann aus St. Louis, der gesteht, daß er viel lieber
Geistlicher geworden wäre und sich sichtlich unwohl in der Gesellschaft seiner Reisegefährten fühlt, kann nicht anders, als
sich den Gegebenheiten mit der ihm eigenen Bescheidenheit an-
zupassen. Auch als Doc sein Musterköfferchen leert, bleibt er
die Sanftmut in Person. (In diesem Zusammenhang ist es vielleicht erwähnenswert, daß der Name des Peacock-Darstellers –
Donald *Meek* – im Englischen »sanftmütig, weichherzig, nach-
giebig« bedeutet.)
Nun mag man möglicherweise anmerken, daß der brave Cowboy, der sich gegen ein Unrecht zur Wehr setzt, die Hure mit
dem goldenen Herzen, der schweigsame, schwarzgekleidete
Spieler, der habgierige Bankier und der versoffene Arzt Kli-

165

scheecharaktere sind, die gerade in der Geschichte des Westernfilms in Divisionsstärke auftreten, aber es ist und bleibt eine Tatsache, daß all dies 1939 gar nicht so gewöhnlich war, wie man heute vielleicht vermutet: John Wayne etwa, der vor *Stagecoach* bereits 70 Filme der Klasse Dutzendware gedreht hatte, ohne dabei den Status eines Stars zu erringen, spielt hier einen geradezu fortschrittlichen Charakter – nämlich einen Menschen, der dagegen aufbegehrt, daß man eine Offiziersgattin nur wegen ihrer höheren gesellschaftlichen Stellung besser behandelt als eine Gunstgewerblerin. Für Ringo ist auch Dallas eine »Lady«, und das war ein ziemliches Wagnis für die dreißiger Jahre, als man Angehörige ihres Berufsstandes im Film noch nicht einmal beim Namen nennen durfte. Auch John Carradine hat in der Rolle des Spielers Hatfield einen ungewöhnlichen Part: Waren die Gamblers bis dahin eher als kalte Killertypen gezeichnet worden, die den Derringer im Ärmel trugen, entpuppt er sich als Sproß einer Familie der Upper Class. Warum er sich von der Gesellschaft losgesagt hat, erfährt man zwar nicht, aber könnte es nicht sein, daß er aus den gleichen Gründen vor ihr geflohen ist wie Dallas und Doc Boone? Thomas Mitchell als Alkoholiker, der auch im Suff noch Meisterleistungen vollbringt, ist auch der erste, der aktive Solidarität zeigt, als man Dallas aus der Stadt weist: Obwohl man ihn lediglich wegen Nichtzahlung seiner Miete vor die Tür setzt, schließt er sich der Verfemten, die den Ort verlassen *muß*, sofort an: »Wir sind nun mal die bedauernswerten Opfer dieser heuchlerischen Kreaturen, die nur von Vorurteilen leben … Wir beiden Glücklichen werden nicht zu denen ins Paradies kommen.«

Stagecoach war in vielerlei Hinsicht eine bemerkenswerte Neuerung für die damalige Zeit: Der Westernfilm dieser Ära war völlig auf den Hund bzw. nicht über ihn hinausgekommen; was noch über die Leinwand flimmerte, bestand aus hastig heruntergekurbelter, mies geplotteter Dutzendware; Streifen, in denen vorwiegend Serienhelden und Schnulzensänger auf weißen Rössern schwarzgekleidete Ganoven bekämpften, die bei Tag den Biedermann spielten. *Stagecoach* war der erste Film, der dem Publikum das phantastisch anmutende Monument Valley (Utah) präsentierte und dem Western eine psychologische Komponente verlieh: Hier kam eine Dimension ins Spiel, die das Genre bis dahin nicht aufgewiesen hatte – Charaktere mit echtem Eigenleben; Figuren, die sich in ihr Schicksal verstrickten, eine realistische Problematik. Der Film hat nur 220.000 $ (und mithin 8000 $ weniger als geplant) gekostet und wurde, wie John Ford später aussagte, »größtenteils in der Kamera« geschnitten. Thomas Mitchell wurde für seine Rolle mit dem Oscar für den besten Nebendarsteller bedacht, John Ford bekam den gleichen Preis für seine Regieleistung. Der Stoff soll übrigens, wie der französische Filmpublizist Jean Louis Ripeyrout herausgefunden hat, auf Guy de Maupassants Novelle BOULE DE SUIF (1880; dt. *Die Flucht nach Dieppe,* 1948) zurückgehen.

»Ah! Sie haben mir zugelächelt! Sagen Sie nicht nein,
Sie haben mir zugelächelt! Ach, es ist wundervoll,
das Leben ist schön! Sie sind wie das Leben so schön –
Sie sind ebenso schön!«

PIERRE BRASSEUR

Kinder des Olymp

(LES ENFANTS DU PARADIS). Frankreich 1945. **P** Pathé (Fred Orain). **R** Marcel Carné. **B** Jacques Prévert. **Idee:** Jean-Louis Barrault. **K** Roger Hubert/Marc Fossard. **M** Maurice Thiriet/Joseph Kosma. **D** Jean-Louis Barrault (Baptiste Debureau), Arletty (Garance), Pierre Brasseur (Frédéric Lemaître), Maria Casarès (Nathalie), Marcel Herrand (Lacenaire), Louis Salon (Graf E. de Montray), Fabian Loris (Avril), Pierre Renoir (Jéricho), Jeanne Marken (Mme. Hermine), Marcel Pérèz (Direktor), Gaston Modot (Blinder), Robert Dhéry (Célestin), Jacques Castelot (Georges), Jean Lanier (Jago). **SW** 184 Min.

Ein Theatervorhang hebt sich, gibt den Blick frei auf eine wogende Menschenmenge. Schaulustige, die sich auf der Vergnügungsstraße von Paris, dem Boulevard du Crime (dem Boulevard des Verbrechens!) vor Schaubuden und Theatern drängen. Hereinspaziert ins Paris von 1840, ins Paris des Biedermeier! Es treten auf die Hauptakteure des schon bald beginnenden großen Spiels: Die schöne Garance, der kultivierte Anarchist und Verbrecher Lacenaire, der träumerische Mime Baptiste, Nathalie, die ihn liebt, der redegewandte Frédéric, später der reiche Graf von Montray. Dazu die Gaukler, Diebe, Musikanten, Trinker, Bettler, Intriganten, kurz, alles, was Paris zu bieten hat! Alle werden sie ihren Weg gehen, manche berühmt und manche berüchtigt werden!
Garance, eine distanziert-kühle Schönheit mit undurchsichtiger Vergangenheit, tritt in einem Straßentheater als Allegorie der Wahrheit auf. Der arbeitslose Schauspieler Frédéric Lemaître bemüht sich beredt, aber vergebens, ihre Bekanntschaft zu machen. Sie hat ein Rendezvous mit Monsieur Lacenaire, einem

›Kinder des Olymp‹ – der Blinde (Gaston Modot), der Mime (Jean-Louis Barrault) …

als öffentlicher Schreiber getarnten Bösewicht, der für klare Verhältnisse ist. »Es ist wahr, daß ich niemand liebe, nicht einmal Sie, Garance! Und dennoch, mein Engel, sind Sie die einzige Frau, der ich mich jemals ohne Haß und Verachtung genähert habe.« Und: »Ein kleiner Dieb aus Not, ein Mörder aus Passion – mein Weg ist vorgezeichnet, ein gerader Weg. Ich gehe ihn erhobenen Hauptes! Bis es in den Korb rollt, selbstverständlich!« Beim Bummel über den Boulevard bleibt Garance vor einem Pantomimentheater stehen. Die Attraktion höchstpersönlich preist wie ein Jahrmarktschreier die bald beginnende Vorstellung an: »Entrez! Mesdames et messieurs! Entrez! Ein Franc auf dem Parkett, wenn Sie begütert sind, und vier Sous auf dem Olymp, wenn Sie arm sind oder sich gerade in wirtschaftlicher Verlegenheit befinden. Kommen Sie und sehen

169

Sie!« ... und zählt die weiteren Höhepunkte des Programms auf. Im Hintergrund sitzt, in der Maske des traurigen Mimen, Baptiste. »Wen Sie aber auf der Bühne nicht sehen werden – seien Sie beruhigt – das ist der da, denn der, der kann überhaupt nichts! Das ist ein Zurückgebliebener, ein Träumer, der träumt sogar, wenn er sitzt!« Eine Spottarie geht auf Baptiste nieder, sehr zur Belustigung der Umstehenden. Plötzlich vermißt einer der Passanten seine goldene Uhr. Garance wird des Diebstahls bezichtigt. Baptiste gibt vor, alles gesehen zu haben und beschreibt die Szene in einer hinreißenden Pantomime, für die er rauschenden Beifall bekommt, mit der er aber auch Garance aus einer prekären Situation rettet. Sie schenkt ihm eine Blume. Er empfindet plötzlich eine heftige romantische Zuneigung für sie, obwohl er bereits bei Nathalie, der Tochter des Theaterdirektors, im Wort ist.

Auch Frédéric Lemaître, ein Ausbund des verbalen Witzes, stößt zum Pantomimentheater »Funambules« und soll zusammen mit Baptiste auftreten. Sie befreunden sich und beziehen zwei Zimmer in derselben Pension. Frédéric verführt sogleich Hermine, die Besitzerin, während Baptiste einen Nachtspaziergang durch die Stadt macht und in einer verrufenen Kneipe einkehrt. Dort trifft er Lacenaire und Garance. Er fordert Garance zum Tanz auf, wird von Avril, Lacenaires Komplizen, hinausgeworfen. Baptiste kommt zurück, schlägt Avril nieder und verläßt mit Garance die Schenke. Zu schwärmerisch sind die Gefühle Baptistes. Er bringt Garance in seiner Pension unter, verläßt jedoch nach flüchtigem Kuß das Zimmer. Durch Zufall sieht Frédéric seine neue Nachbarin. Er läßt sich die Gelegenheit nicht entgehen.

Die drei arbeiten von nun an zusammen und treten erfolgreich in einer Pantomime auf. Baptiste leidet Qualen der Eifersucht; Frédéric muß sich trotz des schnellen Erfolgs bei Garance bald eingestehen, daß er nur sich selbst liebt; und Garance verhält sich Baptiste gegenüber, den sie heimlich liebt, reserviert, weil Nathalie sich immer stärker an den Mimen klammert. Da legt ihr Graf von Montray, der sie auf der Bühne gesehen hat, die Welt zu Füßen: »Ein einziges Wort, Mademoiselle, und Ihr Leben wird sich ändern! Wenn Sie wollen, werden sich schon morgen die schönsten und gefeiertsten Frauen von Paris die Lippen blutig beißen, nur wenn sie Ihren Namen hören. Sie werden die

auserlesensten Juwelen tragen, neben denen alle anderen wie
Kohle sein werden! Sie werden die schönsten Equipagen fahren ... Sagen Sie nicht nein!« Die Liebe zu Baptiste ist stärker.
Sie weist den Antrag des Grafen zurück, er hinterläßt jedoch
seine Visitenkarte, eine Art Schutzbrief für alle Fälle. Die kann
Garance bald gebrauchen: Eine Verkettung widriger Umstände
läßt sie in den Verdacht geraten, mit einem von Lacenaire ange-
zettelten Mordanschlag zu tun zu haben. Die Karte erspart ihr
weitere Verhöre und verhilft ihr unverzüglich zur Freiheit (?).
Ende des ersten Aktes!
»Einige Jahre später.« Baptiste und Frédéric sind hochangese-
hene Künstler geworden. Frédéric ist zur Sprechbühne zurück-
gekehrt und kann es sich erlauben, ernstgemeinte Schauerstük-
ke bornierter zeitgenössischer Autoren bei der Premiere durch
eigene Texte und Interpretationen zu Burlesken umzufunktio-

... und die kühle Schönheit (Arletty)

nieren. Baptiste ist ebenfalls sein eigener Herr geworden. Er inszeniert seine prächtig ausgestatteten Pantomimen selbst und ist besonders beliebt bei den kleinen Leuten hoch oben im »Olymp« des Theaters. Er ist mit Nathalie verheiratet und ist Vater eines kleinen Jungen.

Eines Abends kommt Frédéric ins Funambules, um seinem alten Freund Baptiste zu applaudieren. Er entdeckt Garance in einer Loge. Seit einiger Zeit schon sitzt sie jeden Abend hier, um die unglückliche Liebesgeschichte – ihre Liebesgeschichte, von Baptiste poetisch und bitter gestaltet – mitzuerleben. Frédéric verspürt, als er ihre sehnsüchtigen Blicke erkennt, zum ersten Mal Eifersucht. Doch dieses Gefühl beflügelt ihn: Er fühlt sich endlich stark genug, den »Othello« zu spielen. Garance' Rückkehr nach Paris, nach Heirat und ausgedehnten Reisen mit dem Grafen de Montray, zeigt auch bei den anderen Wirkung. Bap-

Pantomime als Mittel zur Verdrängung grenzenloser Enttäuschung – Jean-Louis Barrault in ›Kinder des Olymp‹

›Kinder des Olymp‹

tistes Liebe ist sofort von neuem heftig entbrannt, er flieht zu
Garance und verbringt mit ihr in der kleinen Pension die erste
Liebesnacht. Nathalie muß sich damit abfinden, mehr geachtet
als geliebt worden zu sein. Lacenaire fühlt sich vom Grafen beleidigt und ermordet ihn im Türkischen Bad, wartet aber, da er
meint, endlich ein Opfer gefunden zu haben, das seiner würdig
ist, auf das Eintreffen der Polizei. Am Morgen findet Nathalie
Garance und Baptiste in der Pension. Sie fleht Baptiste um ihres
gemeinsamen Jungens willen an, zurückzukommen. Garance
begreift die Aussichtslosigkeit ihrer Liebe und läuft auf den
Boulevard hinaus. Baptiste weigert sich, Nathalie weiter zuzu-
hören, er reißt sich los und eilt seiner romantischen Liebe nach.
Eine brodelnde Karnevalsmenge nimmt die beiden auf, läßt sie
auseinandertreiben. Sie verlieren sich aus den Augen. Der Vorhang schließt sich.

Keine große Geschichte und auch keine neue Geschichte! Parallelen zu Victor Hugos »Die Elenden« und Eugene Sues »Die Geheimnisse von Paris« sind, was den Zeitpunkt der Handlung, was die Genauigkeit des Sittengemäldes, des Welttheaters betrifft, nicht zu übersehen. Doch deutlich zeigt sich auch ein anderes Vorbild, das des altbekannten Trios der italienischen Komödie: Columbine, Pierrot, Harlekin oder Garance, Baptiste, Frédéric! Ein altes Thema ja, aber ein zeitloses, faszinierend dargebracht! Äußerst vielfältig sind die Themenkreise und Motive dieses Meisterwerks. Jeder Betrachter wird es auf andere Weise erleben. Technisch und stilistisch perfekt, jedes Bild eine Augenweide, von hoher poetischer und menschlicher Intensität, Kultiviertheit, Intelligenz, nicht eine Einstellung, auf die man verzichten möchte. Die Handlung spielt gleichzeitig auf der Bühne des Lebens und der des Theaters. Wenn sich der Vorhang erhebt, zeigt sich, daß Dasein und Spiel schicksalhaft miteinander und ineinander verwoben sind. Doch gerade die Gestalt des Baptiste symbolisiert den am Ende gescheiterten Versuch, den Unterschied zwischen dem Spiel auf der Bühne und dem Lebensspiel in der Wirklichkeit aufzuheben. Was bleibt, ist bestenfalls der Teilerfolg – im Leben oder auf der Bühne. Die Spannung des Films geht unmittelbar von den Hauptakteuren aus, aber auch von den Typen auf der Straße oder im Olymp, hinter den Kulissen und anderswo. Der Film lebt in Gesichtern, in Gesten; Stimmung und Atmosphäre sitzen; Darstellung, Dialoge, sogar die deutsche Synchronisation, die gesamte Szenerie bieten eine Fülle von filmischen Kostbarkeiten.

Noch in der Zeit der Besetzung Frankreichs durch die Nationalsozialisten, am 17.8.1943, begannen die Dreharbeiten zu *Kinder des Olymp.* Die Idee zu dem Film wurde Anfang 1942 geboren, als Jean-Louis Barrault Marcel Carné und Jacques Prévert eine Episode aus dem Leben des berühmten Pantomimen Jean-Baptiste Debureau erzählte, der im 19. Jahrhundert die Pariser als Pierrot im Pariser Theater »Les Funambules« am Boulevard du Crime begeisterte. Carné war begeistert und Prévert sah die Chance, ein entsprechendes Drehbuch so hinzubiegen, daß auch seine Lieblingsfigur, der Anarchist und Mörder Pierre-François Lacenaire, mit von der Partie sein würde. Es entstand ein Szenarium aus Dichtung und Wahrheit, dessen Verwirklichung dann immerhin 60 Millionen Francs kostete, eine für damalige Kriegsverhältnisse riesige Summe. Allein die zweihundert Meter lange Kulisse des »Boulevard du Crime« verschlang 5 Millionen Francs. 1800 Statisten wurden eingesetzt. Von der Vichy-Regierung mußte eine Sondergenehmigung eingeholt werden, weil die Länge, die ein Spielfilm haben durfte, um fast das Doppelte überschritten wurde. Mit der Uraufführung ließ man sich Zeit. Der Film kam erst nach Kriegsende in die Kinos, lief in einem Pariser Kino 54 Wochen und spielte dort allein schon 48 Millionen Francs wieder ein.

Ⓥ Atlas-Video

> »Wenn für Kong die richtige Werbung gemacht wird ...,
> dann soll mich der Teufel holen, wenn die Leute ihn für
> einen chinesischen General halten!«
>
> ROLF GIESEN, 50 Jahre nach den Dreharbeiten

> »King Kong, ein naher Verwandter von Tarzan,
> ist nicht nur der größte Affe, sondern auch der geilste!«
>
> MERIAN C. COOPER vor den Dreharbeiten

King Kong und die weiße Frau

(KING KONG). USA 1933. **P** RKO (Merian C. Cooper). **R** Merian C. Cooper/Ernest B. Schoedsack. **B** James Creelman/Ruth Rose. **St** Merian C. Cooper/Edgar Wallace. **K** Edward Linden/ Verne Walker/J. O. Taylor. **SpE** Willis H. O'Brien (Technische Leitung, Stop-Motion-Effekte)/Marcel Delgado (Stop-Motion-Puppen)/Fred Reefe (Konstruktion Kong-Büste)/Harry Redmond jr./Robert A. Mattey u. v. a. **M** Max Steiner. **D** Fay Wray (Ann Darrow), Robert Armstrong (Carl Denham), Bruce Cabot (John Driscoll), Frank Reicher (Capt. Englehorn), Sam Hardy (Charles Weston), Noble Johnson (Häuptling), James Flavin (Briggs), Victor Wong (Charley), Steve Clemento (Medizinmann), Paul Porcasi (Socrates), Russ Powell (Wächter), Vera Lewis, LeRoy Mason (Theaterbesucher), Roscoe Ates (Pressefotograf), Jim Thorpe (Tänzer), Reginald Barlow (Maschinist), Merian C. Cooper (Flight Commander), Ernest B. Schoedsack (Chief Observer). **SW** 96 Min.

King Kong ist für Filmexperten immer ein dankbares Thema, können sie sich doch nach Herzenslust darüber streiten, ob der Film nun dem Horror-, Fantasy- oder Science-Fiction-Genre zuzurechnen ist ob er politisch, soziologisch, rassistisch, philosophisch, psychologisch, logisch, amourös oder erotisch zu werten ist, oder ob es sich nur um einen frühen Pornofilm handelt. Gerade in jüngster Zeit sprechen viele Anzeichen für die letzte Auffassung (Beispiel 1: Kong schält Ann Darrow wie eine Banane! So hatten es sich jedenfalls die Ideenträger Cooper und

176

Größter Affe aller Zeiten – ›King Kong und die weiße Frau‹

Schoedsack vorgestellt, bis sie sich an Zensur und Jugendschutz erinnerten. – Beispiel 2: Kong besteigt das Empire State Building! Da dieses Bauwerk seinerseits als New York größtes Phallus-Symbol gilt, ist die Diskussion nach allen Seiten offen!). Thematisch aber steht *King Kong* in der Reihe der großen amerikanischen Expeditionsfilme: Der mutige, weiße, zivilisierte Mensch (sprich: Amerikaner) dringt in unerforschte, unheimliche, urweltliche, unzivilisierte Gebiete ein, die bestenfalls von dummen, infantilen Eingeborenen (sprich: Nigger) bevölkert sind, die sich nur mit Hilfe von Rumtata artikulieren können,

177

und deren Kleidungsstücke aus Lenden-Shorts und halben Kokosnüssen bestehen. Erforschungen fiktiver Welten dienen der Wissenschaft. *King Kong* ist daher einer der ersten großen Science Fiction-Filme, gespickt mit Perspektiven aller Art.

Filmregisseur Denham, Spezialist für Tier- und Urwaldfilme, chartert ein Schiff für eine Expeditionsreise in die Südsee. Reiseziel ist eine Insel, die von einem mächtigen Tier – King Kong genannt – beherrscht werden soll. Denham will das Untier auf Zelluloid bannen, koste es was es wolle. Nach langer Fahrt nähert sich das Schiff besagter Insel. Kapitän und erster Steuermann sowie ein Teil der Mannschaft begleiten Denham und Ann Darrow, die den weiblichen Part in dem Expeditionsfilm spielen soll, an Land. Die Insel wird durch eine hohe Mauer in zwei Teile geteilt. Auf der einen Seite, dem viel kleineren Teil, leben die Eingeborenen, die dem Herrscher des anderen Teils, King Kong, Menschenopfer darbringen. Die Insulaner halten Ann für geeignet, rauben sie und schleppen sie auf den Altar. Die weiße Zivilisation kommt zu spät, King Kong hat sein Opfer schon abgeholt. Beherzt nehmen die Männer um Denham und Driscoll, dem ersten Steuermann, die Verfolgung auf. Doch die Tücken des Urwalds sind groß. Stegosaurier und Brontosaurier dezimieren die Verfolger. Und dann der tiefe Abgrund, den der verbleibende Rest auf einem Baumstamm überqueren muß! King Kong schüttelt den Stamm und fast alle stürzen in die Tiefe. Denham kann sich retten, läuft ins Dorf zurück, will Hilfe holen; Driscoll kann sich in eine Höhle retten, später unbemerkt King Kong verfolgen. Der schlägt sich derweil mit seinem größten Feind, einem riesigen Tyrannosaurus, herum. Ein schrecklicher, sehenswerter Kampf!! Der Riesenaffe meistert seinen Gegner, indem er ihm den Kiefer auseinanderbricht. Seinen nächsten Gegner, eine Schlange, zerschmettert er an einer Felswand. Behutsam bringt Kong das Mädchen auf ein Plateau, das nach drei Seiten steil abfällt. Ein Flugsaurier greift an! Kein Problem für Kong. Doch der Kampf lenkt ab, Anns Retter Driscoll naht, sie zu befreien, was mit Hilfe einer Schlingpflanze und etwas Glück gelingt. Sie erreichen die Eingeborenensiedlung. Ein riesiger Balken wird vor die Türflügel der Mauer geschoben. Kong zerschmettert das massive Tor. Er zerstört die Siedlung, wird aber von Denham mittels Gasbombe unschädlich gemacht und mit starken Ketten gefesselt.

Kong wird nach New York gebracht, als »achtes Weltwunder« ausgestellt und vermarktet. Die Liebe zu Ann, die sich unter den Zuschauern befindet, und das Blitzlicht eines Pressefotografen tun ihr übriges: Kong sprengt die Ketten, greift sich das Mädchen und rast durch die Straßen, Schrecken und Panik verbreitend. Dann klettert er mit Ann auf die Kuppel des Empire State Building und setzt sich mit drohenden Gebärden gegen eine Armada heranstürmender Doppeldecker zur Wehr, die ihn abschießen wollen. Nachdem Kong mehrere der Angreifer zum Absturz gebracht hat, gelingt es einem Piloten, eine tödliche Geschoßsalve abzufeuern. Der Riesenaffe klammert sich zwar an einem Sims des Wolkenkratzers fest, doch dann stürzt er in die Tiefe. Ann Darrow ist nichts geschehen – Happy-End mit Driscoll.

Die Tricktechnik von *King Kong* ist selbst nach 50 Jahren noch

›King Kong und die weiße Frau‹

bemerkenswert. Schon seit 1931 arbeitete Meistertrickser Willis H. O'Brien an einem Projekt, zu dem allerlei prähistorische Monster entwickelt worden waren. Die Arbeit wurde verworfen und diente als Fundus für den *King Kong*-Film. Erst für einen Probefilm wurde eine 45 cm hohe Kong-Puppe angefertigt. Das Skelett wurde mit Gummimuskeln versehen, die sich spannen und strecken ließen. Dann wurde es mit Baumwolle umkleidet und in der Form des Tiers modelliert, anschließend mit zugeschnittenen Kaninchenfellen überzogen. Jeder Finger hatte einzelne Gelenke. Das Gesicht verfügte über einen beweglichen Mund, bewegliche Lippen, Nase, Augen und Augenbrauen. Kong sollte fünfeinhalb Meter groß sein. So kam man nicht umhin, für einige Sequenzen lebensgroße Teile des Affen zu bauen. Doch Cooper (die treibende Kraft des Unternehmens!) kam es gar nicht auf die Größe des Ungeheuers an, was dessen Uneinheitlichkeit in verschiedenen Szenen erklärt: »Ich wollte Kongs Größe fortwährend ändern, passend zu den jeweiligen Schauplätzen und Situationen. Er ist in fast jeder Einstellung unterschiedlich groß; manchmal ist er sechs Meter groß, manchmal 20 und manchmal noch größer. Natürlich brach das jede Regel …, aber ich vertraute darauf, daß das Publikum jede Größe akzeptieren würde, die der Szene gerecht würde, wenn man sie nur aufregend und schön genug gestaltete. Wenn Kong zum Beispiel auf dem Empire State Building nur sechs Meter groß gewesen wäre, hätte man ihn kaum wahrgenommen, er hätte wie ein kleines Insekt gewirkt; auch die Höhe der Bäume und ein Dutzend anderer Dinge habe ich dauernd manipuliert.«

So ungewöhnlich, wie Cooper Kong haben wollte, so wollte er auch den Dschungel haben: auf realistische Weise unwirklich. Der Dschungel sollte aussehen wie am ersten Schöpfungstag. So drang er darauf, daß O'Brien und seine Leute Gustave Dorés Radierungen zu Miltons *Paradise Lost* zum Vorbild nahmen. Himmel, Licht und Vegetation des Urwalds sind daher unverkennbar Doréscher Prägung. Den Höhepunkt der ersten Hälfte von *King Kong* bildet der Kampf zwischen Kong und einem Tyrannosaurus. An dieser Szene arbeiteten O'Brien und Cooper mehrere Wochen. Sie wurde zu einem klassischen Beispiel spannender Action-Regie und sieben Jahre später von Walt Disney in *Fantasia* nahezu Bild für Bild nachgestellt. Viele Trickverfahren wurden gleichzeitig verarbeitet. Nie wurde etwa

›Und du bleibst jetzt da sitzen, bis ich mit Godzilla abgerechnet habe‹

mit einem Mann im Gorilla-Kostüm gearbeitet. Alle Tricks waren »echt«. Es dauerte daher fast eineinhalb Jahre, bis der Film fertiggestellt war. Dann bekam Max Steiner den Auftrag, eine King-Kong-gemäße Musik zu schreiben. Zum ersten Mal in der Geschichte des Films unterlegte Steiner die Dialoge mit Musik, was die Wirkung außerordentlich steigerte. Hinzu kamen die Toneffekte. Kongs Gebrüll sollte bis zu 30 Sekunden anhalten. Ein »normaler« Gorilla kann allenfalls 10 Sekunden schaffen. So wurde das Gebrüll von Löwen und Tigern im Zoo bei der Fütterung aufgenommen, eine Oktave tiefer gelegt und gedehnt. Als dann der Film fertig war, kam es zu einer Testvorführung, die das Filmteam sehr zufriedenstellte. Bis auf eine Szene: Als Kong seine Verfolger von dem Baumstamm in die Schlucht

181

hinuntergeschüttelt, werden sie dort von glitschigen Insekten und Schlangen angefallen und auf höchst drastische Weise bei lebendigem Leib gefressen. Die Schreie auf der Leinwand gingen an dieser Stelle mit den Schreien des Publikums in dem vollbesetzten Theater Hand in Hand, und viele verließen den Saal. Drinnen vergingen Minuten, bis sich die Leute wieder beruhigten. »Die Szene machte den ganzen Film kaputt«, sagte Cooper, »deswegen schnitt ich sie persönlich am nächsten Tag im Studio heraus. O'Brien brach das Herz; er hielt sie für seine beste Arbeit, und das war sie auch, aber sie wirkte sich negativ auf den Film aus, also mußte sie heraus.«

King Kong wurde ein überragender finanzieller Erfolg auf Dauer und rettete die Produktionsfirma RKO vor dem sicheren Untergang. 1938 wurde der Film ein Opfer verschärfter Zensurbestimmungen. Die Szenen, in denen Menschen zertrampelt und gefressen werden, verschwanden. Kong durfte Fay Wray auch nicht mehr die Kleider vom Leib reißen. Die Schnitte veränderten den Grundton völlig, ließen Kong sanfter, weicher wirken, kappten die drastischen, alptraumhaften Seiten seiner oft übermütigen Brutalität. Diese entschärfte Fassung kam 1952 in die deutschen Kinos. Erst 1969 wurde das Material neu bearbeitet und lebt in ursprünglicher Form fort.

Laura

(LAURA). USA 1944. **P** 20th Century-Fox (Otto Preminger). **R**
Otto Preminger. **B** Jay Dratler/Samuel Hoffenstein/Betty Rein-
hardt. **K** Joseph La Shelle. **M** David Raksin. **D** Gene Tierney
(Laura Hunt), Dana Andrews (Mark McPherson), Clifton
Webb (Waldo Lydecker), Vincent Price (Shelby Carpenter),
Judith Anderson (Anne Treadwell), Dorothy Adams (Bessy
Clary), James Flavin (McAvity), Clyde Fillmore (Bullitt),
Ralph Dunn (Fred Callahan), Grant Mitchell (Corey), Kath-
leen Howard (Louise). **SW** 88 Min.

»Nie werde ich das Wochenende vergessen, an dem Laura starb.
Eine silbrige Sonne brannte vom Himmel wie durch ein riesiges
Vergrößerungsglas. Es war der heißeste Sonntag, an den ich
mich erinnern konnte. Mir war zumute, als sei ich das einzige
menschliche Wesen in New York, denn mit Lauras grauenvol-
lem Tod war ich allein. Ich, Waldo Lydecker, war der einzige,
der sie wirklich gekannt hatte, und ich hatte gerade begonnen,
Lauras Geschichte zu schreiben, als wieder einer dieser Kriminalbeamten gekommen war und mich sprechen wollte. Ich ließ
ihn warten. Durch die halboffene Tür konnte ich ihn beobachten. Ich bemerkte, daß er meiner Standuhr besondere Aufmerksamkeit schenkte. Es gab nur noch ein Exemplar dieser
Art und das stand in Lauras Wohnung, in dem Raum, in dem sie
ermordet wurde.« Mit diesem Off-Kommentar Waldo Lydeckers beginnt einer der berühmtesten, aber doch eigenstän-
digsten Filme der »Schwarzen Serie«. Die Kamera schweift über

das verschwenderische Inventar von Lydeckers »Zuhause«, eine typische Protzwohnung der New Yorker Penthouse Society. Lydecker ist, wie der Zuschauer noch erfahren wird, von Beruf Journalist (»Ich bin nicht nett, sondern bösartig – das Geheimnis meines Erfolgs!«), Star-Kolumnist (»Mitgefühl fällt einem leicht bei 50 Cent pro Wort.«) und ein widerlich egozentrischer Snob (»In meinem Fall ist Egozentrik absolut gerechtfertigt. Ich habe noch keinen Gegenstand entdeckt, der meiner Aufmerksamkeit würdiger wäre.«). Bevor der Zuschauer Lydecker kennenlernt, erfaßt die Kamera seinen Gegenpart, Mark McPherson, den Kriminalbeamten, der wie ein Fremdkörper in der großen Wohnung wirkt. McPherson ist mit der Aufklärung des Mordes an der bildschönen, blutjungen, äußerst erfolgreichen Werbeleiterin Laura Hunt beauftragt.

Ihre Leiche wurde an der Eingangstür ihrer Wohnung gefunden, ihr Gesicht von einer Schrotladung zerrissen und unkenntlich, von Täter und Waffe nicht die geringste Spur. McPherson, in seinem Beruf ein Draufgänger, verläßt sich – ähnlich wie Sam Spade und Philip Marlowe – eher auf seine Gefühle, ohne jedoch seinen Verstand zu vernachlässigen. Gleichsam hypnotisiert, verfolgt er die Verästelungen des Mordfalls – anfangs nur besessen davon, seine Aufgabe zu erfüllen, die Wahrheit ans Tageslicht zu bringen.

Der Detektiv sucht zuerst Lydecker auf, der als intimer Freund und Förderer der Ermordeten galt. Lydecker läßt ihn warten, empfängt ihn dann endlich – vor seiner Schreibmaschine in der Badewanne sitzend. Das Frage- und Antwort-Spiel wird zum verbalen Kampf zweier völlig unterschiedlicher Charaktere. Es wird deutlich, warum sich Lydecker schon im Vorfeld der Ermittlungen verdächtig gemacht hat:

LYDECKER: Haben Sie noch weitere Fragen?

McPHERSON: Nur noch eine! – Vor zwei Jahren begann ihre Kolumne vom 17. Oktober als Buchbesprechung, aber im letzten Absatz schwenkten Sie plötzlich über zum Harrington-Mordfall.

LYDECKER: Unterliegen die Hervorbringungen eines schöpferischen Geistes jetzt der Kontrolle der Polizei?

McPHERSON: Sie haben geschrieben, Harrington sei mit einer Ladung groben Schrots aus einer Flinte erledigt worden. So ist Laura Hunt vorgestern abend ermordet worden!

LYDECKER: Hab ich das geschrieben?
McPHERSON: Ja, aber in Wirklichkeit wurde er mit einem Gewicht erschlagen.
LYDECKER: Wie gewöhnlich! Meine Version war offensichtlich geistreicher. Ich belaste mich nie mit Einzelheiten!
McPHERSON: Aber ich!

McPherson erfährt, daß Lydecker am Freitag abend mit Laura zum Dinner verabredet gewesen sei, anschließend wollte sie die Stadt verlassen. Sie hätte aber um Punkt sieben Uhr angerufen und die Verabredung abgesagt. Seither habe Lydecker sie nicht mehr gesehen.

Die Befragung von Lauras reicher Tante Anne Treadwell und deren früherem Liebhaber Shelby Carpenter führt zu keinen wesentlichen Erkenntnissen. Auffallend ist nur, daß Carpenter, ein stets in Geldnöten steckender Tunichtgut mit zweifelhafter Vergangenheit, den Laura in der folgenden Woche heiraten wollte, sich nur über den Presserummel aufzuregen scheint.

McPherson durchsucht in Begleitung von Lydecker und Carpenter Lauras Wohnung. Sie stehen vor dem Gemälde, das Laura zeigt:

LYDECKER: Sehen Sie sie an!
McPHERSON: Nicht übel.
LYDECKER: Jacoby war verliebt, als er sie gemalt hat, aber ihre Ausstrahlung hat er nicht eingefangen, ihre Wärme.

Lydecker irrt. McPherson ist wie verzaubert. Er muß mehr über diese Frau erfahren. Lydecker erzählt ihm ihre Geschichte – freilich auf seine typische Art: Er habe ihr den Start ins Geschäftsleben erst ermöglicht. Ihrem Talent und ihrer Phantasie habe sie es zwar zu verdanken, daß sie in ihrem Beruf bis ganz nach oben kam und sich dort halten konnte, »aber sie vertraute meinem Geschmack und Urteil. Ich wählte eine attraktive Frisur für sie aus, ich lehrte sie, welche Kleider ihre Figur unterstrichen. Durch mich lernte sie alle kennen, die Berühmten und die Berüchtigten … Männer bewunderten sie, Frauen beneideten sie. Sie wurde ebenso bekannt wie Waldo Lydeckers Spazierstock und seine weiße Nelke.« Ihre Männerbekanntschaften verärgerten ihn zwar, ließen ihn jedoch nur bei dem Maler Jacoby eingreifen. Erst bei Shelby Carpenter habe Lydecker gespürt, daß »man diese Situation im Auge behalten mußte«. Er habe Laura über die windige Vergangenheit Carpenters aufge-

klärt, er habe den Beweis erbracht, daß Carpenter trotz Heirats-
versprechen ein aktuelles Verhältnis mit Diane Redfern, einem
Modell der Werbeagentur, unterhielt. Laura sei erschüttert gewesen. Eine letzte Verabredung mit Lydecker habe sie am Freitag abend kurzfristig telefonisch abgesagt. Sie habe allein sein
und in ihr Landhaus fahren wollen.
Immer wieder zieht es McPherson in Lauras Wohnung, zu Lauras Bild. Lydecker durchschaut ihn sofort: »Nehmen Sie sich in
acht, McPherson, sonst landen Sie noch in der Nervenklinik! Ich
weiß nicht, ob die schon mal einen Patienten hatten, der in eine
Leiche verliebt war.« McPherson liest Lauras Tagebücher, ihre
Aufzeichnungen und Briefe. Vergleichbar einem Puzzle, fügt er
Teilchen um Teilchen zu seinem eigenen Bild von Laura zusammen.
McPherson ist allein in Lauras Wohnung. Er sitzt in einem Ses-
sel am Kamin vor Lauras Bild. Wie in einer Traumsequenz steht
plötzlich Laura vor ihm – im Regenmantel. McPherson verschlägt es fast die Sprache. Als er seine Fassung wiedergefunden
hat, geht er in die Offensive. In einem wahren Amoklauf
drangsaliert er jeden Verdächtigen und Zeugen, bei Laura an-
gefangen (von der er zunächst enttäuscht wird: »Weiber müssen
einen immer reinlegen.«) bis zu Carpenter (»Ihre Methoden,
McPherson, sind gemein, man sollte sie gesetzlich verbieten.«),
der sich auch noch einen kräftigen Fausthieb in die Magenge-
gend gefallen lassen muß.
Der Sachverhalt ist schnell aufgeklärt: Laura ist tatsächlich in
ihr Landhaus gefahren, sie hat von dem Mord weder durch Zeitung noch Rundfunk erfahren. Carpenter hatte sich den Schlüssel zu Lauras Wohnung besorgt, um dort mit Diane Redfern die
Nacht zu verbringen. Es habe mehrfach geläutet, Diane habe
die Türe geöffnet und sei erschossen worden. Der Mörder sei
nicht zu erkennen gewesen. McPherson läßt Lydecker in Lauras
Wohnung rufen. Beim Anblick der Totgeglaubten geht Lydecker auf die Knie. »Fallsucht! Alte Familientradition!« versucht er sich herauszureden, hat aber dann nichts Eiligeres im
Sinn, als eine Wiedersehensparty einzuberufen. Auf dieser Party läßt McPherson die Bombe platzen. Er verhaftet – Laura. Sie
kann einige Unstimmigkeiten bei dem folgenden Verhör aufklä-
ren, so daß McPherson von ihrer Unschuld überzeugt ist.
McPherson verschafft sich Zugang zu Lydeckers Wohnung. Er

Shelby Carpenter spürt seinen Solarplexus – Clifton Webb, Gene Tierney,
Dana Andrews und Vincent Price in Otto Premingers ›Laura‹

untersucht die Standuhr, findet einen Hohlraum. Unterdessen
hält sich Lydecker bei Laura auf. Er muß endgültig erkennen,
daß er zwar das Kapitel Carpenter abhaken kann, daß ihm aber
in McPherson ein äußerst ernstzunehmender Nebenbuhler erwachsen ist. Als dieser eintrifft, weist Laura Lydecker die Tür.
Mit den Worten »Ich hoffe für dich, du mußt nie bereuen, was
eine widerlich irdische Beziehung zu werden verspricht« verläßt
er die Wohnung. McPherson untersucht die Standuhr, die Laura von Lydecker geschenkt bekommen hat. Er findet in ihrem
Hohlraum die Mordwaffe. Der Fall ist aufgeklärt.
Lydecker hält sich versteckt. Als er McPherson weggehen sieht,
dringt er in die Wohnung ein und bedroht Laura: »Der beste
Teil meiner selbst, ja das bist du! Glaubst du ernsthaft, den
überlaß' ich den ordinären Fingern eines zweitklassigen Polizi-

›Laura‹ – der Detektiv (Dana Andrews) und das totgeglaubte Objekt seiner Begierde (Gene Tierney)

sten, der glaubt, du seist eine Biene? ...« McPherson kehrt rechtzeitig zurück.

»Laura«, die Titelmelodie, der Ohrwurm, der zum Evergreen wurde, der heute noch auf keinem Schallplatten-Sampler mit Filmmusiken fehlen darf (»nicht gerade klassisch, aber hübsch!«), »Laura«, das Synonym für eine faszinierende, schöne, aber doch geheimnisvolle Frau! Zwei Männer, völlig gegensätzlich in Charakter und Status, Detektiv und Mörder, Held und Übeltäter, projizieren in Laura ihr eigenes Frauenbild, entwickeln ihren eigenen Kult. Hält dieses Bild der Realität nicht stand, so verwandelt sich ihr Gefühl in Haß und Verachtung. Als Lydecker erkennt, daß er sich in Laura getäuscht hat, daß Laura mit seinem Bild von Laura nicht übereinstimmt, will er die wirkliche Laura beseitigen, um sich sein eigenes Bild zu erhalten – daher auch am Anfang des Films seine offenkundige Unfähigkeit, zu trauern. McPherson verliebt sich in eine traumvisionäre Laura. Als sie real vor ihm steht und nicht unbedingt seinen Träumen entspricht, sich sogar seinen Anweisungen widersetzt, wird aus dem Opfer eine Verdächtige, die entsprechend »behandelt« werden muß.

Der Film wirkt durch seine Gegensätze. Auf der einen Seite Lydecker und die New Yorker Upper Class – der Geldadel und dessen Mitläufer –, ein Sammelsurium aus Integranten und Blendern, die ihre eigene Dekadenz nur durch ein aufwendiges Parfüm bekämpfen, aber nicht verbergen können. Auf der anderen Seite McPherson: Seine Methoden wirken direkt, sind brutal, doch geradlinig und letztlich sogar ehrlich.

Und Laura selbst? Sie bleibt im wesentlichen (oder besser gesagt: in ihrem Wesen) ziemlich blaß. Lydecker und McPherson sehen (zunächst jedenfalls) nur die äußere Erscheinung, das (Ab-)Bild. So geht auch Lauras verzweifeltes Bekenntnis zu sich selbst beinahe unter: »Ich lasse mich nicht zwingen, und ich werde nie etwas tun, was nicht mein eigener Wille ist.« Ein Bekenntnis, das für Hollywood und seine frauenfeindliche Filmproduktion geradezu eine Revolution darstellt.

Laura erhielt einen Oscar für die beste Kameraführung.

Mach's noch einmal, Sam

(PLAY IT AGAIN, SAM). USA 1971. **P** Paramount/Apjac/Rol-
lings/Joffe Productions (Arthur P. Jacobs). **R** Herbert Ross. **B**
Woody Allen. **V** Woody Allen (Theaterstück). **K** Owen Roiz-
man. **M** Billy Goldenberg/Oscar Peterson. **D** Woody Allen
(Allan Felix), Tony Roberts (Dick), Diane Keaton (Linda),
Susan Anspach (Nancy), Jennifer Salt (Sharon), Viva (Jenni-
fer), Jerry Lacey (Humphrey Bogart), Joy Bang (Julie). **F** 85
Min.

Allan Felix lebt in Frisco und schreibt Kritiken für ein Blättchen
namens »Film Weekly«. Deswegen muß er ziemlich oft ins Kino
gehen, wo wir ihn auch schon in der Anfangssequenz treffen:
andächtig den letzten Worten Humphrey Bogarts lauschend,
seinem heimlichen Idol, der Ingrid Bergman in der Schlußszene
von *Casablanca* verständlich macht, daß sie ihrem Gatten nach
Amerika folgen muß, wenn sie es eines fernen Tages nicht bitter
bereuen will. »Der Tag wird kommen.« – Felix kennt den alten
Kultfilm natürlich auswendig. Er hat sämtliche Dialoge drauf –
und wenn man ihn so andächtig und wissend lächelnd in seinem
Kinosessel sitzen sieht, versteht man voll und ganz, daß Burschen wie er im wirklichen Leben immer den kürzeren ziehen.
Casablanca hat's unserem Helden dermaßen angetan, daß man
sich schon gar nicht mehr wundert, daß Humphrey Bogart ihm
in seinen Tagträumen erscheint und stets mit einem guten Rat
zur Hand ist. Sharon, Felix' bessere Hälfte, gefällt der ver-
träumte Leinwandblick unseres Filmkritikers allerdings weniger: deswegen verläßt sie ihn, mit der Bemerkung, »es nicht persönlich zu nehmen«, denn sie will endlich mal *richtig* leben und
auf einem Motorrad durch Old Europe gurken.
Was also tut ein weltfremder Intellektueller, wenn seine Gattin

ihn hat sitzenlassen und zu allem Übel auch noch sein Psychiater in Urlaub ist? Na eben! Er sieht die Welt nur noch aus dem Blickwinkel des Fatalisten. Als Dick und Linda, seine besten Freunde, ihm helfen wollen, eine neue Partnerin zu finden, enden all seine diesbezüglichen Versuche in blankem Chaos: Felix macht ihre Anstrengungen aufgrund seiner Angst vor dem Ungewissen, seines tolpatschigen Verhaltens, seines mehr als schwachen Nervenkostüms und seines übereifrigen Bemühens, einen unheimlich starken Eindruck auf Frauen zu machen, kaputt. Kurz gesagt: Wann immer er mit einem weiblichen Wesen näheren Kontakt aufnimmt, spielt er den unersättlichen Weiberhelden, den Charmeur par excellence – und dreht voll durch. Er mimt die Rolle des lässigen Vogels dermaßen übertrieben, daß ihn sogar eine »unheilbare« Nymphomanin vor die Tür setzt. Felix, der Aufreißer, weiß nämlich (wie weiland Harpo Marx) im Ernstfall gar nicht, was er mit einem Mädel anfangen soll, wenn es erst einmal angebissen hat. Als er eine kleine Büromieze abgeschleppt hat, die unbedingt in eine Diskothek gehen will (an einen Ort, der – zugegeben – Intellektuellen nur namenloses Grauen einflößen kann), macht er den Vorschlag, lieber ins Kino zu gehen, weil da gerade »eine Stroheim-Retrospektive« läuft. Doch dann, eines Tages, als der Immobilienkaufmann Dick, der keinen Raum betritt, ohne seinem Büro mitzuteilen, unter welcher Nummer er gerade erreichbar ist, zu einer seiner zahlreichen Dienstreisen aufbricht, funkt es: Die liebe, gute, hübsche und vernachlässigte Linda, die für Felix' Probleme so viel Verständnis hat, verknallt sich in unseren Helden, und Felix bringt es (mit der Hilfe Humphrey Bogarts, der ihm allerlei sachdienliche Tips gibt) sogar fertig, sie zu verführen. Das hat natürlich Konsequenzen, und zwar schon am nächsten Tag, als Dick ihm gesteht, er habe Linda in letzter Zeit nicht nur vernachlässigt, sondern auch in Verdacht, sie habe etwas mit einem anderen. Der entsetzte Felix will alles wieder einrenken, macht aber in seiner panischen Dusseligkeit alles nur noch schlimmer. Als Dick – von Linda inzwischen in ihren Fehltritt eingeweiht – desillusioniert zum Flughafen zurückfährt, folgen Felix und Linda ihm auf getrennten Wegen. Auf dem völlig eingenebelten Rollfeld kommt es schließlich zu einer schicksalsträchtigen Dreierbegegnung, die (wie das Leben so spielt) wie die Schlußszene aus *Casablanca* endet: Felix macht Linda mit

›Mach's noch einmal, Sam‹ – Woody Allen als Filmkritiker zwischen Kino und Realität

Humphrey Bogarts Worten klar, was sie ohnehin schon weiß, nämlich daß sie ihrem Gatten folgen muß, wenn sie es nicht eines fernen Tages bitter bereuen will: »Der Tag wird kommen.« Und er gesteht ihr, daß er zwanzig Jahre darauf gewartet hat, diese historischen Worte endlich einmal aussprechen zu können. Zum letzten Mal erscheint ihm Humphrey Bogart, der ihm versichert, daß er von nun an auf eigenen Füßen stehen kann. Was Felix ihm dummerweise glaubt.

Im Gegensatz zu der weitverbreiteten Annahme, ein sitzengelassener Ehemann würde sich erst einmal des herrlichen Junggesellenlebens erfreuen und sich auf eine fröhliche Hasenjagd begeben, ist der Protagonist unserer Geschichte zunächst einmal beleidigt – was sogar so weit geht, daß er sich allen Ernstes fragt,

193

ob ihm seine Frau nicht auch noch ihre Orgasmen vorgetäuscht hat. Des weiteren würgt er sämtliche Versuche seiner wohlmeinenden Freunde, ihm eine Partnerin zu verschaffen, in geradezu masochistischer Manier ab, um bloß nicht in den Ruch zu kommen, »erfolglos« bei Frauen zu sein. *Play It Again, Sam* ist natürlich nicht in dem Sinne ein Kultfilm, als daß er eine »Bewegung« ähnlich jener hervorgerufen hätte, die sich um *The Rocky Horror Picture Show* rankt: Er handelt jedoch von einem Kultisten par excellence, von einem Menschen, der das Leben nur aus zweiter Hand kennt – aus dem Kino. Allan Felix, der aus seinem Hobby einen Beruf gemacht hat, lebt auch privat nach den Anweisungen eines unsichtbaren Drehbuches. Kommt er in eine Situation, von der er glaubt, er könne sie nicht meistern (und das ist so gut wie immer der Fall, es sei denn, er sitzt im Kino), kommt ihm der lässige Bogart zu Hilfe, der stets einen flotten Spruch parat hat. Aber so sehr Felix es sich auch wünscht, wie Bogart zu sein: Er kann das Kraftmeiertum seines Idols (»Weiber sind primitiv. Ich bin noch keiner begegnet, die 'ne kräftige Ohrfeige oder 'n Wink mit 'ner Wumme nicht kapiert hätte«) einfach nicht kopieren, so gern er es vielleicht auch täte: »Ich bin anders als du.« Dringt etwas in Felix' Innenwelt ein – etwa eine Frau –, plant er sich förmlich tot, demoliert vor Nervosität sein Badezimmer, verteilt in seiner Wohnung Blufferliteratur und -platten und gebärdet sich so »lässig«, daß das Chaos auf dem Fuße folgt. Als Freund ist er jedoch nett und liebenswert: Während der Jungmanager Dick sogar noch während des Wochenendurlaubs am Meer mit seinen Kollegen über Investitionsobjekte plauscht, geht er mit Linda am Strand spazieren und schenkt ihr zum Geburtstag ein Plastik-Stinktier. Und als wäre es damit noch nicht genug, erklärt er sein gutes Gedächtnis mit dem Spruch, er habe ihr Geburtsdatum deswegen nicht vergessen, weil man seiner Mutter am gleichen Tag die Gebärmutter herausgenommen hat. Denn gerade seine Natürlichkeit ist es, die Linda so anziehend findet, und Felix gebärdet sich in ihrer Gegenwart so »natürlich«, weil er in ihr kein Objekt der Eroberung sieht, sondern »nur« die Frau seines Freundes – einen weiteren Kumpel, dem man seine Niedergeschlagenheit, seinen Fatalismus offenbaren kann, ohne befürchten zu müssen, man würde sich blamieren. Daß er dennoch in einer anderen Welt lebt, zeigt sich freilich, als er »am Morgen danach« neben Linda unter einem überdimensionalen Bogart-Filmplakat erwacht, wo wir ganz nebenbei entdecken, daß es gelegentlich tatsächlich vorkommt, daß die deutsche Synchronisation eines Films zuweilen besser (weil passender) sein kann als das Originaldrehbuch. Es erwächst nämlich folgender Dialog:

LINDA: Woran hast du gedacht, während wir dabei waren?

FELIX: An Humphrey Bogart.

LINDA: Denkst du beim Lieben immer an Filmschauspieler, Allan?

FELIX: Das bringt mich auf Touren.

LINDA: Ach so, ich konnte mir gar nicht erklären, warum du immer ›Aufnahme!‹ gebrüllt hast.*)

Der Film strotzt nicht nur vor verbalen, sondern auch vor visuellen Gags: Umwerfend komisch ist die Szene, in denen Felix in euphorischer Stimmung umherstreift, allen möglichen Leuten auf die Schulter klopft und dabei einen ahnungslosen Zeitungsleser von einer Kaimauer in die Tiefe schubst (keine Frage: Ohne es auch nur zu bemerken!). Oder Felix' heldenhafter Versuch, einem Rat Bogarts zu folgen: »Alles renkt sich nach 'm kleinen Bourbon wieder ein!« Felix erstickt beinahe an einem Glas Fusel. Nicht zu unterschätzen sind auch die diversen kurzen Auftritte des berufsmäßigen Bogart-Imitators Jerry Lacey, den Woody Allen in einem TV-Werbespot entdeckte: Seine »Echtheit« gewinnt in der deutschen Fassung noch zusätzlich durch einen Sprecher, der mit dem vieler »echter« Bogart-Filme identisch zu sein scheint, und der Bogart-typische Sprüche wie »Nun mach aber mal halblang!« so lässig abspult wie der Bogart, den wir aus seinen eigenen Filmen kennen. Daß er Felix am Ende bestätigt, er entwickle allmählich »einen eigenen Stil«, ist nur eine logische Konsequenz seines eigenen Schattendaseins. Und Felix, stolz darauf, nun endlich er selbst zu sein, zieht daraufhin auch prompt den falschen Schluß: »Der Witz ist, daß ich ich selbst bin, und nicht du. Ich meine, du ... du bist nicht gerade

---

*) In der Originalfassung sagt Felix, er habe an (den Baseballspieler) Willie Mays gedacht, weil ihm dies helfe, »härter« zu werden. Daraufhin sagt Linda: »Ich hab mich schon gewundert, warum du die ganze Zeit ›Schlag zu!‹ gerufen hast.« – Ein Satz, der hierzulande ganz andere Assoziationen geweckt hätte, denn wer, um mal ganz offen zu fragen, ist schon Willie Mays?

Woody Allen und Diane Keaton in ›Mach's noch einmal, Sam‹

groß und keine Schönheit, aber … Verdammt nochmal, ich bin selbst klein und häßlich genug, um mich selbst durchzusetzen!« Sagt es und verschwindet im Nebel – lässig, die Hände in den Taschen, jeder Zoll ein Sieger. Und, um präzise zu sein, wie Humphrey Bogart in *Casablanca*.

»Was dieses Ende in Wahrheit bedeutet, begreift man erst, wenn man auch *Bananas* [Woody Allen, 1971] gesehen hat. Es sind Filme über die Unmöglichkeit, das Leben ›wirklich‹ zu leben und über die Unfähigkeit, im Zeitalter der totalen Massenmedien so etwas wie Individualität zu entwickeln. Woody Allen dreht Filme über das Leben aus ›zweiter Hand‹, über das Leben aus der Konserve … Woody Allen sehnt sich nach Selbstbefreiung: Nach Befreiung von den allmächtigen Einflüssen, die Film,

Fernsehen und Werbung auf seine Psyche, auf sein Verhalten und auf seine Wünsche ausüben … Kein Satz kommt aus seinem Mund, der nicht ein Klischee der Bewußtseinsindustrie ist, keine seiner Handlungen ist ohne einschlägiges Vorbild … und jede von ihm heraufbeschworene Situation ist die Imitation einer bereits geschehenen Situation. Allen zappelt in den Zwängen dieses Lebens-Aufgusses und ist außerstande, auch nur einen Funken Individualität zu formulieren. Er kämpft auf verlorenem Posten, denn auch die Versuche, sich zu befreien, sind genormte Versuche der Befreiung.« (Eckhart Schmidt in MEDIUM)

Ⓥ Importkassette

Die Marx-Brothers im Krieg

(DUCK SOUP). USA 1933. **P** Paramount (Herman J. Mankie-wicz). **R** Leo McCarey. **B** Bert Kalmar/Harry Ruby/Arthur Sheekman/Nat Perrin. **K** Henry Sharp. **M** Bert Kalmar/Harry Ruby. **D** Groucho Marx (Rufus T. Firefly), Harpo Marx (Pinky), Chico Marx (Chicolini), Zeppo Marx (Bob Rolland), Louis Calhern (Trentino), Verna Hillie (Sekretärin), Leonid Kinsky (Provokateur), Margaret Dumont (Mrs. Teasdale), Raquel Torres (Vera Marcal), Edgar Kennedy (Limonadenverkäufer), Edmund Breese (Zander). **SW** 65 Min.

Freedonia ist einer jener Zwergstaaten, die man gemeinhin nur aus Operetten kennt – und zudem ziemlich in den roten Zahlen. Nur die Millionen der verwitweten Mrs. Teasdale können das Land retten, aber die Dame will nur in die Börse greifen, wenn man den alten Schwerenöter Rufus T. Firefly zum Präsidenten ernennt. Firefly, so stellt sich bald heraus, ist jedoch weniger am Regieren als an Mrs. Teasdales Moneten interessiert: dem Volk verspricht er miese Zeiten, Steuererhöhungen und harte Strafen für das Erzählen obszöner Witze; außerdem besteht er darauf, daß er 50% sämtlicher Bestechungsgelder kassiert. Jungen Frauen indes garantiert er die freie Wahl zwischen dem Ehemann und dem Hausfreund. Im Parlament brüskiert er die Minister. Als einer der Herren empört und mit den Worten »Ich wasche meine Hände in Unschuld« den Abschied einreicht, ruft Firefly ihm hinterher: »Dann waschen Sie sich auch gleich den Hals!« – Botschafter Trentino von Sylvanien, der Freedonia gern annektieren möchte, versucht Firefly derweil auszuspitzeln und zu diskreditieren. Zudem macht er Mrs. Teasdale den Hof.

GROUCHO,
CHICO
UND
HARPO
MARX

DIE
MARX-
BROTHERS
IM KRIEG

im Verleih der CIC

Der Erzengel der Anarchie als Zwergstaatdirektor – Groucho Marx in
›Die Marx-Brothers im Krieg‹

Als er Firefly einen »Emporkömmling« schimpft, kriegt er eine
Ohrfeige. Ein Krieg scheint unabwendbar, doch Mrs. Teasdale
vermittelt. Als die beiden Politiker ihren Zwist beilegen wollen
und so tun, als könnten sie sich nicht mehr an das böse Wort
erinnern, das den Streit ausgelöst hat, denkt Trentino eine Sekunde zu lang nach. Als er es lachend ausspricht, bezieht er von
Firefly die nächste Ohrfeige. Und dann wird's ernst: Es *muß*
Krieg geben, denn Firefly hat das Schlachtfeld schon für vier
Wochen gemietet. Als Sylvaniens Truppen Freedonia einkes-
seln und Firefly mit seiner »Stradivari« (einer Maschinenpisto-
le) versehentlich die eigenen Truppen niedergemäht hat, be-
sticht er einen Augenzeugen seiner Tat mit fünf Dollar: »Behalten Sie's für sich.« – Natürlich trägt Freedonia in letzter Sekun-

de doch noch den Sieg davon: Trentino läuft Firefly und seinen Getreuen, die Mrs. Teasdales Villa beschützen, nichtsahnend in die Falle und wird mit einer Obstsalve beschossen. Jedoch nur so lange, bis Mrs. Teasdale im Siegesrausch die Nationalhymne Freedonias anstimmt, woraufhin die wackeren Verteidiger ihre Zielrichtung ändern und sie aufs Korn nehmen.

Eine Groteske? Keine Frage! Aber eine solche, die vortrefflich aufzeigt, welches Chaos ein paar Narren entfesseln können, wenn man sie in die höchsten politischen Positionen aufsteigen läßt. Wie in fast allen Marx Brothers-Filmen besteht auch dieser aus einer rasanten Abfolge haarsträubender, aberwitziger Szenen, die Groucho und seinen Spießgesellen die Chance geben, ihr gesamtes Arsenal an Irrwitz, Verdrehtheiten und Wortspielereien aufzufahren (und das ist sehr oft mehr, als selbst der genialste Synchronregisseur in die deutsche Sprache rüberbringen kann): Veralbert wird nicht nur die hohe Politik und ihre selbstgerechten Repräsentanten, sondern auch die »Kriegsbegeisterung« (hoffentlich) vergangener Zeiten. Als feststeht, daß Freedonia gegen Sylvanien in den Krieg zieht, singt das Parlament: »Wo auch die Kinder Gottes wohnen – alle haben sie Kanonen! – Und so zieh'n wir in den Krieg! Gloria, Hosianna, Sieg!« Als Firefly ins Amt eingeführt wird, gleitet er an einer Feuerwehrrutsche in den Ballsaal hinab, und als er erfährt, wie vermögend Mrs. Teasdale ist, sagt er spontan: »Wirklich? Ich liebe Sie!« Obwohl er sie ständig mit Liebesbeteuerungen verfolgt, läßt er keine Gelegenheit aus, sie zu pikieren:

FIREFLY: Und wo ist Ihr Gatte, wenn ich fragen darf?

TEASDALE: Zu früh für alle ging er dahin.

FIREFLY: Ich wette, das ist 'ne faule Ausrede von ihm.

TEASDALE: Nein, ich war bis zum letzten Atemzug bei ihm.

FIREFLY: Kein Wunder, daß er verschied.

TEASDALE: Ich hielt ihn sterbend im Arm und hauchte ihm einen Kuß auf die Lippen.

FIREFLY: Ich verstehe, Sie haben ihn ermordet. – Wollen Sie mich heiraten? Wieviel haben Sie? Diese Frage zuerst beantworten!

Zwei von Fireflys engsten Mitarbeitern – der kindlich-naive Pinky und der gerissen-naive Chicolini – spionieren zwar heimlich für Trentino, aber das hindert sie nicht daran, für die Armee Freedonias Freiwillige zu werben (»Join the Army and see the

Die berühmte Spiegelszene aus ›Die Marx-Brothers im Krieg‹ – ein Groucho kommt selten allein

Navy«), ihren Chef mit Mausefallen, Leimtöpfen und Scheren zu traktieren, zwischendurch mal eben zu desertieren und zurückzukehren, weil in der Armee Freedonias »das Essen besser ist«. Firefly läßt seinen Truppen per Funk Befehle mit der Anweisung »Gebühr zahlt Empfänger« zukommen. Und konzentriert man sich auf allzu viele der am Rande gemachten Sprüche, die an Absurdität alles schlagen, was ganze Humoristengenerationen seither im Film aufgefahren haben, gerät man in ernste Schwierigkeiten, dem Plot zu folgen.

ROLLAND: Admiral Smith hat bei der Landung mit widrigen Winden zu kämpfen.

FIREFLY: Dann soll er eben doppelkohlensaures Natron in lauwarmem Wasser nehmen.

TRENTINO: Das MG-Nest hier möchte ich sofort gesäubert haben!

CHICOLINI: Ich sag der Reinigung Bescheid.

201

*›Duck Soup‹ – Pinky (Harpo Marx) triezt den Limonadenverkäufer
(Edgar Kennedy)*

FIREFLY: Das Kriegsministerium funktioniert nicht. Übrigens,
meine Badewanne auch nicht.
Duck Soup bedeutet »kleine Fische/eine Lappalie«, und so
nimmt es auch nicht Wunder, daß Firefly, auf die Familienphi-
losophie vertrauend, die da lautet: »Meine Vorfahren waren
schon vor Kolumbus hier, als Opfer eines Schiffbruchs. Wir
Fireflys haben immer Schiffbruch erlitten«, als strahlender Sieger aus dem ganzen Schlamassel hervorgeht: Frechheit siegt.
Die semi-surrealistische Farce über den Krieg ist voll und ganz

auf die drei »Chef-Marxisten« zugeschnitten: Groucho mimt wie eh und je den gnadenlosen offenen, skrupellosen Raffzahn, Chico den zwar nicht auf den Mund gefallenen, aber mit der Sprache der Einheimischen zeitweise auf Kriegsfuß stehenden italienischen Einwanderer. Während Harpo, der überhaupt nie ein Wort redet, hauptsächlich als Berufschaot agiert: Mit zahlreichen Hupen, Mausefallen und Scheren bewaffnet, tänzelt er wie ein Faun durch die Dekoration, und wenn er nicht gerade einem Diplomaten die Frackschöße oder die Zigarre absäbelt, Limonadenverkäufer terrorisiert oder sich mit erstauntem Gesicht fragt, was die Welt überhaupt von ihm will, jagt er lüstern jeder hübschen Blondine hinterher – ohne freilich so recht zu wissen, was er mit ihr anfangen soll, wenn er sie einmal gefangen hat. In solchen Fällen entscheidet er sich nämlich dafür, sein Pferd mit ins Bett zu nehmen, während die eroberte Schöne auf dem Sofa nächtigt.

Man hat die Marx Brothers häufig für das »anarchistische« Element Hollywoods gehalten, was immer das bedeuten mag. Antiautoritär waren ihre Faxen und Sprachspielereien jedoch allemal, und die Respektlosigkeit, mit der sie in diesem Film ihren Schabernack mit der Obrigkeit treiben, zeigt auf wunderbare Weise die Einstellung des *amerikanischen* Anarchismus, der sich meist in der Einstellung manifestiert: »Politikern und ihrem Geschwätz trau' ich prinzipiell nicht.« So tritt denn auch Rufus T. Firefly weniger als per Zufall an die Macht katapultierter Depp auf denn als gerissener Lumpenhund, der nur an den eigenen Vorteil denkt und sich einen feuchten Kehricht um die Belange der Allgemeinheit schert: Die Reparatur seiner Badewanne ist ihm allemal wichtiger als die Arbeitszeit seiner Untertanen, die er genial zu »kürzen« weiß, indem er ihnen die Mittagspause streicht. Den Erdnußverkäufer Chicolini engagiert er sich von der Straße weg als Kriegsminister, um mit ihm »das Parlament abzuschrecken«, und dazu genügt ihm ein simpler »Intelligenztest«: »Es hat vier paar Pullover, lebt in Philadelphia, und wenn es regnet, schwimmt es weg.« Chicolini: »Gute Frage, dreimal dürfen Sie raten.« Firefly (nachdenklich): »Moment mal, es hat vier paar Pullover …«

>>Metropolis<< beeindruckte das deutsche Publikum,
die Amerikaner genossen seine technische Brillanz,
die Engländer dünkten sich erhaben, und die Franzosen
zeigten sich von einem Film, der ihnen wie eine
Mischung aus Wagner und Krupp und im Ganzen als
alarmierendes Zeichen deutscher Vitalität erschien,
beunruhigt.<<

SIEGFRIED KRACAUER

Metropolis

Deutschland 1927. **P** UFA (Erich Pommer). **R** Fritz Lang. **B**
Thea von Harbou. **K** Karl Freund/Günther Rittau. **Bauten** Otto
Hunte/Erich Kettelhut/Karl Vollbrecht. **SpE** Eugen Schüfften/
Ernst Kunstmann. **Metropolis-Roboter** Walter Schulze-Mitten-
dorf. **M** Gottfried Huppertz. **D** Alfred Abel (Johann Fredersen), Gustav Fröhlich (Freder Fredersen), Brigitte Helm (Ma-
ria/Roboter), Rudolf Klein-Rogge (Rotwang), Fritz Rasp (Der
Schmale), Heinrich George (Groth, Wächter der Herzmaschi-
ne), Theodor Loos (Josaphat/Joseph), Erwin Biswanger (Nr.
11811), Olaf Storm (Jan), Hanns Leo Reich (Marinus), Heinrich Gotho (Zeremonienmeister), Margarete Lanner (Dame im
Auto), Max Dietze, Georg John, Walter Kühle, Arthur Rein-
hard, Erwin Vater (Arbeiter), Grete Berger, Olly Böheim, Ellen Frey, Lisa Gray, Rose Lichtenstein, Helene Weigel (Arbei-
terinnen), Beatrice Garga, Anny Hintze, Margarete Lanner,
Helen von Münchhofen, Hilde Woitscheff (Die Frauen der ewigen Gärten), Fritz Alberti (Der schöpferische Mensch), Curt
Siodmak (Einer von rund 38000 Komparsen, darunter 1100
Kahlköpfe, 750 Kinder, 100 Neger, 25 Chinesen). **SW** 115 Min.

Es dürfte ein schwieriges Unterfangen sein, *Metropolis* als Kultfilm zu charakterisieren, obwohl solche Kunde aus den USA
herüberdringt. Kultisten erfreuen sich jedoch nicht immer nur
an Inhalten, was bei *Metropolis* wegen der unausgegorenen
Ideologie höchst bedenklich wäre, ihr Augenmerk gilt im be-

In den Lustgärten der Stadtherren – Margarete Lanner und Gustav Fröhlich in ›Metropolis‹

sonderen auch den Kultfiguren – Schauspielern wie Bogart oder Regisseuren wie Hitchcock und v. E. auch Fritz Lang – oder den Kultgegenständen eines Films – etwa phanstasievoll gestylten Raumschifften in SF-Filmen. Zu den Kultgegenständen aus *Metropolis* gehören zweifellos der Maschinenmensch, Vorbild vieler Filmroboter mit menschlichen Zügen (z. B. C3PO aus *Krieg der Sterne)*, und die berühmte Stadtschlucht, die Verkörperung der Zukunftsstadt schlechthin (wie jüngst auch *Der Blade Runner* bewies). Darüber hinaus bietet *Metropolis* grundlegendes Anschauungsmaterial über das Arrangieren von Massenszenen und Katastrophenfilmen. *Metropolis* besitzt daher eine Fülle von Kultelementen. Metropolis, die Zukunftsstadt im Jahre 2000; ein Häusergebirge, das bis in den Himmel hinein ragt! Ganz oben, im höchsten Raum des höchsten Hausturmes laufen die politischen und wirtschaftlichen Fäden des Staates zusammen, fest in der Hand von Johann Fredersen, dem absoluten Herrscher. Für ihn sind seine Untertanen keine Menschen, sondern bloße Ziffern, die man nach Belieben ausnutzen, ausbeuten kann. Doch sind nicht alle Untertanen gleich. Maßgeblich ist, ob man in der Unterstadt arbeitet (von Leben kann gar keine Rede sein) oder in der Oberstadt lebt. Um den kostbaren Boden der Riesenstadt nicht zu verschwenden, ist unterhalb von Metropolis die unterirdische Arbeiterstadt mit ihren Fabriken angelegt. Hier führen die Arbeiter ein Sklavendasein, schuften unter unvorstellbaren Bedingungen und werden von der Automation zu Rekordleistungen gezwungen. Betriebsunfälle sind an der Tagesordnung, die Opfer werden einfach ausgesondert. In dem überirdischen Häusergefüge, dem »Haus der Söhne«, führt die Oberschicht ihr feines, sorgenfreies Leben und gibt sich vorzugsweise dem Müßiggang, bestenfalls noch der Weiterbildung in Universitäten und Bibliotheken hin. In dieser heiteren, prachtvollen Oberwelt haben es die Söhne (= Stammhalter) der Reichen natürlich besonders gut, allen voran Freder, Johann Fredersen einziger Sohn. Dieser ist noch nie mit der Arbeiterklasse in Berührung gekommen. Um so größer der Schock, als er eines Tages per Zufall das Arbeitermädchen Maria sieht und sich sofort in sie verliebt.

Er folgt dem Mädchen in die Tiefen der Arbeiterslums. Rührung überfällt ihn, als er erkennen muß, unter welch grausamen Voraussetzungen der Reichtum für seine Klasse erwirtschaftet wird. Maria entpuppt sich als eine Arbeiterführerin besonderer Art: Sie predigt nicht den Aufstand gegen das herrschende System, sondern propagiert, daß der Mittler zwischen dem Hirn (dem Kapital) und der Hand (der Arbeiterschaft) das Herz sein müsse, eine These, die Freder beeindruckt. Aus den Niederungen zurück, stürmt er zu seinem Vater, um ihn zu bitten, das Los der Arbeiter zu verbessern, stößt jedoch auf strikte Ablehnung. Aus Liebe zu Maria begibt er sich erneut in die unterirdische Stadt, kommt einem ohnmächtig gewordenen Arbeiter zu Hilfe und nimmt (zunächst) dessen Stelle ein. Als Johann Fredersen bemerkt, daß es in der Unterstadt brodelt, sucht er den Beistand des Wissenschaftlers Rotwang. Der erklärt ihm, er habe einen künstlichen Menschen erschaffen, der befähigt sei, menschliche Arbeiter zu ersetzen. Das Werk stehe dicht vor seiner Vollendung. Rotwang hat jedoch noch eine alte Rechnung mit Fredersen zu begleichen, und so sinnt er auf Umsturz. Er versieht den Roboter mit den menschlichen Zügen Marias und läßt ihn in der Unterstadt Aufstand, Revolution und Zerstörung verkünden: »Tod den Maschinen!«

Die Folge ist verheerend, die Arbeiter zerstören die Maschinen, die Wasserreservoirs bersten, die Dämme stürzen ein, die Unterstadt versinkt in den Wassermassen. Da wenden sich die Arbeiter gegen die falsche Prophetin und verbrennen sie auf dem Scheiterhaufen; in den Flammen werden die Eisenteile des Roboters sichtbar. Die echte Maria rettet inzwischen mit Freders Hilfe die von den Fluten bedrohten Arbeiterkinder vor dem Ertrinken. Doch der inzwischen total wahnsinnige Rotwang sieht

›Metropolis‹ – die falsche Maria (Brigitte Helm) auf dem Scheiterhaufen

in ihr seine Jugendliebe und entführt sie aufs Dach der Kathedrale. Dort kommt es zum letzten Kampf mit Freder, wobei Rotwang den Halt verliert und in die Tiefe stürzt. Freder und Maria sind endgültig vereint. Freder wird zum Mittler zwischen Hirn und Hand. Johann Fredersen und der Arbeiterführer Groth reichen einander die Hände als Zeichen der Versöhnung zwischen Kapital und Arbeit. Metropolis, die Stadt der Zukunft, die Stadt des ewigen sozialen Friedens, die Stadt, die keine Feindschaft, keinen Haß und auch keine sozialen Ungerechtigkeiten kennt.

Fritz Langs *Metropolis* ist einer der berühmtesten, aber auch einer der umstrittensten Filme der Filmgeschichte, erhitzen sich die Gemüter doch regelmäßig an seiner formalen und vor allem ideologischen Problematik. Man hat dem Film »Verschleierung der sozialen Gegensätze, die ›Erlösung‹ des Proletariats durch den überlegenden, dem Klassenkampf entrückten Führerwillen« (Gregor/Patalas) vorgeworfen, sicher nicht zu Unrecht. »Ohne die direkte Verwandschaft zu präfaschistischen Vorstellungen leugnen zu wollen, erscheint die folgende Auslegung treffender: »Wo man den Kapitalismus nicht mehr und den Sozialismus noch nicht akzeptieren konnte, da ergab sich notgedrungen die Suche nach etwas ›dazwischen‹ oder ›darüber hinaus‹. Wer danach suchte, das Wagnis einer Revolution aber nicht eingehen wollte, der geriet automatisch in die Nähe des Faschismus, der gewaltsam vereinte, was nicht zu vereinen war, die Ausbeuter und die Ausgebeuteten.« (Georg Seeßlen) Derlei Absurditäten von Handlung und Ideologie gehen voll auf das Konto der Drehbuchautorin Thea von Harbou, Ehefrau von Fritz Lang (zu Drehzeiten des Films) und Vielschreiberin, die nach Siegfried Kracauer nicht nur anfällig für alle Strömungen der Zeit war, sondern alles wahllos herunterschrieb, was in ihrer Phantasie herumspukte. Die Kritik des großen englischen Science Fiction-Autors H. G. Wells unterstreicht das: »*(Metropolis)* verabreicht in ungewöhnlicher Konzentration nahezu jede überhaupt mögliche Dummheit, Klischee, Plattheit und Kuddelmuddel über technischen Fortschritt überhaupt, serviert mit einer Sauce von Sentimentalität, die in ihrer Art einzigartig

Ornament der Masse – Maria und Freder (Gustav Fröhlich) retten die Arbeiterkinder

ist. Ich glaube nicht, daß es möglich sein könnte, einen noch dümmeren zu machen. Das Schlimmste ist, daß dieser phantasielose, verworrene, sentimentale und dumm täuschende Film einige wirklich schöne Möglichkeiten verschwendet.« Thea von Harbou wurde später aufgrund ihrer diversen Drehbücher von den Nazis hofiert und als Aushängeschild präsentiert. Goebbels, ein ausgesprochener Fan von *Metropolis,* wollte Fritz Lang, obwohl Jude, als »Ehrenarier« zum Leiter der gesamten deutschen Filmindustrie machen. Noch am Tage, an dem Fritz Lang das Angebot von Goebbels persönlich angetragen wurde, verließ er Deutschland. Fritz Lang distanzierte sich später von *Metropolis,* bekam in seiner neuen Heimat USA in der McCarthy-Ära wegen marxistischer (!) Tendenzen Schwierigkeiten.

Trotzdem bleibt die Frage, warum Fritz Lang ein solches Buch der Unmenschlichkeiten so ohne weiteres akzeptieren konnte. Antwort darauf gibt bereits 1927 der Filmkritiker Paul Ickes in DIE FILMWOCHE: »Ihr Unglück, sehr geehrter Fritz Lang, ist es, daß ihnen die Idee nichts gilt, sondern nur das Bild. Sie kleben am Gemälde.« Und Jerzy Toeplitz bemerkt zutreffend in seiner GESCHICHTE DES FILMS: »In *Metropolis* ist für den Regisseur nur die plastische Form wichtig. Die Komposition des Bildes ist alles. Der Mensch spielt in diesem Film eine untergeordnete Rolle, er ist nur ein Element der ›menschlichen Architektur‹. Die Personengruppen ordnet Lang in geometrischen Formen an und bevorzugt dabei die Pyramidenform. Sogar dann, als in der Unterstadt eine Überschwemmung ausbricht und die Menschen zum Ausgang laufen, um sich zu retten, vergißt Lang nicht, die einzelnen Gruppen in ein harmonisches Muster zu bringen. Als die Masse die Hände hebt, tut sie das immer in einem bestimmten Rhythmus.« Gerade die gegliederte Ungeheuerlichkeit der Massenszenen, der Panik- und Angstszenen ist in dieser Intensität (zum Glück?!) nie wieder erreicht worden.

In der Entwicklungsgeschichte des Films nimmt *Metropolis* wegen seiner Architektur, seiner Ausstattung und seiner revolutionierenden Tricktechnik einen hervorragenden Platz ein. Zum ersten Mal wurde das sog. Schüfftan-Verfahren eingesetzt. Dabei lassen sich modellierte oder gezeichnete Abbilder als Hintergrundkulisse über einen Spiegel mit Rückseitenversilberung, der in einem exakten Winkel von 45 Grad zur optischen Achse der Kamera aufgestellt ist, in eine Studioaufnahme einspiegeln.

Spätexpressionistischer Klassiker oder modernes Cyndi Lauper-Video? –
›Metropolis‹ von Fritz Lang

Im Vordergrund können dann die Schauspieler agieren, so daß
nur ein einziger Aufnahmegang notwendig ist.
Metropolis dürfte trotz der *Unendlichen Geschichte* immer noch
der teuerste deutsche Film sein, berücksichtigt man den Wäh-
rungsausgleich (Kosten 5 Mill. RM). Leider existiert der Film

211

nicht mehr in seiner Gesamtlänge. Die betrug zur Uraufführung 4189 Meter, was eine Vorführdauer von über dreieinhalb Stunden ausmachte. Schon ein halbes Jahr später wurde der Film auf 3421 Meter gekürzt. Willkürliche Schnitte aller möglichen Stellen – bis hin zu einzelnen Theaterbesitzern – verstümmelten den Film auf 2442 Meter. Selbst die durch die Zusammenarbeit verschiedener Institutionen rekonstruierte heutige Fassung bleibt mit 2945 Metern ein Fragment.

Eine andere, z. T. erheblich erweiterte Fassung bietet zur Zeit Giorgio Moroder an, gegenwärtig wohl der bekannteste Filmkomponist Hollywoods, der im übrigen auch die Weltrechte an dem Film besitzt. Er besorgte sich vor drei Jahren die Premierenpartitur der Filmmusik. Über den Takten waren die entsprechenden Szenenbeschreibungen zu lesen, ein komplettes Kompendium aller Sequenzen. Dann setzte er sich mit Archivaren, Sammlern und anderen Filmfreaks zusammen, stöberte eine Acht-Millimeter-Kopie mit amerikanischen Untertiteln auf und stieß in Los Angeles auf eine alte Silber-Kopie. Weitere Filmstücke lieferte ein australischer Sammler. So stand ihm zuletzt die kompletteste Fassung zur Verfügung, die es seit über fünfzig Jahren zu sehen gab. Dann bastelte er sich jedoch den Film auf seine Weise zurecht: Er »tintete« – die Untertagewelt blau, die Welt der Nichtsnutze gelb, Freders Phantasien und Visionen rot. Dem farbigen Stummfilm wurde ein Soundtrack unterlegt, der es in sich hat: Synthesizer-Rock mit hämmernden Rhythmen, Comic-Effekten (»Wwhusch!«), Straßenlärm, Maschinenstampfen und elektronischen Chorgesängen. Die Songs dieser ersten Stummfilm-Rockoper röhren Freddie Mercury von »Queen«, Bonnie Tyler, Pat Benatar und Adam Ant. Vielleicht macht Moroders Fassung den Stummfilm-Klassiker ja tatsächlich noch zum absoluten Kultfilm!

Ⓥ Atlas Video

Die Nacht der lebenden Toten

(NIGHT OF THE LIVING DEAD). USA 1969. **P** Image Ten (Russell Streiner/Karl Hardman). **R** George A. Romero. **B** John A. Russo. **St** George A. Romero. **K** George A. Romero. **SpE** Regis Survinski/Tony Pantanello. **M** N.N. **D** Judith O'Dea (Barbara), Russell Streiner (Johnny), Duane Jones (Ben), Karl Hardman (Harry Cooper), Keith Wayne (Tom), Judith Ridley (Judy), Marilyn Eastman (Helen Cooper), Kyra Schon (Karen). **SW** 93 Min.

Die Geschwister Barbara und Johnny besuchen in einer ländlichen Gegend von Pennsylvania das Grab ihres Vaters. Auf dem Friedhof treffen sie einen merkwürdigen Fremden, der sie unverhofft angreift und Johnny, der kurz vorher noch Witze gerissen hat, tötet. Barbara ergreift panikerfüllt die Flucht, versteckt sich in einem offenbar verlassenen Bauernhaus und stößt dort auf eine übel zugerichtete Leiche. Der Mann vom Friedhof ist ihr (mit mehreren anderen gespenstisch anmutenden Gestalten) gefolgt: Die Meute wirkt mehr tot als lebendig, sie bietet einen wahrhaft grausigen Anblick. Der farbige Vertreter Ben wird zwar ebenfalls von ihnen angefallen, kann sich aber in das gleiche Haus retten, in dem auch Barbara Zuflucht gefunden hat. Sie verrammeln Türen und Fenster und stellen fest, daß sie doch nicht allein sind: Im Keller hat sich das Liebespaar Judy und Tom versteckt. Bei ihnen sind auch Harry und Helen Cooper, deren Tochter Karen von einem der menschlichen Ungeheuer gebissen wurde. Harry besteht darauf, daß sich alle in den Keller zurückziehen, aber Ben glaubt, daß sie dort verloren sind, wenn die blutgierige Meute das Haus stürmt. TV-Meldungen besagen, daß im ganzen Land die Toten aus ihren Gräbern stei-

213

gen, um sich vom Fleisch der Lebenden zu ernähren. Grund ist die Rückkehr einer Raumsonde, die außerirdische Sporen mitgebracht und versehentlich freigesetzt hat. Man kann die »Untoten« nur mit einem Kopfschuß töten; wer von ihnen gebissen wird, muß sterben, um dann einer der ihren zu werden. Wissenschaftler raten der entsetzten Bevölkerung, keine Gnade walten zu lassen. Als Ben und Tom Benzin heranschaffen wollen, um einen Ausbruchsversuch zu wagen, kommt es zu einer Explosion – Tom und Judy kommen um. Harry, der nicht anerkennen will, daß ein Farbiger die Führung übernimmt, gerät mit Ben aneinander und stirbt ebenfalls. Die kleine Karen ist inzwischen gestorben. Sie kehrt als Untote zurück und tötet ihre Mutter. Als die lebenden Toten das Haus stürmen, befindet sich auch Johnny unter ihnen, der seine eigene Schwester anfällt. Ben überlebt als einziger – ausgerechnet an jenem Ort, den er für eine Todesfalle gehalten hat: im Keller. Als er am nächsten Tag auf ein »Rettungskommando« stößt, das die wandelnden Leichname kalt und maschinell mit Kopfschüssen außer Gefecht setzt, hält man auch ihn für einen Untoten. Ein gezielter Schuß setzt seinem Leben ein Ende. Die Körper der Untoten gehen in Flammen auf.

Was für Pauline Kael der »zweifellos beste Film, der je in Pittsburgh gedreht wurde« ist, war ursprünglich kaum mehr als ein Freizeitprojekt diverser Werbefilmer. Einer von ihnen – George A. Romero – hatte Richard Mathesons Roman ICH, DER LETZTE MENSCH (dt. 1963) gelesen und sich über die mißlungene Verfilmung dieses Stoffes *(Ultimo uomo della terra* **R** Ubaldo Ragona, 1964) geärgert. Romero und neun seiner Kollegen warfen 6000 $ zusammen, baten zwei arbeitslose Schauspieler und diverse Laien, »für ein Abendessen« vor die Kamera zu treten und starteten ihr Projekt, während sie noch am Drehbuch arbeiteten, zu nachtschlafender Zeit. Neun Monate später (die reine Drehzeit belief sich auf 30 Tage), war *Die Nacht der lebenden Toten* im Kasten: Glücklicherweise hatte man während der Dreharbeiten noch ein paar Investoren gefunden (darunter auch einen Metzgermeister, der die »Untoten« mit einem Lkw voller blutiger Knochen und Innereien eindeckte). Inzwischen hat der Film nicht nur über 20 Millionen $ Kasse gemacht (bei einem Einsatz von 114.000), sondern existiert auch in 25 Sprachfassungen, ist ein internationaler Videohit, und wurde

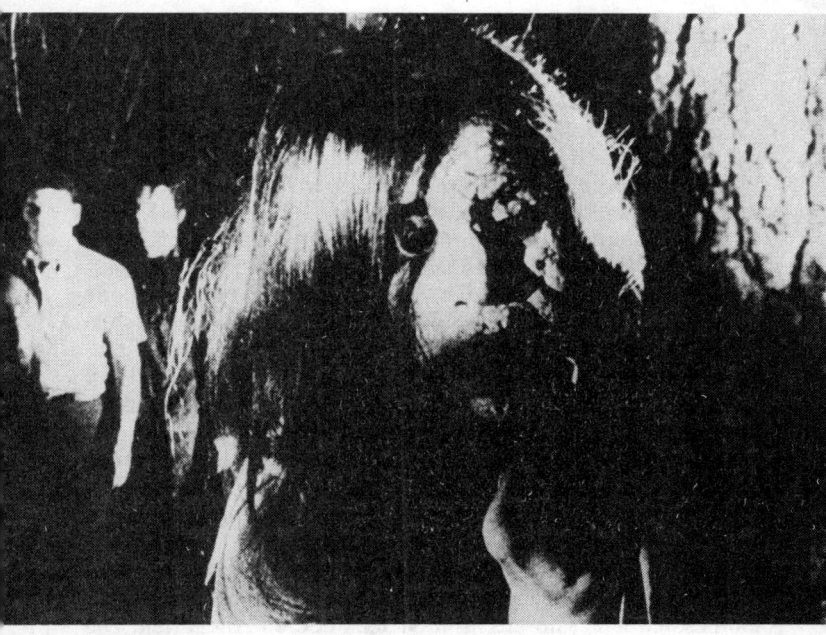

Njam, njam, njam – ›Die Nacht der lebenden Toten‹

der Sammlung des Museum of Modern Art in New York einver-
leibt.

Wie konnte ein Film, der ursprünglich nur in Kleinstadt-Auto-
kinos und den »Knochenmühlen« der Red Light Districts zur
Vorführung gelangt war, zu einem Kultklassiker werden? Während VARIETY den Streifen für »in erster Linie amateurhaft«
und »schlecht ausgeleuchtet« hielt, Drehbuch und Dialoge als
»banal« bezeichnete, über die Hauptdarsteller nichts Freund-
licheres zu sagen wußte, als daß sie möglicherweise gerade genug Talent aufbrächten, »um Nebenrollen an Provinzbühnen«
zu spielen – und sich im übrigen darüber ausließ, ein zukünftiges
Gesetz gegen Ekelfilme müsse sich wohl an diesem Produkt
messen, ging der FILMBEOBACHTER direkt mit der blanken Axt
zu Werke: Hier gehe es, so fand man, lediglich um einen »primitiven, billigen Horrorfilm, ohne irgendwelchen materiellen

oder künstlerischen Aufwand«, der Film sei nur auf »schieren Schock und Grusel« aus: »unappetitlich und brutal«. Die meisten Kritikerstimmen sahen zu dieser Zeit nicht anders aus. Aber irgendwann entdeckte man in *Die Nacht der lebenden Toten* einige politische Implikationen, die den Durchschnittshorrorgucker verunsicherten:

a) ist »die Hauptfigur ein Schwarzer ... der ... als einziger einen klaren Kopf behält« (Nikolaus Marggraf, FR, 20.8.1978),

b) sei den Befreiern »eine Sprache zu eigen, die sehr an KZ-Bewacher erinnert« (Mg., FILMDIENST),

c) weise der Film »eine äußerst deprimierende, beängstigende Weltschau« und eine Bedrohung durch einen »zynischen Machtapparat« auf, der sich als »wahrer Bösewicht ... entpuppt« (der FILMBEOBACHTER in einer späteren Rezension).

Bald setzte sich die Ansicht durch, Romero habe vielleicht doch mehr im Sinn gehabt, als nur ein paar »schnelle Mäuse« (VARIETY) zu machen, eine Meinung, die Romero nicht in Abrede stellt. In einem Interview mit dem britischen Mgazin FANTASY MEDIA führte er 1980 aus: »Ich glaube, daß der Film damals – in den späten sechziger und frühen siebziger Jahren – eine niedergedrückte, wütende Qualität ausstrahlte. Er hatte ein paar soziopolitische Untertöne und nahm irgendwie Partei; vielleicht kam es deutlicher heraus als in vielen anderen Allegorien. Die Situation in diesem Bauernhaus war offenbar eine Anspielung ... sie war ein Mikrokosmos dessen, was sich in der Gesellschaft abspielte. Ich glaube, dies hat dem Film seinen Schub gegeben.«

Man erinnere sich: 1968 war sicher das gewalttätigste Jahr der amerikanischen Geschichte. Der Vietnamkrieg strebte dem Höhepunkt entgegen, Rassenkämpfe beherrschten das Bild. Romero glaubt, all dies sei unbewußt in *Die Nacht der lebenden Toten* miteingeflossen, das ganze Unbehagen an der damaligen gesellschaftlichen Situation habe sich irgendwie unterschwellig in seinem Film entladen. Es spricht etwas dafür: Sein Film *ist* ein ungewöhnliches Horrorerlebnis, nicht nur in der Brutalität mancher Szenen. Drehbuchautor Russo hingegen weist dergleichen allerdings weit von sich: »Ich glaube«, erklärte er dem britischen Magazin STARBURST, »der Film war nicht mehr als ein Versuch, Geld zu machen.«

Ⓥ IMV-Video

»Mir stand für diese Szene ein hinreißender
künstlicher Oberkörper zur Verfügung, aus dem Blut
spritzte, wenn man hineinstach, aber ich habe
ihn nicht gebraucht.«

ALFRED HITCHCOCK

Psycho

(PSYCHO). USA 1960. **P** Shamley (Alfred Hitchcock). **R** Alfred
Hitchcock. **B** Joseph Stefano. **LV** Robert Bloch. **K** John L. Russell. **M** Bernard Herrmann. **D** Janet Leigh (Marion Crane), Anthony Perkins (Norman Bates), Vera Miles (Lila Crane), John
Gavin (Sam Loomis), Martin Balsam (Milton Arbogast), John
McIntire (Sheriff), Simon Oakland (Dr. Richmond), Frank Al-
bertson, Patricia Hitchcock. **SW** 110 Min.

»Hitchcocks Leichen sind die besten!« lautet ein geflügeltes
Wort aus (leider) vergangenen Zeiten, als sich ein kleiner dicker
Mann mit fast kahlem Kopf, wissendem Schmollmund und
leicht durchhängenden Posaunistenwangen bereits zu einer internationalen Institution gemausert hatte. Auf dem Höhepunkt
seiner Popularität – in den fünfziger und sechziger Jahren – lieferte er seinem Publikum jährlich mindestens einen abendfül-
lenen Spielfilm aus dem Reich des Haarsträubenden. Immer
wieder wartete sein Publikum darauf, ihn in seinem persönlichen Kleinauftritt zu erkennen: mal auf dem Marktplatz in Mar-
rakesch; mal auf der Straße vor einer Reederei, dann mit einem
Kontrabaß; mit zwei Hündchen; gar mit einem Baby auf dem
Schoß; in einem Rollstuhl; einmal nur auf dem Foto von einem
Klassentreffen. Hitchcock pflegte seine Auftritte. So auch als
Moderator seiner TV-Serien (die z. T. auch bei uns im Fernsehen liefen), in denen er »Hitchcock«-gemäße Horror- und Kri-
miunterhaltung (nur bei rund 20 der über 350 meist halbstündi-
gen Episoden führte er selbst Regie) in die gute Stube brachte:
Ohne sichtbaren Gefühlsausdruck gab er makaber-ironische
Einführungen in fremde Welten, in denen Mord eine Routine-
angelegenheit ist und Verrat als Freizeitsport betrieben wird.

Hitchcocks Konterfei schmückte (und schmückt noch heute) eine Vielzahl von Buchserien, seine Gegenwart reichte in alle Medien der Unterhaltung und Kommunikation hinein. Sein Name wurde zum Markenzeichen und ließ den Konsumenten bei seiner Nennung schon vor Spannung schaurig-schön nervös werden.

Hitchcock machte sich zum wirkungsvollen Bestandteil seiner eigenen Filmsprache. Die beiden anderen Zutaten seiner Schöpfungen waren *Suspense* und *MacGuffin,* deren Anwendung er vorbildlich beherrschte. *Suspense* heißt wörtlich übersetzt *Ungewißheit, Spannung, Unsicherheit.* Anhand eines trefflichen Beispiels hat Hitchcock einst erklärt, worauf es ihm persönlich dabei ankommt: »Wir reden miteinander, vielleicht ist eine Bombe unter dem Tisch ... nichts besonderes passiert, und plötzlich, bumm, eine Explosion. Das Publikum ist überrascht, aber die Szene davor war ganz gewöhnlich, ganz uninteressant. Schauen wir uns jetzt den *Suspense* an. Die Bombe ist unter dem Tisch, und das Publikum weiß es. Nehmen wir an, weil es gesehen hat, wie der Anarchist sie dahingelegt hat. Das Publikum weiß, daß die Bombe um ein Uhr explodieren wird, und jetzt ist es 12 Uhr 55 – man sieht eine Uhr. Dieselbe unverfängliche Unterhaltung wird plötzlich interessant, weil das Publikum an der Szene teilnimmt. Es möchte den Leuten auf der Leinwand zurufen: Reden Sie nicht über so banale Dinge, unter dem Tisch ist eine Bombe, und gleich wird sie explodieren! Im ersten Fall hat das Publikum fünfzehn Sekunden Überraschung beim Explodieren der Bombe. Im zweiten Fall bieten wir fünf Minuten *Suspense.*« Der andere Begriff – *MacGuffin* – findet sich in keinem Wörterbuch, ist vielmehr ein Kunstwort, das Hitchcock selbst zugeschrieben wird. *MacGuffin* bedeutet soviel wie ein *Vorwand, der eine Geschichte auslöst.* Dieser Vorwand (der psychologischer, aber auch gegenständlicher Natur sein kann) muß für die handelnde(n) Person(en) des Films ungeheuer wichtig sein, aber gänzlich unbedeutend für denjenigen, der die Geschichte erzählt. Ein bestimmter Gegenstand etwa, hinter dem alle her sind, ist ein *MacGuffin,* z. B. der Falke in *Der Malteser Falke.* Die Suche nach der Bedeutung des Wortes »Rosebud« in *Citizen Kane* ist in neueren Kritiken als *MacGuffin*-ähnlich bezeichnet worden. Das Rätsel um das Wort löst konkrete Recherchen aus, bringt die eigentliche Spielfilmhandlung erst in

›Psycho‹ – der Diebin (Janet Leigh) schwant Böses

Gang, doch muß der Journalist, der die Nachforschungen vorantreibt, am Schluß des Films erkennen, daß das Wort »Rosebud« nur ein kleines Mosaiksteinchen unter vielen anderen sein kann. Hitchcock selbst lieferte die markantesten *MacGuffin*-Beispiele, das einleuchtendste gelang ihm in *Psycho!*

Phoenix/Arizona, Freitag, elfter Dezember, vierzehn Uhr dreiundvierzig. Die Mittagspause der Sekretärin Marion Crane ist fast zu Ende. Sie hat sie in einem schäbigen Hotelzimmer mit ihrem Freund Sam Loomis verbracht. Die Stimmung zwischen ihnen ist ziemlich gespannt. Marion ist solche Verabredungen endgültig leid und sehnt sich nach der Ehe: »Ach, Sam, es ist das letzte Mal gewesen ... Ich mag dieser Verlogenheiten nicht mehr, diese Heimlichtuereien ...« Wieder muß sie sich das alte Lied anhören: Sein Geld reiche nicht, die Unterhaltskosten für

219

seine erste Frau, dazu ererbte Schulden und ein Leben zu zweit zu bezahlen; ja, in vier oder fünf Jahren! Sie zieht sich an, mahnt ihn, sein Flugzeug, das ihn nach Hause, nach Fairvale/Kalifornien, bringen soll, nicht zu versäumen und verläßt das Zimmer; die Zukunft bleibt unbestimmt.

Marion arbeitet in einem Maklerbüro. Ihr Chef, George Lowery, kommt gerade mit einem barzahlungswilligen Kunden namens Tom Cassidy vom Essen zurück. Cassidy besteht darauf, für ein Haus, das er kaufen will, sofort 40.000 Dollar in bar zu bezahlen, obwohl die notariellen Formalitäten wegen des bevorstehenden Wochenendes auf die nächste Woche verschoben werden müssen. Lowery bittet Marion, das Geld über das Wochenende in einem Bankschließfach zu deponieren. Sie faßt die Gelegenheit beim Schopfe, täuscht Kopfschmerzen vor und bittet ihren Chef, nach Hause gehen zu dürfen, sobald sie das Geld zur Bank gebracht hätte. Sie begibt sich sofort nach Hause, packt ihre Sachen und will mit dem unterschlagenen Geld nach Fairvale fliehen. Noch in der Stadt, als sie mit ihrem Wagen an einer Ampel warten muß, fällt sie ihrem Chef auf. Die Blicke treffen sich, er stutzt leicht.

Sie fährt den ganzen Nachmittag, den Abend bis in die tiefe Nacht, ehe sie am Straßenrand irgendwo anhält, um sofort einzuschlafen.

Von einem Streifenpolizisten geweckt und erschreckt, macht sie sich durch ihr konfuses Verhalten verdächtig. Er fährt hinter ihr her, sieht, wie sie im nächsten Ort den Wagen wechselt (die Mehrkosten des neuen bezahlt sie mit einem Teil des unterschlagenen Geldes), doch läßt er sie unbehelligt weiterfahren.

Sie gerät in ein Unwetter, verliert die Orientierung, sieht die Leuchtschrift eines Motels und beschließt, dort zu übernachten; wie sich später herausstellt, nur wenige Meilen vor ihrem Zielort Fairvale. Ein etwas gehemmt wirkender junger Mann kommt aus der riesigen Villa, die auf einer kleinen Anhöhe hinter den Unterkünften liegt. Sein Verhalten ist durchaus freundlich. Nachdem sich Marion unter falschem Namen in das Gästebuch eingetragen hat, lädt Norman Bates, so der Name des jungen Mannes, seinen einzigen Gast sogar zum Abendessen in die Villa ein. Er zeigt ihr zuvor jedoch ihr Zimmer: »… und hier ist … eh … hier ist … Sie wissen ja!« – »Das Badezimmer!« – »Ja … jaja …« Bates verläßt das Zimmer, sie will sich für das

Abendessen fertigmachen. Da hört sie durch das offene Fenster von der Villa her eine krächzende, bösartige Frauenstimme: »Nein! Das verbiet' ich dir! Verstanden? Wie denkst du dir das, junge Mädchen in mein Haus zu bringen, zum Essen, vielleicht noch bei Kerzenlicht oder bei roter Beleuchtung? Hat sie dich wieder verrückt gemacht ...« Bates verteidigt sich, die Stimme schimpft unaufhörlich. Bates: »Mutter, sei still! Sei endlich still!!«

Später entschuldigt sich Norman Bates bei Marion. Seine Mutter sei psychisch krank. Er schlägt vor, in dem Zimmer hinter dem Empfangsbüro zu essen. Dort erzählt er ihr, daß er schon sehr lange für seine kranke Mutter sorgen müsse. Sie unterhalten sich angeregt über sein merkwürdiges Hobby – das Ausstopfen von Tieren –, über das Eingesperrtsein bei Tieren und im besonderen bei Menschen, über Fehler, die nur unter großen Mühen wieder gutzumachen sind. Das Gespräch zeigt Wirkung: Marion will das Geld zurückgeben!

Sie verabschiedet sich, um auf ihr Zimmer zu gehen und verläßt den Raum. Norman nimmt ein Bild von der Wand. Durch ein kleines Loch kann er seinen Gast beobachten. Dann geht er zur Villa.

Wenig später steht Marion unter der Dusche. Jäh wie aus dem Boden gewachsen reißt eine nur umrißhaft zu erkennende Frauenfigur den Duschvorhang zur Seite und sticht mehrmals mit einem langen Messer zu. Unter dem Wasserstrahl sinkt Marion tot zusammen. Norman Bates stürzt aus der Villa: »Mutter! Mein Gott, Blut! Mutter, wie kommt das Blut hierher! Mutter!!« Er erreicht den Tatort. Nur mit Mühe reißt er sich zusammen, beseitigt mit großer Akribie die Spuren der Bluttat. Er verstaut die Leiche und alle Hinweise (auch die Zeitung, in der das Geld versteckt ist) in dem Wagen der Ermordeten und versenkt den Wagen in einem Sumpf nahe beim Hotel. Nervosität und Entsetzen weichen der Erleichterung, als der Wagen endgültig versinkt.

Eine Woche später machen sich Marions Schwester Lila und Sam Loomis auf, die Vermißte zu suchen. Arbogast, ein vom Maklerbüro beauftragter Detektiv, gesellt sich dazu und unterbreitet ihnen den Plan, alle Hotels und Pensionen der Gegend nach einer Spur von Marion abzusuchen. Die Routinearbeit scheint erfolgreich. In Bates' Motel findet Arbogast einen jungen Mann, der seine Fragen nur stockend beantwortet und sich in Widersprüche verstrickt. Auch das alte Haus hinter dem Motel erweckt Arbogasts Aufmerksamkeit. Von einer Telefonzelle aus benachrichtigt er Lila und Loomis, dann kehrt er zum Motel zurück, um sich die Villa einmal näher anzusehen. Er betritt das Treppenhaus, steigt die Treppe langsam nach oben. Im ersten Stock fällt die Frau über ihn her, sticht zu. Arbogast fällt rückwärts die Treppe hinunter.

Als der verabredete Anruf ausbleibt, verständigen Lila und Loomis den Sheriff. Sheriff Chambers ist sehr skeptisch. Die ganze Geschichte könne nicht stimmen, die Mutter von Norman Bates sei schon seit über zehn Jahren tot. Trotzdem ruft er bei Bates an. Der versichert ihm, einen Mann namens Arbogast nie gesehen zu haben. Der Anruf ist für Bates Anlaß genug, seine Mutter aus dem Zimmer im ersten Stock in den Keller der Villa zu verfrachten, wo sie ihm vor neugierigen Augen sicher erscheint. Nachdem sich Sheriff Chambers am nächsten Tag ein weiteres Mal geweigert hat, etwas zu unternehmen, gehen Lila und Loomis auf eigene Faust vor. Sie mieten sich – als Ehepaar getarnt – in Bates' Motel ein, durchsuchen es, finden Beweise. Loomis verwickelt Bates in ein Gespräch, um ihn abzulenken: »Sie wohnen allein hier?« – »Hmja.« – »Da würd' ich verrückt!« – »Glauben Sie wirklich, daß es so einfach ist, verrückt zu werden?« – »Das sagt man so ...«

Lila betritt die Villa. Sie will die Mutter zur Rede stellen. Bates, von Loomis verbal in die Enge getrieben, schlägt diesen nieder und rennt zur Villa. Lila flieht in den Keller. Dort sitzt, mit dem Rücken zu ihr, die alte Frau. Lila spricht sie an. Ein Schock fährt ihr in die Glieder, ein Schrei erschüttert das Haus. Vor ihr sitzt der ausgestopfte Körper einer toten Frau! Hinter ihr stürzt Norman Bates in Frauenkleidern herein und greift Lila mit dem Messer an. Sam Loomis kann ihn in letzter Sekunde überwältigen.

Im Gerichtsgebäude von Fairvale: Der Psychiater Dr. Richmond erklärt Norman Bates' Schizophrenie, die nach dem Tod des Vaters einsetzte. Die Mutter hatte rücksichtslos von dem Jungen Besitz ergriffen, bis ein Mann auftauchte und ihr Geliebter wurde, den Jungen verdrängte. Norman fühlte sich von der Mutter verlassen und in seiner krankhaften Eifersucht brachte er seine Mutter und ihren Geliebten um. Den Muttermord ver-

Alles für die liebe Mutti – Norman Bates (Anthony Perkins) hat Leiche samt Auto im Sumpf versenkt

suchte er auszuradieren, zumindest in seinem Hirn. Er stahl die Leiche und präparierte sie, so gut es ging. Sein zweites Ich übernahm die Rolle der Mutter, die bildlich ja noch in der Villa war. Schließlich spielte er beide Rollen. Immer, wenn eine Frau eine starke Anziehung auf Normans Ich ausübte, rebellierte die mütterliche Seite … Norman Bates sitzt in einer Zelle des Gebäudes. Die Mutter-Hälfte hat gänzlich von ihm Besitz ergriffen: »Es ist bitter, wenn eine Mutter ihren eigenen Sohn verdammen muß, aber ich kann nicht zulassen, daß sie mich beschuldigen, eine … eine Mörderin zu sein …«

Ein Kran zieht Marions Auto aus dem Sumpf. (Und die 40.000 Dollar? Die sind nur der *MacGuffin* und haben mit dem Mordfall nichts zu tun!!!)

Geld spielte bei den Dreharbeiten zu *Psycho* eine besondere Rolle, aber nicht im herkömmlichen Sinne. Denn Hitchcock hatte es sich in den Kopf gesetzt, auf viel Geld zu verzichten. Da er den Film selbst produzierte, wollte er das Budget so niedrig wie möglich halten. Er kam tatsächlich mit 800.000 Dollar aus und bei den riesigen Einspielergebnissen, die der Film brachte, ist das »Preis-/Leistungsverhältnis« eines der günstigsten der Filmgeschichte. Hitchcocks Biograph John Russell Taylor berichtet: »Bei den Dreharbeiten hielt sich Hitch aufs genaueste an seinen Plan, den Film so rasch und so billig wie möglich zu machen … (Er) drehte ihn, fast unter den gleichen Bedingungen wie seine Fernsehshows, im Universal-Studio mit seinem Fernsehteam.

… Das berühmte *Psycho*-Haus, heute der Stolz aller Touristenführer auf dem Universal-Gelände, stand als Dauerdekoration bereits fix und fertig da, nur der einstöckige Flügel mit den Hotelzimmern mußte davor gebaut werden … Was die Darsteller anging, so konnten sie Anthony Perkins für eine sehr niedrige Gage bekommen, weil er der Paramount aufgrund eines alten Vertrages noch einen Film schuldete – andernfalls wäre er ihnen viel zu teuer gewesen. Vera Miles stand sowieso bei Hitch unter Vertrag, und die meisten anderen Rollen verlangten nur wenige Drehtage. Für die Rolle der Marion suchte Hitch einen möglichst großen Star, damit ihr Tod in der Mitte des Films einen möglichst großen Schock auslöst, und nahm schließlich Janet Leigh als bestmöglichen Kompromiß zwischen dem Wünschenswerten und dem Erschwinglichen.« Für Janet Leigh bedeutete diese Rolle und natürlich die berühmte Duschszene die größte Herausforderung in ihrer Karriere: »Er schickte mir das Buch, bevor ich zustimmte, die Rolle zu übernehmen, und er versicherte mir, die kleine und nicht sehr interessante Rolle der Marion Crane werde noch verbessert und sympathischer gestaltet werden. Und das geschah. Als wir den Film erst halb abgedreht hatten, wußten bereits alle Beteiligten, daß wir einen guten Film machen würden, aber niemand hatte eine Ahnung, daß er Geschichte machen sollte ... Die Planung der Dusch-Sequenz war Saul Bass überlassen worden, und Hitchcock folgte seinem Storyboard sehr präzise. Deswegen lief alles sehr professionell und schnell ab, obwohl wir fast eine Woche an dieser Sequenz arbeiteten. Und es war natürlich recht erschöpfend, eine Woche unter der Dusche zu stehen und völlig durchnäßt zu werden.« Saul Bass, Grafiker und technischer Mitarbeiter Hitchcocks, der auch den Vorspann zu *Psycho* gestaltete, wollte die Szene völlig ohne Blut und sichtbare Gewalttätigkeit drehen, doch nahm Hitchcock, animiert durch die äußerst schrille Szenen-Musik Bernard Herrmanns, zwei wichtige Veränderungen vor: die schnelle Einstellung auf das Messer, wie es in den Unterleib der Frau eindringt (übrigens eine rückwärts gefilmte

›Psycho‹ von Alfred Hitchcock

225

Zeitrafferaufnahme) und die Einstellung, in der Blut und Wasser in den Abfluß laufen. Ansonsten blieb diese Szene mit immerhin siebzig Kamerapositionen in fünfundvierzig Sekunden für heutige Verhältnisse geradezu klinisch sauber. Der künstliche Oberkörper mit dem Blutspritzeffekt wurde nicht gebraucht, Janet Leigh bei wenigen Aufnahmen von einem nackten Modell gedoubelt. Hitchcock berichtet: »Von Janet sieht man nur die Hände, die Schultern und den Kopf. Alles übrige ist mit dem Modell. Selbstverständlich berührt das Messer nie den Körper, das ist alles beim Schnitt gemacht worden. Man sieht nie einen Körperteil der Frau, den zu zeigen als indezent gilt. Bestimmte Szenen haben wir in Zeitlupe gefilmt, um zu verhindern, daß die Brüste ins Bild kamen. Die Zeitlupeneinstellungen haben wir hinterher nicht beschleunigt. Wie sie in die Einstellungsfolge eingebaut sind, machen sie den Eindruck von normaler Geschwindigkeit ... Es ist die gewalttätigste Szene des Films. Hinterher gibt es, je weiter der Film fortschreitet, immer weniger Gewalt, denn die Erinnerung an diesen ersten Mord reicht aus, um die späteren Suspense-Momente furchterregend zu machen.«

Wie üblich mußte Hitchcocks Drehbuchautor Joseph Stefano das Drehbuch, bevor noch die erste Klappe fiel, dem Production Code, der damaligen amerikanischen Filmselbstkontrolle vorlegen. Aber es waren nicht etwa die zu erwartenden »nackten Tatsachen« oder die Brutalitäten der Dusch-Szene, an denen die hohen Herren Anstoß nahmen, sie erhoben vielmehr Einwände gegen die Szene, in welcher Marion Notizen zerreißt, in die Toilette wirft und hinunterspült. Sie meinten, allein schon der Anblick einer Toilette sei anstößig. Stefano schlug sich vor dem Ausschuß, wie John Russell Taylor mitteilt, grandios: »Schließlich *wollten* Hitch und er (Stefano) ja mit dieser Szene Anstoß erregen. Sie hatten sich ausgerechnet, daß – so harmlos die Idee als solche auch sein mochte – die Großaufnahme einer Klosettschüssel, in der etwas hinuntergespült wird, bei der herrschenden Toiletten-Neurose mindestens neunzig Prozent der amerikanischen Zuschauer völlig aus dem Gleichgewicht bringen würde – womit sie das Publikum dann genau da hätten, wo sie es haben wollten.« Die Szene wurde zugelassen!

Ⓥ CIC Taurus

>>Ja, ich bin eben ein anpassungsfähiger Mensch.
Ich kann hinkommen, wo ich will, ich finde gleich
Kontakt.<<
– >>Dann werden wir uns ja verstehen.<< –
>>Wie die Kontakte an Sprengkörpern.<<

RALPH MEEKER und PAUL STEWART

Rattennest

(KISS ME DEADLY). USA 1955. **P** Parklane Productions für United Artists (Victor Saville). **R** Robert Aldrich. **B** A. I. Bezzerides. **LV** Mickey Spillane. **K** Ernest Laszlo. **M** Frank DeVol. **D** Ralph Meeker (Mike Hammer), Maxene Cooper (Velda), Wesley Addy (Pat), Nick Dennis (Nick), Paul Stewart (Carl Evello), Gaby Rodgers (Lily Carver/Gabrielle), Cloris Leachman (Christina), Jack Lambert (Suger Smallhouse), Jack Elam (Charlie Max), Marian Carr (Freitag), Jerry Zinnemann (Sammy), Percy Helton (Dr. Kennedy), Fortunio Bonanova (Carmen Trivago), Leigh Snowden (Girl am Pool), James Seay, Robert Cornthwaite (FBI-Männer), James McCallian, Jesslyn Fax (Wirtsehepaar), Silvio Minciotti (Träger), Strother Martin (Lkw-Fahrer), Art Loggins (Barmann), Bob Sherman (Tankwart), Keith McConnell (Empfangschef), Paul Richards (Killer), Maria McAfee (Krankenschwester), Madi Comfort (Sängerin), Albert Dekker (Dr. Soberlin). **SW** 104 Min.

Mike Hammer, ein hartgesottener Privatdetektiv aus Los Angeles, liest eines Nachts, als er mit seinem Jaguar über eine Landstraße braust, eine barfüßige, unter ihrem Mantel nackte Anhalterin namens Christina auf. Sie ist aus einer Nervenklinik geflohen, in der man sie augenscheinlich hat verschwinden lassen, damit sie irgend etwas Hochwichtiges nicht ausplaudert. Hammer schleust sie durch eine Verkehrskontrolle und hat sein Späßchen dabei. Christina bittet den zynischen Privatdetektiv, er möge sie nicht vergessen, falls ihr etwas zustoße. Dies geschieht kurz darauf. Hammers Wagen wird von der Straße gedrängt, als er halbwegs wieder zu sich kommt, sieht er mit an, wie anonyme Gestalten Christina foltern und umbringen. Hammer und Christina werden in den Jaguar gesetzt und rollen in einen Abgrund. Aber Hammer überlebt. Als das FBI ihn ausquetschen will, schweigt er, denn er ist jetzt persönlich an diesem Fall interessiert: Er hat inzwischen verstanden, daß es hier um mehr als einen gewöhnlichen Mord geht. Mit Hilfe seiner in ihn verliebten Sekretärin Velda kommt er mit Ray Diker in Kontakt, einem ehemaligen wissenschaftlichen Redakteur, der sich versteckt hält, da er Christina und ihr Geheimnis kennt und ihm nun irgendwelche geheimnisvollen Gangster auf den Fersen sind. Doch Diker schweigt sich auch Hammer gegenüber aus. Er gibt ihm jedoch die Adressen zweier Männer, die mit Christina in Kontakt standen: einer davon war Ingenieur. Beide sind tot, offiziell als Opfer von Unfällen verschieden. Hammer schnüffelt im Bekanntenkreis der Toten herum. Nach dem Einsatz einiger handfester Gemeinheiten tun sich ihm immer weitere Spuren auf, und er lernt schließlich auch Lily Carver kennen, eine am Rande der Hysterie lebende junge Frau, die mit Christina eine Wohnung geteilt hat und sich nun vor irgendwelchen Gangstern versteckt. Sie schildert die Tote als eigenbrötlerische Person, die öfters Besuch von der Polizei erhalten habe. Die Anonymlinge versuchen, Hammer mittels einer Bombe aus dem Weg zu schaffen – erfolglos. Schließlich kommt er auf die Spur des Großgangsters Carl Evello, dessen Leibwächter Sugar und Charlie offenbar für den Tod des Ingenieurs verantwortlich sind. Evello schenkt Hammer reinen Wein ein und versucht, ihn zu kaufen, aber Hammer brüskiert ihn mit seinem arroganten Gehabe und macht ihn sich dadurch zum Todfeind. Evellos Bande bringt Hammers Freund Nick um, einen Automechaniker. Man entführt sogar seine Sekretärin Velda und lauert ihm in seinem Büro auf, als er gerade einen entscheidenden Hinweis erhalten hat. Sugar und Charlie bringen Hammer in ein Haus am Strand, wo ein gewisser Dr. Soberlin ihm eine »Wahrheitsdroge« injiziert. Hammer redet im Schlaf wie ein Buch, aber da er nichts weiß, kann er auch nichts ausplaudern. Er kann sich schließlich befreien, den Gangstern eins auswischen und entkommen. Ein Schlüssel, den Christina verschluckt hat (und der bei der Obduktion ihrer Leiche gefunden wurde), bringt Hammer zu einem Sportclub, wo er in einem Spind auf einen myste-

›Rattennest‹ von Robert Aldrich

riösen, in Leder eingepackten Kasten stößt: Dessen Inhalt
strahlt jedoch so heiß, daß er sich das Handgelenk verbrennt.
Von seinem Freund Pat, einem FBI-Agenten, erfährt Hammer
endlich, hinter was er herjagt: einem hochgefährlichen Element, das beim Bau der ersten amerikanischen Atombombe
verwendet wird. Die Arbeit am »Manhattan-Projekt« hat offenbar bereits vor geraumer Zeit einen Wissenschaftler (Christinas
Bekannten) an seinem Handeln zweifeln lassen, und dem Anschein nach hat er nicht nur einige Freunde ins Vertrauen gezogen, sondern auch eine Probe des Elements entwendet. Nun
sind ausländische Agenten hinter dem gefährlichen Stoff her,
der Tod und Verderben über die Menschheit bringen kann. Als
der völlig entsetzte Hammer dem FBI den Schlüssel überläßt, ist
es schon zu spät: Die Agenten haben sich bereits in den Besitz

229

der Beute gebracht, und Dr. Soberlin, ihr Kopf, bereitet seine Flucht vor. Hammer dringt in das Strandhaus des Arztes ein, kurz nachdem die vermeintliche Lily Carver (tatsächlich ist sie nur ein Spitzel der Bande, die die echte Carver umgebracht hat) Soberlin in einem Anfall von Habgier niedergeschossen hat: Sie weiß nicht im geringsten, was der Kasten birgt – außer, daß sein Inhalt unermeßlich wertvoll sein muß. Sie schießt auch Hammer nieder, der die entführte Velda in Soberlins Haus vermutet, aber als sie den Kasten öffnet, wird sie in einen strahlendweißen Feuerblitz getaucht, der sie bei lebendigem Leibe in Flammen aufgehen läßt. Hammer rappelt sich auf, befreit Velda und taumelt mit ihr an den Strand – dem Meer entgegen. Hinter den beiden vergeht das Haus in einem knisternden, unheimlich anmutenden und ungeheure Helligkeit verbreitenden Flammenmeer – wie bei einer Atombombenexplosion.

Daß die deutsche Version von *Rattennest* teilweise keinen oder nur einen schwer entschlüsselbaren Sinn ergibt, hat sicher nicht nur an den Schnitten gelegen, die man dem Film hat angedeihen lassen (1956 vermeldete der FILMDIENST beinahe zufrieden: »In der Originalfassung soll die gemeine Mordgesinnung dieses Films unerträglich gewesen sein. Unsere [UNSERE?] Selbstkontrolle hat die scheußlichsten Szenen entfernt …«), sondern auch an der Kompliziertheit der Geschichte, die Drehbuchautor Bezzarides aus Mickey Spillanes wirklich abscheulicher Romanvorlage gemacht hat. Robert Aldrich, der frank und frei zugibt »Wir haben nur den Titel übernommen und das Buch weggeworfen« und Mike Hammer, den Helden zahlreicher Spillane-Texte, »für einen Antidemokraten, einen Faschisten« hält, hat es nämlich leider vermieden, gewisse Bezüge herzustellen, die es dem Betrachter erlauben, das »unübersichtliche Durcheinander von Namen und Ereignissen« (FILMDIENST) zu durchschauen. So sind einige der Beziehungen, die die Inhaltsbeschreibung zwischen den Personen (z. B. zwischen Christina und dem ermordeten Wissenschaftler) vermutet, reine Spekulation, ebenso wie der Versuch, zu erklären, was der ermordete Ingenieur mit dem entwendeten Kasten wirklich hat anstellen wollen. Unverständlich ist auch das Verhalten des Journalisten Ray Diker, der Hammers Sekretärin zuerst mit Telefonanrufen bombardiert, sich dann jedoch versteckt, konfuses Zeug redet und dem Detektiv schließlich nur die Adressen diverser Verstobener aushändigt, während er sich andererseits mit dem Kunsthändler Mr. Mist, einem Mittelsmann der Agenten, friedlich an einem Biertresen unterhält (wie Velda berichtet). Schwer verständlich ist schließlich auch, daß die schöngeistige, an Gedichten und Tschaikowsky interessierte Christina Beziehungen zu jemandem unterhalten haben soll, der sich im Boxgeschäft herumtreibt – und zwar in einer Ausbildungsstätte, deren Betreiber bekannt dafür ist, daß er von Schiebung und Bestechung lebt. Kaum glaublich indes ist das Verhalten eines Leichenbeschauers namens Dr. Kennedy, der Mike Hammer einen Schlüssel verkaufen will, den er Christinas Leiche entnommen hat. Statt einer Bezahlung bezieht er von seinem Gegenüber Prügel, als seine Gier maßlos wird. (Das ist übrigens eine der geschnittenen Szenen des Films; man hielt es wohl nicht für opportun, zu zei-

Mike Hammer (Ralph Meeker) im Labyrinth der Atomgeheimnisse – ›Rattennest‹

gen, wie ein sportgestählter junger Mann einen alten Knaben zusammenhaut: Heutzutage hat man in derlei Hinsicht wesentlich weniger Skrupel, woran man wieder mal erkennen kann, wie der »gute Geschmack« vom Zeitgeist abhängig ist.) Aber ohne Frage besteht »das Hauptmotiv von *Rattennest* aus Tempo und Gewalt, und sein Hauptakteur ist weniger heroisch als egozentrisch, gefühllos und brutal. [Was in der deutschen Fassung nicht *so* eindeutig klar wird, dann offenbar hat man sogar die »rüden Redensarten«, die Raymond Durgnat in seinem Buch SEXUS EROS KINO erwähnt, während des Synchronisierens unter den Tisch fallen lassen.] Im Film ist Hammer ein Bestandteil eines moralischen Determinationssystems, in dem Kriminalität Gegenkriminalität gebiert und Diebe und Mörder die Werkzeuge ihres eigenen Untergangs gestalten.« (Alain Silver/Elizabeth Ward, FILM NOIR) Die Welt, in der Mike Hammer sich bewegt, ist demgemäß eine finstere und gemeine, in der man schon ein *tough guy* sein muß, will man nicht untergebuttert werden: Dies gelingt weder der geheimnisvollen Christina, die uns als zwar »gebildete«, aber schwache Intellektuelle verkauft wird, noch dem Schöngeist und Kunsthändler Mr. Mist, der sich in panischer Angst, als Hammer in seine Wohnung eindringt, schnell mit einem Röhrchen Schlaftabletten aus der Affäre zieht. Auch der »Hinterhofcaruso« Bonanova, ein Freund des ermordeten Ingenieurs, der »nichts, gar nichts« weiß, sprudelt wie ein Wasserfall, als Hammer eine seiner wertvollen Schallplatten zerbricht – und zwar mit einem ausnehmend bedrohlichen Grinsen. Der Empfangschef des Sportclubs, ein eher distinguiert wirkender älterer Herr, der angewidert die Nase rümpft, als Hammer ihn mit *Geld* bestechen will, um an den Spind heranzukommen, ist sofort zu allem bereit, nachdem er einen Hieb auf die Nase bekommen hat. – Als verächtlicher, wortkarger Super-Macho, der lieber die Fäuste sprechen läßt, statt sich zu erklären, ist der Film-Hammer der Romangestalt durchaus in Ansätzen ähnlich geworden: Er tut nämlich alles, was die Polizei nicht tun darf, was aber nicht heißen soll, daß Aldrich und Bezzerides ihn als eine Figur auf die Leinwand bringen, der die Sympathien des Zuschauers gehören. Das gemeine Grinsen, das Hammers ansonsten glattes Gesicht stets dann ziert, wenn er jemanden aushorcht oder mit Gangstern verhandelt, zeigen überdeutlich, daß er die Angehörigen der Gegenseite für Ratten hält. – »Diese banale, wilde und dabei durchaus nicht kunstlose Geschichte wird in einem formalistischen Stil erzählt. Die Fotografie ist kalt, hart, stählern. Ihre bevorzugten Töne sind Schwarz und ein bitteres Grau. Die in vielen Thrillern beliebten Schatten, die den Umriß der Gegenstände mysteriös einhüllen, sind hier rigoros von der Leinwand verbannt; ganz im Gegenteil erscheinen alle Objekte scharf umrissen, isoliert, sie behaupten hartnäckig ihr Eigenleben. Alles hat die Kälte schlackenlosen Stahls. Auch die Gesichter werden meist in diesem stählernen Grau gezeigt. Eine Welt, die aller Sinnlichkeit entkleidet ist, in der jede Figur nur als die Idee einer Person, eines Typs erscheint.« (Raymond Durgnat, SEXUS EROS KINO)

>»And if anything grows
While you pose
I'll oil you up and rub you down
And that's just one small fraction
Of the main attraction
You need a friendly hand
And I need action – Toucha, toucha, toucha – touch me!«

SUSAN SARANDON

The Rocky Horror Picture Show

(THE ROCKY HORROR PICTURE SHOW). USA 1975. **P** Twentieth
Century Fox (Lou Adler). **R** Jim Sharman. **B** Jim Sharman/Richard O'Brien. **V** Richard O'Brien (Musical). **K** Peter Suschitzky. **M** Richard O'Brien. **D** Tim Curry (Frank N. Furter), Susan
Sarandon (Janet Weiss), Barry Bostwick (Brad Majors), Richard O'Brien (Riff-Raff), Jonathan Adams (Dr. Everett
Scott), Nell Campbell (Columbia), Peter Hinwood (Rocky Horror), Meatloaf (Eddie), Patricia Quinn (Magenta), Charles
Grey (Kriminologe), Hilary Labow (Betty), Jeremy Newson
(Ralph), Frank Lester (Brautführer), Mark Johnson, Koo
Stark, Petra Leah, Gina Barrie (Hochzeitsgäste), John Marquand (Vater), Annabelle Leventon, Tony Then, Hugh Cecil,
Stephen Calcutt, Henry Woolf, Fran Fullenwider, Imogen
Claire, Sadie Corre, Christopher Biggins, Perry Bedden, Lindsay Ingram, Peggy Ledger, Gaye Brown, Pamela Obermayer,
Anthony Milner, Kimi Wong, Ishaq Bux (Transsylvanier). **F** 98
Min.

Nach der kirchlichen Trauung von Betty und Ralph macht der
unbedarfte Brad Majors seiner ebenso unbedarften Freundin
Janet einen Heiratsantrag. Fortan wird er nicht müde, darauf
hinzuweisen, daß sie seine Verlobte ist. Auf der Fahrt nach
Hause geraten die beiden während der Dunkelheit in ein Unwetter, und dann fällt auch noch ihr Wagen aus. Zum Glück je-

doch entdecken sie – etwas abseits von der Landstraße – ein altes Gemäuer, in dem ein Licht brennt. In der Hoffnung, von dort aus den Reparaturdienst anrufen zu können, erbitten Brad und Janet pitschnaß Einlaß. Der Mann, der ihnen öffnet, ist jedoch nicht dazu angetan, ihr Vertrauen in die unheimliche Umgebung, in der er sie führt, zu stärken: Riff-Raff (was nichts anderes als »Gesindel« oder »Lumpenpack« bedeutet) ist ein häßlicher, verschlagen wirkender, buckliger Freak mit kahlem Kopf, irrem Blick und furchteinflößender Stimme. Wie sich herausstellt, findet in dem alten Gemäuer gerade die Jahrestagung der Transsylvanier statt – einer offenbar bi/transsexuellen Vereinigung von Außerirdischen, die sich unter die Menschen gemischt haben, um aus deren Zusammenleben irgendwelche Erkenntnisse zu ziehen. Die Gesellschaft, in die Brad und Janet eingeführt werden, ist mehr als bizarr: Zwar tagt man Frack und Zylinder, aber die Maskierungen, die die Gäste tragen, lassen in den naiven jungen Leuten den Verdacht aufkommen, daß sie möglicherweise einer Horde von Perversen in die Hände gefallen sind. Dieser Eindruck wird noch verstärkt, als sich der Herr bzw. die Dame des Hauses in das Geschehen mischt: Frank N. Furter, der Oberbefehlshaber der Transsylvanier auf Erden, entpuppt sich nämlich als geschminktes, straps- und reizwäschetragendes Wesen, das auf unserem Planeten hauptsächlich die Erfüllung seiner eigenen sexuellen Vorlieben sucht – sehr zum Unwillen des Butlers Riff-Raff, der mit seiner Schwester Magenta in einem inzestuösen Verhältnis lebt und es viel lieber sähe, wenn sich sein Meister etwas mehr um die Belange des Heimatplaneten kümmern würde. Als Janet – ebenso wie Brad von den Außerirdischen bis auf die Unterwäsche ausgezogen – merkt, welche Gelüste Frank N. Furter hat, fällt sie erst einmal in Ohnmacht. Der Hausherr bzw. die Hausherrin schreitet indessen triumphierend zum weiteren Verlauf des Abendprogramms und präsentiert der versammelten Gesellschaft sein/ihr Meisterstück: den künstlichen Menschen Rocky Horror, ein modernes Frankenstein-Monster, das zwar muskelbepackt ist und gut aussieht, jedoch beim Anblick seines lasziv agierenden Schöpfers (bzw. seiner Schöpferin) äußerst furchtsam Mücke macht. Dann taucht der musikalische Rocker Eddie auf, ein dicklicher, brutal aussehender Motorrad-Freak, dem Frank N. Furter früher einmal zugetan war: Frank killt ihn mit einem Eispickel. Janet und Brad finden sich kurz darauf in getrennten Schlafzimmern wieder, aber die vermeintliche Janet, die sich zu Brad schleicht, und der vermeintliche Brad, der im Dunkeln Janet seine Aufwartung macht, ist in Wahrheit der unersättliche Frank N. Furter, ein Meister der Stimmenimitation, der es tatsächlich versteht, den beiden unerfahrenen jungen Leuten Genüsse zu verschaffen, die zu erfahren sie sich nie im Leben getraut hätten. Peinlicherweise erlebt die verstörte Janet Brads und Franks Beisammensein an einem Monitor mit, weswegen sie frustriert durch das Gemäuer läuft, um mit dem verstörten Kunstwesen Rocky anzubändeln. Dr. Scott, ein UFO-Forscher, den Brad zufällig von der Schule her kennt, tritt ebenfalls nächtens auf den Plan – er sucht nach seinem mißratenen Neffen Eddie. Frank und die Transsylvanier halten ihn jedoch für einen Regierungsspitzel und laden ihn zu einem Imbiß ein: Zu spät merken die Anwesenden, daß das Fleisch, das sie verzehren, ein Teil Eddies ist. Riff-Raff und Magenta, denen das Treiben Frank N. Furters schon längst ein Dorn im Auge ist, organisieren einen Putsch. Noch bevor Frank sich erklären kann, tötet Riff-Raff seinen Meister mit einer Strahlenpistole und verkündet, daß die Zeit der Transsylvanier auf der Erde zu Ende ist. Brad, Janet und Dr. Scott können das alte Schloß gerade noch verlassen.

Während sie draußen durch eine undurchdringliche Nebellandschaft kriechen, orientierungslos, nachdem sie von den »verbotenen Früchten« gekostet haben, hebt das Gemäuer ab – und startet wie ein Raumschiff zu den Sternen.

The Rocky Horror Picture Show ist *der* Kultfilm überhaupt, aber dazu später mehr. In erster Linie ist er jedoch mehr Musical als Spielfilm, denn die Handlung wird ständig – aber keinesfalls zu ihrem Nachteil! – von Gesangs- und anderen Showeinlagen unterbrochen. Schon zu Beginn, als sich ein beinahe obszön bemaltes rotes Lippenpaar und schneeweiße Zähne zu den Klängen der Songs »Science Fiction/Double Feature« öffnen, ist der Einstieg in die phantastische Atmosphäre dieses Streifens vollbracht: Richard O'Brien, der diesen Part singt (obwohl der rote Mund nicht der seine ist), weiß, was er verarbeiten will – nämlich jene unzähligen schundigen SF- und Horrorfilme, die er sich als Jugendlicher in schlecht beheizten Bahnhofskinos reingezogen hat: Jene Streifen eben, die für Zitate besonders

›In just seven days I can make you a man‹ – Frank N. Furter (Tim Curry) und sein Retortenbaby (Peter Hinwood)

viel hergeben – Michael Rennie und *Der Tag, an dem die Erde stillstand,* Claude Rains und *Der Unsichtbare,* Fay Wray und *King Kong und die weiße Frau* sowie Leo G. Carroll und *Tarantula* und Dana Andrews und *Der Fluch des Dämonen* –, samt und sonders Filme, die in gewissen Breitengraden selbst einen Kultstatus errungen haben. Aber zum Thema Science Fiction kommt bei ihm noch eine gewaltige Prise swinging London/L. A. aus den späten sechziger und frühen siebziger Jahren mit hinein: die in jener Zeit erstmals von einer breiteren Öffentlichkeit bemerkte und nicht mehr so verbissen gesehene Tatsache, daß es wohl so etwas wie ein drittes Geschlecht gibt. – »*Rocky Horror* ist sowohl als Auflistung wie auch als Veralberung alter Monster- und SF-Filme in seinen Zitaten fast schwindelerzeugend, aber am expertesten satirisiert es die uralte Angst der

237

Normalgesellschaft, die sich mit abweichendem Sexualverhalten konfrontiert sieht. Dies wird schon am Anfang des Films deutlich (Janet sagt: ›Brad – dieser Ort strahlt etwas *Ungesundes* aus!‹), aber auch durchweg bis zum Ende, als Frank N. Furter – ›zum Besseren der Gesellschaft‹ – vernichtet wird, nachdem Rocky ihn in King Kong-Manier auf die Spitze des RKO-Radio Pictures Tower getragen hat. Dennoch kehrt er ins Leben zurück, um mit der gesamten Besetzung eine Unterwasserballett-Version der filmischen Botschaft ›Träum es nicht nur! Sei es!‹ vorzuführen. Das Lied wird zur Hymne der Hoffnung für die androgyne Welt. Tim Currys Darstellung, besonders seine Interpretation des [ziemlich am Anfang gesungenen] Liedes ›Sweet Transvestite‹ macht den Kern dessen aus, was nach der Meinung sämtlicher Eltern Amerikas passieren wird, sollten unsere sexuellen Standards unverklemmter werden. Sie wird zum leibhaftigen Grauen, indem sie abweichendes Sexualverhalten deutlich und fühlbar macht in der einzigen Umgebung, in der sie möglicherweise funktionieren könnte: einem alten, finsteren Haus, bevölkert mit Lesbierinnen, Transvestiten, Acid-Freaks und Ausgeklinkten, die singend und rockend die unschuldige Jugend Amerikas verführen.« (Vito Russo, THE CELLULOID CLOSET) – »Es wäre ein Leichtes, diesen Film, der ganz aus Trivialmythen, Filmzitaten und Parodien montiert ist, dadurch fertigzumachen, daß man ihm seine totale Amoral vorhält und ihm seine grotesken, immer haarscharf am Rande von Obszönität und Geschmacklosigkeit balancierenden Bilder und Einfälle vorrechnet«, schrieb der (katholische) FILMDIENST 1977.

»Aber damit täte man diesem hemmungslos originellen Film bitter Unrecht. Er ist grell, vulgär und kitschig, veralbert virtuos die halbe Filmgeschichte ... parodiert beiläufig die Kunstgeschichte ... schwelgt in Straps- und Nahtstrumpf-Romantik und ignoriert Moral, Geschmack und Naturgesetze – aber er ist hinreißend.«

Was die Rocky Horror-Kultisten gewiß auch meinen – aber der Reihe nach: 1973 fand die Uraufführung eines Musicals mit dem Titel *The Rocky Horror Show* statt, in London, geschrieben und inszeniert von Richard O'Brien, einem 1946 geborenen Engländer, der mit seinen Eltern 1955 nach Neuseeland umzog und Anfang der sechziger Jahre wieder in London auftauchte, wo er sich in diversen Jobs herumschlug, bevor er als Statist beim

Theater landete. Später trat er als Schauspieler in Pop-Musicals wie *Hair* und *Jesus Christ Superstar* (beide auch verfilmt) auf. Bei letzterer Produktion lernte er auch Jim Sharman kennen, der seinen *Rocky*-Stoff auf die Leinwand brachte. O'Brien schrieb seinen Text während einer Periode der Arbeitslosigkeit nieder; Sharman trieb einen Finanzier auf, der das Musical auf die Bretter schob, die die Welt bedeuten. Nachdem es 1973 von einer Theaterkritikervereinigung zum »besten Musical des Jahres« gekürt worden war, erwarb der Produzent Lou Adler die

›*Just a sweet transvestite from transsexual Transsylvania …*‹

Rechte für die USA, wo *The Rocky Horror Show* ab 1974 in Los Angeles lief. Zehn Monate später – alles hatte sich erfolgreich entwickelt – nahm man in London die Filmversion in Angriff. Die Aufnahmen dauerten zwei Monate und verschlangen etwa 1.000.000 $. Im September 1975 wurde der Film uraufgeführt, aber nur halbherzig, mit sieben Kopien, weswegen die Presse auch kaum Notiz von ihm nahm. Hollywood hatte nicht die geringste Ahnung, was es da ausgebrütet hatte. Als der Streifen im April 1976 in Greenwich Village (New York) anlief, tat sich etwas ganz Unverhofftes, etwas so Irres, daß die Presse es nicht mehr länger ignorieren konnte: Das Publikum kam. Aber *wie* es kam! Es kam *immer wieder!* Abend für Abend versammelten sich die gleichen Leute im Foyer des Kinos, und hin und wieder brachten sie andere mit. Und bald darauf intonierten sie nicht nur den auf der Leinwand gesprochenen Text, sondern sie nahmen an der Geschichte auch *teil,* was im Extremfall so aussah, daß sie während der Trauungsszene mit Reis warfen und sich eine Zeitung über den Kopf hielten, wenn Janet und Brad durch das Unwetter gingen. Schließlich ging man dazu über, einen speziell für die Filmhandlung kreierten Tanz, den »Time Warp«, auf den Gängen und vor der Leinwand mitzutanzen. Schließlich tauchten die ersten *Rocky*-Fans »in drag« auf: mit hochhackigen Schuhen, schwarzen Netzstrümpfen, ebensolchen Korsagen und Perücken bekleidet – geschminkt und zurechtgemacht wie Frank N. Furter, »der süße Transvestit vom Planeten Transsexual in der Galaxis Transsylvania«. Neulinge – etwa jene, die den Film erst zum sechsten Mal sahen – wurden von der »Stamm-Mannschaft« darauf hingewiesen, daß »wir hier nicht jedesmal ›Arschloch‹ schreien, wenn Brad im Bild erscheint«; »Jubiläen« wurden gefeiert (im Kino!), wenn jemand nachweisen konnte, das hundertste, zweihundertste oder dreihundertste Mal in *The Rocky Horror Picture Show* gewesen zu sein; bald pendelte es sich so ein, daß die, die *immer* kamen, von der Theaterleitung zu Privilegierten erhoben wurden: Sie durften mit ihrer Kostümierung in den Nebenräumen des Theaters sitzen, bevor die Show begann. Und bald gehörte es auch zum guten Ton, daß die neuen (Zuschauer-)Stars während der Filmvorführung ungestraft vor die Leinwand treten und ihre Helden personifizieren und »unterstützen« durften. Seither sind die 200 für den amerikanischen Markt hergestellten Filmkopien prak-

›Hot Patootie bless my soul/I really love that Rock and Roll‹ – Eddie (Meat Loaf) entsteigt Franks Tiefkühltruhe

tisch ständig in Umlauf, und der Kult, der 1976 in einem kleinen Kino in Greenwich Village entstand, hat seine Anhänger in allen Teilen der Welt. Wie Jonathan Rosenbaum, der sich für die

241

Zeitschrift SIGHT AND SOUND mit einigen *Rocky*-Kultisten unterhalten hat, berichtet, fing alles folgendermaßen an: »Einer dieser ›Pioniere‹ ... fing damit an, während der Pausen im Film ›passende‹ Textzeilen zu rufen, um die Dialoge zu ›unterstützen‹ (d. h. auf sie zu reagieren, sie weiterzuentwickeln, sie zu verspotten oder als ihr Echo zu fungieren). Diese schnippischen Anmerkungen – die stets zwischen Spott und Faszination zu balancieren scheinen – sind ein Kernstück des kultischen Rituals; sie begannen vor den Nachahmungen [der Schauspieler auf der Leinwand] ... und werden heutzutage von großen Teilen des Publikums einstimmig rezitiert ... Das Ritual schließt an einer Stelle sogar den kollektiven Ruf ›Close-up!‹ [Nahaufnahme!] mit ein, der einen Schnitt von einer Totalen zu einer Nahaufnahme begleitet, wobei die zweite Silbe gestreckt verzögert wird, damit sie mit dem tatsächlichen Schnitt übereinstimmt.« – Da dies ein Fressen für die Presse war (von den zahlreichen »lasziv« gekleideten Jugendlichen beiderlei (!) Geschlechts ganz zu schweigen), war dem Film natürlich schnell ein großer Erfolg beschieden. Dennoch waren jene, die sich aufgrund der Zeitungsmeldungen das prächtige Spektakel nicht entgehen lassen wollten, nicht immer Cinéasten: Von nun an eilten auch die sogenannten »Seh«-Leute in die Vorstellungen, aber auch ganze Schlägerbanden, die sich einen Spaß daraus machten, die vermeintlichen Schwulen bei ihrem Vergnügen zu stören: »Da kamen ganze Busladungen mit Stahlhelm-Typen, die sich mit drohenden Blicken und beleidigenden Bemerkungen zwischen die Zuschauer mischten. Diese Leuten kauften sich eine Eintrittskarte und brachen in lautes Jubelgeheul aus, als Frank N. Furter im Film getötet wurde.« (Ein Fan zu Jonathan Rosenbaum.) Als jedoch daraufhin die echten Homosexuellen aus den Reihen des Publikums zu Hause blieben, zogen auch die Schläger weiter. Schließlich kamen die Punks, und dann das studentische Publikum, das sich Mühe gab, immer dort zu sein, »wo die Action ist«.

Ein Fan: »Was es für alle anderen völlig unmöglich machte, sich noch wohlzufühlen ...«

Auch in einigen bundesrepublikanischen Großstädten (nicht zu vergessen West-Berlin) grassierte alsbald das *Rocky*-Fieber: »Im ›Tali‹ ist der Teufel los«, kommentierte DER STERN 1979, »Yvette hat ihren Unterrock zerrissen und tanzt in BH und Slip.

Martin stolziert in goldener Badehose umher wie Tarzan in blond. Andere, mit weißgeschminkten Gesichtern, werfen Papierschlangen in die Luft. Seifenblasen steigen auf, Konfetti regnet herab, Rockmusik dröhnt. Klaus-Peter, in Shorts und Arztkittel, beschießt Christian mit einer Spritzpistole. Der nimmt einen Eimer Wasser und gießt ihn über Bettina aus, die ein schwarzes Korsett trägt. – Schauplatz: ein altes Kino in Berlin-Kreuzberg. Hauptdarsteller: die Zuschauer.« – Während Jonathan Rosenbaum in SIGHT AND SOUND in diesem ganzen Spektakel »einen unbewußten, aber echten Akt der Filmkritik« zu sehen glaubt, »und zwar eine solche, die sich live, also auf der Stelle manifestiert«, sahen andere darin ihre Ansichten über die schlimmsten Auswüchse des Kapitalismus bestätigt: »Was da abläuft«, so ein Leser(innen)brief im STERN, »ist Vermarktung. Irgendwelche stupiden Leute geilen sich daran auf und ziehen dabei ihre primitive Show ab.« Aber selbst unter Berücksichtigung der Tatsache, daß Rosenbaum sich über die »Pioniere« der *Rocky*-Szene ausläßt und die »Vermarktung!«-Rufer lediglich über ein paar naive Imitatoren urteilen, die zweifellos ein Opfer der Sensationspresse geworden sind, scheinen manche Reaktionen heftig überzogen und deuten an, daß man den Streifen auch gehörig mißverstanden hat, was möglicherweise mit mangelnden Sprachkenntnissen in Zusammenhang gebracht werden muß, denn im ganzen Film fällt nur *ein* deutsches Wort (nämlich als Frank N. Furter den deutlich mit deutschem Akzent parlierenden Dr. Scott fragt, ob er ihn nicht lieber Dr. *von* Scott nennen soll).

Die »tolle Mischung aus Frankenstein-Jux, Monster-Horror und knallharter Rockmusik« (Verleihwerbung) scheint jedenfalls mit ihrer Propagierung des Sichauslebens etwas bewirkt zu haben, an dem die ansonsten gerissenen Hollywood-Marktstrategen völlig unschuldig sind. Jonathan Rosenbaum weist darauf hin, »daß der interessanteste Aspekt des *Rocky Horror Picture*-Kults darin besteht, daß es in einer an Gemeinschaftsgefühlen armen Zeit, in der es wegen des verstärkten Vordringens von Kabel-TV und Videoanlagen nur noch in den in privater Hand befindlichen, am Stadtrand gelegenen Einkaufszentren zu Kinoneubauten kommt (was Hand in Hand geht mit dem rapiden Verfall und dem Verschwinden von Filmtheatern in den Zentren), wieder zu einem Kinoerlebnis wird, sich einen Film anzusehen – wie in jenen Zeiten, als Hollywood noch florierte. Damals war ein Kinobesuch automatisch ein gesellschaftliches Ereignis … ein Augenblick, in dem man sich eher stolz als aufgeregt fühlte, wenn man neben anderen Leuten in der Dunkelheit saß.«

Ⓥ CBS/Fox

Der Schrecken vom Amazonas

(THE CREATURE FROM THE BLACK LAGOON). USA 1954. **P** Universal (William Alland). **R** Jack Arnold (Regie der Unterwasseraufnahmen: James C. Havens). **B** Harry Essex/Arthur Ross (Mitarbeit: Jack Arnold). **St** Maurice Zimm. **K** William E. Snyder (Unterwasseraufnahmen: Charles S. Welbourne). **Ma** Bud Westmore/Millicent Patrick/William Alland/Jack Arnold/Jack Kevan/Chris Mueller/Bob Hickman. **M** Joseph Gershenson. **D** Ricou Browning (das Ungeheuer im Wasser), Ben Chapman (das Ungeheuer an Land), Richard Carlson (David Reed), Julia Adams (Kay Lawrence), Richard Denning (Mark Williams), Antonio Moreno (Carl Maio), Nestor Paiva (Lucas), Whit Bissell (Dr. Edwin Thompson), Bernie Gozier (Zee), Henry Escalante (Chico), Julio Lopez (Tomas), Sydney Mason (Dr. Matos). **SW-3 D** 79 Min.

Irgendwo am weitverzweigten Oberlauf des Amazonas gräbt der Geologe Dr. Maio eine versteinerte Krallenhand aus, die jeder gängigen Evolutionstheorie spottet. Kaum hat sich der Doktor jedoch mit seinem Fund gen Morajo Bay eingeschifft, als auch schon eine Krallenhand (diesmal live) aus dem Wasser grabscht und Böses ahnen läßt. So geschieht es denn auch: Noch während Lungenfischforscher David Reed, seine hübsche Freundin Kay und der smarte Mark im meeresbiologischen Institut zu Morajo Bay dem Zuschauer die wundersamen Wege der Evolution erklären, steigt der Krallenhandbesitzer aus dem Fluß und massakriert die beiden zurückgelassenen Helfer.
Mit der *Rita* unter Kapitän Lucas wieder am Ausgrabungsort angelangt, findet die flugs aufgebrochene Expedition nur noch Leichen, macht sich zunächst aber keine großen Gedanken (»wahrscheinlich Jaguare ...«). Als es ihnen trotz achttägigen Grabens nicht gelingt, weitere Skelettreste zutage zu fördern, beschließen sie, die schwarze Lagune am Ende des Flusses zu er-

forschen. Mißtrauisch vom Kiemenmann beäugt, tauchen David und Mark dort auf den Lagunenboden, um einige Gesteins- und Pflanzenproben nach oben zu bringen. Doch erst als Kay auf ein kleines Bad in die Lagune springt und dort lasziv vor sich hinkrault, wird das Monster aktiv. Nach einigen Übungen in Unterwasser-Synchronschwimmen bringt der Kiemenmann schließlich genug Courage auf und befingert schüchtern den Knöchel Kays. Die wiederum zeigt sich etwas verdutzt und schwimmt zurück zum Schiff, wo sich das sie verfolgende Ungeheuer im Netz verfängt, ein riesiges Loch hineinreißt und dabei eine Klaue einbüßt.

Erneut machen sich David und Mark an einen Tauchgang, diesmal mit Photoapparat und Harpune bewaffnet. Man wird fündig, und Mark schießt dem Ungeheuer eine Harpune in die Brust. Erbost klettert der Kiemenmann daraufhin an Bord der *Rita* und wirft einen Matrosen über die Reling (»Mein Bruder sein tot. Sein von eine Ungeheuer in Wasser gezogen worden.« »Vielleicht ist doch etwas Wahres an dem Märchen ...«). Die Wissenschaftler kontern mit einem Fischgift, das sie auf der Wasseroberfläche ausstreuen. Als man das scheinbar fehlgeschlagene Experiment mit größeren Klumpen des Giftes wiederholt, um auch die tieferen Regionen der Lagune zu verseuchen, kommt das Monster ein weiteres Mal an Bord. Man verjagt es, folgt ihm in eine Grotte und sperrt das torkelnde Geschöpf, das kurz vor dem Umfallen noch Dr. Maio erwürgt, ein.

Mark, der das Ziel seiner Suche nun endlich hinter Schloß und Riegel wähnt, will abfahren, David will weiterforschen. Es kommt zur ersten größeren Konfrontation zwischen den beiden, das Monster bricht aus, schlägt Dr. Thompson krankenhausreif und springt schließlich über Bord. Gegen den Willen von Mark, der den Kiemenmann verfolgen will, erzwingt David mit Hilfe des Kapitäns die Abfahrt. Indes, die Lagunenausfahrt ist von einem Baum blockiert. Man versucht, das Gestrüpp mit der Winde hochzuziehen, aber das Monster, nicht willens, seine neue Freundin so ohne weiteres ziehen zu lassen, weiß dieses zu verhindern. Nachdem sich die aufgestaute Feindschaft zwischen David und Mark in einem Boxkampf Luft gemacht hat, taucht man erneut. Zwar büßt Mark dabei das Leben ein, doch David gelingt es – dank preßluftbetriebener Giftspritze – im zweiten Anlauf, das Seil zu befestigen.

CREATURE FROM THE BLACK LAGOON

Underwater
3-D
Thrills

Starring

RICHARD CARLSON · JULIA ADAMS

RICHARD DENNING · ANTONIO MORENO · NESTOR PAIVA · WHIT BISSELL

DIRECTED BY JACK ARNOLD · SCREENPLAY BY HARRY ESSEX AND ARTHUR ROSS · PRODUCED BY WILLIAM ALLAND · A UNIVERSAL-INTERNATIONAL PICTURE

Ein letztes Mal klettert der Kiemenmann an Bord, diesmal mit Erfolg: Er schnappt sich Kay und taucht mit ihr zu seiner Grotte, dicht verfolgt von David. Prompt läuft der dem Monster blindlings in die Falle. Als es so aussieht, als habe sein allerletztes Stündlein geschlagen, tauchen seine Freunde auf und decken die Bestie mit einem Geschoßhagel ein. Schwer verwundet torkelt das Ungeheuer zum Wasser zurück und läßt sich langsam auf den Grund der Lagune sinken.

Auf den ersten Blick ist *Der Schrecken vom Amazonas* ein Monsterheuler, wie es sie in den fünfziger Jahren wie Sand am Meer gab: Ein heroisch-wackerer Wissenschaftler, sein fies-intriganter Konkurrent, zwischen beiden hin- und hergerissen die Heldin, die in witziger Monotonie schrill aufkreischen darf, wenn das Monster, was im Verlauf des Filmes ungefähr drei- bis viermal geschieht, mit ausgestreckten Flossen auf sie zutapst. Dazu ein besonders kakophonisches Leitthema für das Monster (ta-ta-taaaa!!) und diverse Professoren und dumme Eingeborene als Ungeheuerfutter.

In der Tat zeugt das Drehbuch von Harry Essex und Arthur Ross nicht gerade von sonderlichem Einfallsreichtum, was zum Teil vielleicht die Reaktion der kirchlichen Filmkritik erklären mag, die das B-Picture natürlich in Grund und Boden donnerten. Daß selbst »zurückgebliebene Schulschwänzer diesen Unsinn mit überlegenem Lächen abtun« würden (FILMBEOBACHTER), war freilich eher Wunschdenken: *Der Schrecken vom Amazonas* spielte mehr als drei Millionen Dollar ein, genug, um den Kiemenmann noch durch zwei weit schwächere Fortsetzungen, *Die Rache des Ungeheuers* (1955) und *Das Ungeheuer ist unter uns* (1956), geistern zu lassen. Und auch M. R., der im FILMDIENST die »etwas billige Machart« des »naiv-gruseligen Unsinns« benörgelte, weiß nicht, wovon er redet: Jack Arnolds Film spielt nicht nur – zwanzig Jahre vor *Der weiße Hai* – recht geschickt mit der instinktiven Furcht vor den mysteriösen Dingen unter der Wasseroberfläche, sondern ist technisch wie formal auch durchaus gut gemacht. Zu erwähnen sind hier die per anaglyphischem Verfahren produzierten 3-D-Effekte, die mit wenigen Ausnahmen – so z. B. die Fledermaus in der Grotte des Ungeheuers – nie zum puren Selbstzweck geraten, die in Silver Springs, Florida gedrehten, exzellenten Unterwasseraufnahmen, Arnolds Begabung in punkto mise-en-scène, sein sicheres

Marilyn Monroes Alptraum – das Ungeheuer aus der schwarzen Lagune

Gespür für poetische Bilder, und last but not least natürlich der zwar leicht als solcher zu erkennende, aber doch mit viel Liebe zum Detail gefertigte Kiemenmann-Gummianzug. (Jack Arnold: »Ich entsinne mich, wie ich eines Tages die Urkunde ansah, die ich für meine Oscarnominierung bekommen hatte. Da war ein Bild der Oscar-Statuette drauf. Ich sagte: ›Wenn wir da einen Kiemenkopf, ein paar Flossen und Schuppen draufsetzen, sieht es der Art Monster, die ich haben will, schon ziemlich ähnlich.‹«)

Just dieser Gummidreß bereitete denn auch einige Probleme vor Beginn der Dreharbeiten, konnte man doch keine Sauer-

249

›Danke, Leute, danke! Ich seh' euch in der Fortsetzung‹

stoffflasche in das Kostüm einnähen, ohne die Illusion des *Kiemen*mannes durch aufsteigende Luftblasen ziemlich zu ramponieren. Bei einer Unterwassershow in Florida fand man dann einen 23jährigen Schwimmer. Der war zwar kleiner als Ben Chapman, der sich in das wesentlich detaillierter gestaltete Landkostüm zwängen mußte, konnte dafür aber seinen Atem ganze fünf Minuten lang anhalten: Ricou Browning bekam den Job, wurde berühmt, übernahm 1964 die Second-Unit-Regie in *Feuerball* und inszenierte schließlich alle 34 Episoden der TV-Serie *Flipper*.

Berühmt wurde *Der Schrecken vom Amazonas* jedoch vor allem durch seine sexuellen Anspielungen. Selten fing ein Film die erotische Mythologie des Monsterfilms so deutlich ein wie dieser: »Die Schlüsselszene des Films zeigt die Heldin, wie sie ins Wasser der schwarzen Lagune steigt, um zu schwimmen. Sie kann nicht ahnen, daß der Kiemenmann direkt unter ihr schwimmt, fasziniert von ihrer Schönheit. Einstellungen von unten auf die Oberfläche des Wassers evozieren eine Cocteau verwandte Symbolik des Durchdringens eines Spiegels als Eintritt in eine andere Welt. Ihr weißer Badeanzug, der die Form ihres Busens akzentuiert, die Choreographie in der Bewegung ihrer Beine – all dies hat einen ganz offen erotischen Charakter. Der Kiemenmann gleitet unter sie, bewegt sich windend in einer Form symbolischen Sexualakts, eine gewalttätige, besitzergreifende männliche Brautschau. Seine Leidenschaft erreicht erst ihren Höhepunkt, als die Heldin eine Art Unterwasserballett von erotischen Posen vollführt, das den Kiemenmann dazu bringt, nach ihrem schwebenden Körper zu greifen.« (John Baxter, SCIENCE FICTION IN THE CINEMA)

Triebe vs. Zivilisation, Untersparte »Beauty and the Beast«: Ganz folgerichtig bettet das Halbwesen aus dem Urozean – Produkt einer Seitenlinie der Evolution, die zu Anfang des Films kurz referiert wird (wobei die Synchronautoren, dies nur am Rande, mal wieder amerikanische und deutsche Billionen verwechseln) – das obskure Objekt seiner Begierde am Ende des Films nicht einfach nur schnöde zum Vernaschen auf den Grottenboden (wie es der ursprüngliche Drehbuchentwurf vorgesehen hatte), sondern auf einen altarähnlichen Stein.

Jack Arnold: »Ich plante von Anfang an, ein sehr sympathisches Monster zu erschaffen. Gewalttätig wird es nur, weil es dazu provoziert wird. Für mich verkörpert es die Aussage, daß Gewalt in uns allen steckt. Sobald man uns provoziert, sind auch wir fähig zu absonderlichen Vergeltungsmaßnahmen. Wenn man uns jedoch in Ruhe läßt, uns versteht, dann, nur dann überkommen wir die urzeitlichen Triebe, mit denen wir alle gestraft sind.«

Der Schwarze Falke

(THE SEARCHERS). USA 1956. **P** C. V. Withney Pictures (Merian C. Cooper). **R** John Ford. **B** Frank S. Nugent. **LV** Alan Le May. **K** Winton C. Hoch/Alfred Gilks. **M** Max Steiner/Stanley Jones. **D** John Wayne (Ethan Edwards), Jeffrey Hunter (Martin Pawley), Vera Miles (Laurie Jorgensen), Olive Carey (Mrs. Jorgensen), Henry Brandon (Schwarzer Falke), Ken Curtis (Charlie McCorry), Harry Carey jr. (Brad Jorgensen), Antonio Moreno (Emilio Figueroa), Hank Worden (Mose Harper), Lana Wood (Debbie als Kind), Walter Coy (Aaron Edwards), Pippa Scott (Lucy Edwards), Dorothy Jordan (Martha Edwards), Patrick Wayne (Lt. Greenhill), Beulah Archuletta (Look), Jack Pennick (Gefreiter), Peter Mamakos (Futterman), Away Luna, Billy Yellow, Bob Many Mules, Exactly Sonnie Betsuie, Feather Hat jr., Harry Black Horse, Jack Tin Horn, Many Mules Son, Percy Shooting Star, Peter Grey Eyes, Pipe Line Begishe, Smile White Sheep (Komantschen), Nacho Gliando (Wirt), Chuck Robertson (Lawrence), Robert Lyden (Ben), Mae Marsh, Dan Borzage. **F** 119 Min.

Irgendo in einer Einöde in Texas, 1868: Drei Jahre nach Beendigung des Sezessionskrieges kehrt der alte Haudegen Ethan Edwards zur Heimstatt seines Bruders Aaron zurück. Seine Satteltaschen sind voller frisch geprägter Yankee-Goldmünzen. Er bringt den Kindern Aarons Geschenke mit und steht sofort im Mittelpunkt des allgemeinen Interesses. Sehr bald erkennen wir, daß Aarons Töchter – die halbwüchsige Lucy und die kleine Debbie – ihren Onkel vergöttern. Es ist aber auch nicht zu übersehen, daß Martha, Aarons Frau, zärtliche Gefühle für den rauhbeinigen und wortkargen Ethan hegt – Gefühle, die er erwidert. Weniger freundlich ist Ethan zu Martin Pawley, einem jungen Achtel-Cherokee, den er selbst als Kleinkind nach

›Der schwarze Falke‹ – John Wayne als Indianerhasser Ethan Edwards

einem Indianerüberfall gerettet hat, und der nun als Adoptiv-
sohn bei den Edwards' lebt. Ethan verbittet es sich, daß Martin
ihn »Onkel« nennt und bestreitet ganz energisch und auf wenig
diplomatische Weise, daß der junge Mann in irgendeinem Ver-
wandtschaftsverhältnis zu ihm oder der Familie seines Bruders
steht. Als Pastor Samuel Clayton, der gleichzeitig als Captain
der örtlichen Bürgerwehr fungiert, das Edwards'sche Anwesen
aufsucht, um Freiwillige für eine Posse zu sammeln, da ein In-
dianertrupp der Familie Jorgensen Vieh gestohlen hat, bemerkt
er, daß Ethans Äußeres auf die Beschreibung diverser Steck-
briefe paßt. Ethan reagiert auf diese Eröffnung kühl; er schließt
sich – mit Martin – sogar der Posse an. Als das Suchkommando
vierzig Meilen weiter das gestohlene Vieh abgeschlachtet auf-

findet, entwickelt Ethan den Verdacht, daß die Indianer sie bloß von den weit verstreuten Heimstätten der Siedler haben fortlocken wollen. Die Männer jagen zurück, aber zu spät: Aaron und Martha Edwards sind tot, ihr Haus ist ausgebrannt. Die Indianer haben Lucy und Debbie verschleppt. Nach der Beerdigung der Toten, die Ethan kaum abwarten kann und wiederholt durch bissige Bemerkungen, der Pastor möge endlich »Amen« sagen, stört, bricht man erneut auf, ohne jedoch zu einem konkreten Ergebnis zu kommen. Als Clayton und die anderen die Suche nach den entführten Mädchen abbrechen müssen, führt Ethan sie allein weiter. Ihm schließen sich Martin und Brad Jorgensen an, der mit Lucy Edwards verlobt ist. Als Ethan herausfindet, daß die Indianer Lucy vergewaltigt und umgebracht haben, verliert der sensible Brad den Verstand und läuft Amok. Auch er wird von den Indianern getötet. Aufgrund einiger menschenverachtender und rassistischer Äußerungen Ethans gewinnt Martin den Eindruck, daß dieser offenbar gar nicht das Ziel hat, die kleine Debbie zu *retten:* Er haßt und verachtet die Indianer, und da er glaubt, sie würden Debbie zu einer der ihren machen, will er sie lieber töten. Die beiden Männer setzen ihre Suche über ein Jahr fort, dann kehren sie erschöpft zur Familie Jorgensen zurück, deren Tochter Laurie Martin versprochen ist. Laurie, die kaum noch einen Sinn in der Suche sieht, möchte, daß Martin sie endlich heiratet, aber Martin, für den Debbie seine Schwester war, will ebensowenig aufgeben wie der hartnäckige Ethan. Ein verbrecherischer Händler namens Futterman bietet Ethan irgendwann ein Kleid zum Verkauf an, das Debbie gehört hat. Ethan, der eine Spur wittert, läßt erkennen, daß er viel Geld hat. Als Futterman und seine Helfer Ethan und Martin nächtens überfallen, erschießt Ethan sie von hinten und nimmt dem toten Futterman das Geld wieder ab, das er ihm kurz vorher für seine Informationen gezahlt hat. Von nun an wird Ethan auch noch als Mordverdächtiger gesucht. Weitere vier Jahre später sind die beiden Männer noch immer unterwegs. Sie erfahren, daß der Name des Häuptlings, dessen Männer die Edwards' getötet haben, Schwarzer Falke (in der Originalversion: Scar, »der Narbige«) ist. In New Mexico gelingt es ihnen endlich, das Lager des Schwarzen Falken ausfindig zu machen. Als Händler getarnt, sprechen sie bei ihm vor und stellen fest, daß Debbie – nun eine junge Frau – noch lebt und offenbar zum »Harem« des Häuptlings gehört. Als Martin eine Gelegenheit hat, mit ihr zu sprechen, gibt sie zu, sich an alles zu erinnern. Aber sie hat das Warten auf Rettung irgendeines Tages aufgegeben. Sie will nicht »befreit« werden. Sie bezeichnet die Komantschen als »ihr Volk« und rät Martin, zusammen mit Ethan fortzugehen. Ethan unternimmt tatsächlich den Versuch, Debbie umzubringen, was Martin jedoch verhindern kann. Die Indianer verletzen Ethan mit einem Pfeil, und die beiden Männer müssen sich absetzen. Als sie wieder in Texas sind, ist Laurie Jorgensen gerade dabei, den zwar charmanten, aber etwas blöden Schönling Charlie McCorry zu heiraten. Martin prügelt sich mit ihm; die Hochzeit wird abgeblasen. Kurz darauf erhält man die Nachricht, daß der Schwarze Falke und sein Stamm wieder in Texas sind. Captain Clayton, der Ethan Edwards gerade wegen der Futterman-Affäre festnehmen will, gibt diesem seine Waffe zurück. Die Siedler und ein Kavallerietrupp greifen das Lager des Schwarzen Falken an und metzeln die Indianer im Schlaf nieder. Martin tötet den Schwarzen Falken, Ethan skalpiert ihn. Anschließend jagt er hinter der völlig verängstigten Debbie her, und alles sieht danach aus, als wolle er sie töten. Als Debbie stürzt und Martin herbeieilt, hebt Ethan das Mädchen auf und sagt: »Wir gehen nach Hause, Debbie.« Nachdem er sie zu den Jorgensens gebracht hat und sich die Familie in der Hütte versammelt, wendet er sich ab und verschwindet.

Wie kann ein Film, dessen Held ein engstirniger, rassistischer, mörderisch-brutaler Reaktionär ist, zu einem Kultfilm werden? Ein Kultfilm, der immerhin Leute wie Martin Scorsese, Paul Schrader, Steven Spielberg, Michael Cimino, Stuart Byron, John Milius (bei dem wundert's einen schon weniger) und George Lucas zu seinen Anhängern zählen kann?

Wahrscheinlich deswegen, weil die meisten der auf Ethan Edwards zutreffenden Attribute in einem historischen Zusammenhang gesehen werden müssen: Der amerikanische Durchschnittsbürger von 1868 *war* – und wenn er aus dem Süden stammte, erst recht – ein engstirniger, rassistisch eingestellter Reaktionär. Das »Positive« an der Geschichte des Ethan Edwards ist, daß er am Ende wenigstens seine rassistische Gesinnung überwindet. Wie mörderisch-brutal er gegen die Komantschen zu Felde zieht, ist eine Sache, die man möglicherweise mit menschlicher Schwäche erklären, aber kaum entschuldigen kann. Wie John Wayne, der mehrfach gesagt hat, die Rolle des Ethan sei seine Lieblingsrolle gewesen (nicht nur er, auch John Milius*) hat einen seiner Söhne auf den Namen Ethan taufen lassen) und der in der Öffentlichkeit nie einen Hehl aus seiner ultrarechten Einstellung gemacht hat – er unterstützte in Wahlkämpfen nicht nur den Politgangster Richard M. Nixon, sondern auch den offen faschistischen Barry Goldwater –, ist auch Ethan Edwards ein Fossil aus einer längst vergangenen Zeit, ein Fremdkörper in der Gemeinschaft der »zivilisierten« Menschen. Daß er ruppig, verbissen und direkt ist, kann man ihm kaum vorwerfen. Aber seine Einstellung gegenüber den Menschen – den Indianern, um genau zu sein – basiert auf seinen Vorurteilen und verqueren Moralbegriffen. Er hält seine irrigen Vorstellungen für erwiesene, abgesicherte Tatsachen, so wie ein Biertisch-Politiker seine politischen Vorurteile für anerkannte (weil jedermann seines geistigen Kalibers bekannte) Realitäten hält. Ethan glaubt, daß die Indianer Tiere sind, weil sie Indianer sind: »Ein Mensch (sic!) reitet ein Pferd, bis es zusammenbricht, dann geht er zu Fuß weiter. Dann kommt ein Komantsche vorbei. Er nimmt das Pferd, reitet noch zwanzig Meilen auf ihm, dann frißt er es auf.« Ethan glaubt, daß ein Mensch, der ihnen in die Hände fällt, zum Tier wird: »Das sind keine Weißen mehr, das sind Komantschen«, sagt er, als man ihm einige um den Verstand gekommene Frauen zeigt, die die Kavallerie aus einem Indianerlager befreit hat. Ethan glaubt, daß eine Frau, die mit einem Indianer Geschlechtsverkehr gehabt hat, dermaßen beschmutzt ist, daß sie lieber tot sein sollte: Als er Debbie begegnet und sein Attentat fehlgeschlagen ist, setzt er sich hin, schreibt sein Testament und vermacht Martin Pawley sein gesamtes Hab und Gut – angesichts der »Tatsache«, daß er keine leiblichen Verwandten mehr hat.

MARTIN: Was soll das heißen, du hast keine leiblichen Verwandten? Debbie ist deine leibliche Verwandte!

ETHAN: Das war einmal.

MARTIN: Nun, behalt' dein Testament. Ich will nichts von deinen Sachen haben. Und glaub bloß nicht, ich hätte vergessen, was du ihr antun wolltest. – Was bist du nur für ein Mensch …

---

*) u.a. verantwortlich für *Die rote Flut* (USA 1984)

›Wenn dieser Film von mir wäre, hätte ich nichts mehr zu sagen‹ (Herbert Achternbusch über John Fords ›Der schwarze Falke‹)

ETHAN: Sie ist mit einem Roten zusammengewesen! Sie ist nichts anderes als …
MARTIN: Halt' dein dreckiges Maul! Ich hoffe, du krepierst!
ETHAN: Der Tag wird kommen.*)
Ethan, in dessen Bewußtsein die Komantschen bestenfalls Untermenschen sind, bedient sich der bestialischsten Mittel, um dem Ziel seiner Rache näherzukommen: Einem toten, bereits begrabenen Komantschen schießt er beide Augen aus, weil dieser dann, statt in die Ewigen Jagdgründe einzugehen, »ewig zwischen den Winden wandern muß«. Wie ein Besessener schießt

*) Textübersetzung nach der Originalfassung.

257

er eine ganze Büffelherde ab, damit sie den Indianern nicht als Nahrung dienen kann. Ethan weigert sich auch, die Niederlage der Südstaaten im Bürgerkrieg (die Kapitulation der Sklavenhalterstaaten) anzuerkennen: »Ich halte nichts von Waffenstrecken« sagt er zu Pastor/Captain Clayton, als dieser ihn fragt, wo er während der Kapitulation gewesen sei. Er will auch keinen Eid auf die USA ablegen, weil er dem Süden seinen Eid gegeben hat. Er will im Grunde auch nicht, daß der Achtel-Cherokee Martin ihn während seiner Suche begleitet:

MARTIN: Ich werde weitermachen.

ETHAN: Warum?

MARTIN: Warum? Nun, weil sie meine …

ETHAN: Sie ist nichts für dich. Sie ist noch nicht einmal verwandt mit dir.

MARTIN: Das habe ich bisher aber immer angenommen. So wie ihre Eltern mich aufgenommen und aufgezogen haben …

ETHAN: Das macht dich noch nicht zu einem der ihren.

MARTIN: Na schön, vielleicht macht es das nicht, aber ich habe jedenfalls vor, weiterzusuchen.

ETHAN: Und wie? Hast du Pferde? Oder Geld, um welche zu kaufen? Du hast ja nicht mal Geld für Patronen. Jorgensen kann dir hier ein gutes Auskommen bieten. – Martin, ich will, daß du weißt …

MARTIN: Ja, ich weiß, was du sagen willst. Daß ich keine Verwandten habe. Daß ich kein Geld habe, keine Pferde. Alles was ich habe, ist ein Stapel Kleider von einem Toten. Nun, du hast es mir erzählt, also halt' den Mund.

Viele haben sich nach dem Grund der mörderischen Wut gefragt, mit der Ethan Edwards fünf Jahre lang einer Spur folgt, um ein Mädchen zu finden, das er schlußendlich nur noch töten will. Seine Motivation wird möglicherweise etwas verständlicher, wenn man sich in Erinnerung ruft, daß seine erste Sorge seiner Schwägerin Martha gilt, als er die niedergebrannte Hütte seines Bruders entdeckt. Er ist halb wahnsinnig vor Schmerz, als er sie wieder verläßt, und er hindert Martin mit Faustschlägen daran, sich das anzusehen, was er gerade gesehen hat. Schon am Tag zuvor, bei seiner Ankunft, hat man festgestellt, daß ihn etwas mit Martha verbindet, wovon sein Bruder keine Ahnung hat. Ethan Edwards hat die Frau, die er liebt, gleich zweimal verloren: zuerst an seinen Bruder, dann an den Tod. Und er weiß, daß er Debbie, die er anfangs noch retten will, ebenfalls »verlieren« wird, je länger die Suche dauert: Denn sie wird erwachsen werden und zwangsläufig mit einem Indianer schlafen. Dadurch wird sie für ihn zu einer »Roten«, zu einem Feind. – »Und da Debbie wie Ethan dunkelhaarig ist – statt blond wie

John Wayne in ›Der schwarze Falke‹

ihre Schwester und ihr Vater –, deutet alles darauf hin, daß sie in Wahrheit Ethans Tochter ist: eine Vorstellung, die die ansonsten unbegründete Standhaftigkeit seiner Suche rechtfertigt.« (Doublas Brode, THE FILMS OF THE FIFTIES) – »Fords Filme basieren auf Gefühlen. Ihre Helden lassen sich nicht vom Verstand, sondern von Emotionen leiten. Sie argumentieren nicht gegen den Widerspruch, sondern führen ihn durch ihr vorausschauend-rücksichtsloses Handeln ad absurdum. Als Vertreter der Legende genießen sie Immunität: Ford, der Märchenerzähler par excellence, kann es sich nicht leisten, seine Helden (wie Hawks oder Walsh) grundsätzlich in Frage zu stellen: die Welt, deren Mittelpunkt sie sind, würde sinnlos, unglaubwürdig und leer.« (Eckhart Schmidt, FILM)

> »Soll ich einem Mann trauen, der sich 'n Gürtel
> umschnallt und außerdem Hosenträger trägt?
> Einem Mann, der noch nicht mal seiner eigenen Hose vertraut?«

HENRY FONDA

Spiel mir das Lied vom Tod

(C'ERA UNA VOLTA IL WEST). Italien 1968. **P**Rafran Cinemato-
grafica/Euro International (Bino Cicogna). **R** Sergio Leone. **B**
Sergio Leone/Sergio Donati. **St** Dario Argento/Bernardo Ber-
tolucci/Sergio Leone. **K** Tonino Delli Colli. **M** Ennio Morrico-
ne. **D** Henry Fonda (Frank), Claudia Cardinale (Jill McBain),
Jason Robards (Cheyenne), Der Mann/Mundharmonika (Char-
les Bronson), Frank Wolff (Brett McBain), Gabriele Ferzetti
(Morton), Keenan Wynn (Sheriff), Paolo Stoppa (Sam), Marco
Zuanelli (Wobbles), Lionel Stander (Barkeeper), Enzio Santia-
nello (Timmy), Jack Elam, John Frederick, Woody Strode
(Gun-Men am Bahnhof), Dino Mele (Mundharmonika als Jun-
ge), Benito Stefanelli, Salvo Basile, Aldo Berti, Luigi Ciavarro,
Livio Andronico, Marilu Carteny, Spartaco Conversi. **F** 165
Min.

Es war einmal im Westen, und zwar in den siebziger Jahren des
neunzehnten Jahrhunderts: »Drei finstere Typen mit langen
Mänteln okkupieren schweigend eine kleine Eisenbahnstation.
Großaufnahmen häßlicher Gesichter. Eine Frau läuft entsetzt
davon. Drückende Stille, nur ab und zu unterbrochen von quä-
lenden Geräuschen.« (Hans C. Blumenberg, FILM) Haben wir
das nicht schon mal in *High Noon* gesehen? Aber nicht doch, da
kam nur eine ähnliche Szene drin vor! – Blumenberg: »Holz-
bohlen knarren, eine Fliege umsummt Jack Elams fleischiges
Gesicht, Wassertropfen platschen auf Woody Strodes Hut-
krempe. Unheil kündigt sich an. Endlich kommt der Zug.« Und
mit ihm die Einblendung: REGIE: SERGIO LEONE. – »Ihm entsteigt der Mann mit der Mundharmonika, der nach einem lako-
nischen Wortwechsel –

261

DER MANN: Wo ist Frank?

ELAM: Frank hatte keine Zeit.

DER MANN: Habt ihr 'n Pferd für mich?

ELAM: Ha, ha ... Wenn ich mich hier so umsehe, dann sind nur drei da. Sollten wir denn *tatsächlich* eins vergessen haben?

DER MANN: Ihr habt zwei zuviel.

– die drei virtuos zusammenschießt.« Weil er nämlich an sich Frank erwartet hat statt eines Killerkommandos. »Während sich amerikanische Western in ihrer Gesamtheit auf etwa sieben wiederkehrende Handlungsstrukturen zurückführen lassen (die Union Pacific-Eisenbahngeschichte/die Rancher-Geschichte/ die Herren-der-Prärie-Geschichte/die Indianer-Kavallerie-Geschichte/die Desperado-Geschichte/die Sheriff-Geschichte und die Rächer-Geschichte), ist es beim italienischen Western nur eine einzige: die revenge story, die Rächer-Geschichte.« (Hans Langsteiner in GOLEM) – Ausgeschickt hat die drei Revolverschwinger, die sich mächtig stark vorkommen und dann doch als Leichen auf den Bahngleisen enden, ein Mann namens Frank, der kurz darauf im Auftrag des Eisenbahn-Unternehmers Morton den Farmer McBain und dessen Familie ausrottet: Das Land, das McBain gehört, ist für Franks Auftraggeber nämlich so kostbar, daß er es vorzieht, nichts dafür zu bezahlen. Der brutale Massenmord wird einem übel beleumundeten Outlaw namens Cheyenne in die Schuhe geschoben. Da McBain jedoch heimlich die aus New Orleans stammende Prostituierte Jill geheiratet hat, haben Morton und Frank es jetzt mit einer unerwarteten Erbin zu tun. Jill will McBains Land versteigern lassen, aber Franks Leute sind die einzigen, die etwas dafür bieten: 500 $, einen Spottpreis, den niemand zu überbieten wagt. Da taucht der geheimnisvolle Mann mit der Mundharmonika wieder auf. Er übergibt dem Sheriff den gesuchten Halunken Cheyenne, kassiert 5000 Dollar Kopfgeld, kauft McBains Land und gibt es Jill zurück. Später zählt er Frank die Namen all jener Leute auf, die dieser auf dem Gewissen hat. Er bewahrt Frank sogar vor einem Mordanschlag, denn seine eigenen Leute lauern ihm auf, weil er Morton inzwischen etwas zu großspurig geworden ist. Als Jill sagt: »Sie haben dem Dreckskerl auch noch geholfen«, erwidert der Mann mit der Mundharmonika: »Ich hab nur verhindert, daß man ihn umlegt. Das ist was anderes.« Cheyenne, der müde Outlaw, der nichts anderes mehr will, als

›Spiel mir das Lied vom Tod‹ – Henry Fonda (2. v. r.) erinnert sich im Sterben

in Frieden seine letzten Tage zu verbringen, flieht aus dem Gefängnis und kehrt mit einer Kugel im Leib zu Jill McBain zurück. Inzwischen weiß man, worin der Reichtum des toten Brett McBain besteht: in dem Land, das er besaß, und in seinem Brunnen. Dampflokomotiven brauchen Wasser. Cheyennes Freunde sind schon dabei, einen Bahnhof zu bauen – den Grundstein für eine neue Stadt. Frank taucht auf, um sich seines Gegenspielers zu entledigen. Auf seine wiederholte Frage »Wer bist du?« bekommt er keine Antwort. Statt dessen hat der Mann, den alle Welt nur Mundharmonika nennt, eine Vision: Er sieht verschwommen einen Mann auf sich zukommen, einen bösen Mann; einen Mann mit Franks Gesichtszügen. Und während er dasteht, steht auf seinen Schultern sein Bruder, mit ei-

263

ner Schlinge um den Hals. Der Mann mit Franks Gesichtszügen schiebt ihm eine Mundharmonika zwischen die Zähne und sagt lächelnd:»Na, komm', spiel mir das Lied vom Tod.« Frank bekommt auch auf seine letzte Frage keine Antwort. Er bekommt eine Kugel. Und als er sterbend auf dem Boden liegt, schiebt ihm der Unbekannte seine Mundharmonika zwischen die Zähne und sagt:»Spiel mir das Lied vom Tod.« Frank erinnert sich an ein Verbrechen, das er vor zehn oder fünfzehn Jahren begangen hat. Es ist lange her. Der Mann namens Mundharmonika reitet fort. Cheyenne schließt sich ihm an. Aber seine Verletzung ist tödlich, und schon nach einer kurzen Strecke muß er aufgeben.

Sergio Leone, ein Pionier des italienischen Westernfilms, der z. B. mit *Per un pugno di dollari* (1964, dt. *Für eine Handvoll Dolar)* und *Per qualche dollaro in piu* (1965, dt. *Für ein paar Dollar mehr)* Clint Eastwood zu einem internationalen Star machte, war am Anfang der Welle, die seine Produktionen ausgelöst hatten, nicht gerade der Kritik liebstes Kind:»Leones wirkliches Verbrechen lag nicht darin, daß er die Formen und Themen des Western ignorierte, sondern darin, daß er den Westernhelden von seinem Podest stürzte und die moralische Grundstruktur des Genres sichtlich unterminierte: In diesen Western sieht nicht nur jeder wie ein Bösewicht aus, sondern benimmt sich auch ganz allgemein so. Der Anblick Clint Eastwoods – unrasiert, tabakkauend, ponchobekleidet, auf einem Maultier reitend – zu Beginn von *Für eine Handvoll Dollar* war deswegen schockierend, weil einem klar wurde, daß er offenbar den Helden abgeben sollte. Und kaum hatte man sich daran gewöhnt, führte Leone uns *ausgerechnet* Henry Fonda in der Rolle des sadistischen Frank vor, der nach einem sorgfältig inszenierten Aufbau ... eiskalt und mit sichtlichem Vergnügen einen kleinen Jungen erschießt.« (David Nicholls in SIGHT AND SOUND)

Henry Fonda, die gute Seele zahlloser amerikanischer Filme, der Freund in der Not, der aufrechte Kämpfer für Freiheit und gegen Unterdrückung, spielt in diesem Film tatsächlich eine dermaßen niederträchtige Rolle, daß man vor seinem sanften Gesicht und seinen ehrlichen blauen Augen geradezu Abscheu empfindet. Die Szene, in der er den kleinen MacBain tötet, einen etwa siebenjährigen Jungen, der vor Schreck und Hilflosigkeit wie gelähmt dasteht, schneidet einem ins Herz. Dem Eisenbahn-Unternehmer Morton, den er schon deswegen verachtet, weil er trotz seiner unheilbaren Krankheit noch lebt (»Ein Mann mit Charakter hätte sich schon längst eine Kugel in den Kopf geschossen!«), tritt er gnadenlos die Krücken weg, nachdem er ihn bis zum Geht-nicht-mehr erniedrigt hat: »Blas' dich bloß nicht so auf, Morton. Wenn du nicht in deinem Zug sitzt, kommst du mir vor wie 'ne Schildkröte ohne Panzer ... Du bist 'n armseliger Krüppel, der 'ne große Schnauze hat, das ist alles.«

Fonda in der Rolle des Frank verkörpert einen Typ, der im Italowestern der sechziger Jahre vorherrschend war: den Mann, der auf Ethik pfeift, nur seinem Gewinnstreben folgt und für Moral nur Häme und Zynismus übrig hat. Er weiß, daß die Insti-

Der Held der Nation als fieser Killer – Henry Fonda in Sergio Leones ›Spiel mir das Lied vom Tod‹

265

tutionen keineswegs dazu da sind, die Armen und Wehrlosen zu beschützen. Sie schützen Leute wie Morton, die Profiteure, die den Menschen ihre Unternehmungen als Segen verkaufen, obwohl sie doch nur Geschäfte machen wollen. Es kümmert Frank auch nicht, wenn sie – wie im Falle Morton – zwischendurch mal einem Traum folgen, der sie aufrechterhält, weil sie nicht mehr lange zu leben haben: »Ich hab nicht mehr viel Zeit«, sagt Morton einmal, der sich nur noch mit einem Stahlkorsett aufrechthalten kann und sich in seinem Salonwagen an einem Gittergestänge entlangtastet. »Die Strecke muß fertig sein, bevor es mit mir zu En … Ich *muß* diesen herrlichen … blauen Pazifik erreichen mit meiner Eisenbahn.«

Morton ist ein Mann des Ostens. Ein Mann von »Kultur«, der weiß, daß eine neue Zeit über Amerika hereingebrochen ist. Er weiß auch, daß Gesetzlose wie Frank und Cheyenne zum baldigen Aussterben verdammt sind. Er weiß, daß Geld die neue Welt regiert, nicht der Revolver – dort jedenfalls, wo sich die Zivilisation, die seine Eisenbahn verkörpert, auf dem Vormarsch befindet. Frank vertraut auf seinen Revolver. Und er ist in dem Sinne größenwahnsinnig, als er glaubt, er könne mit diesem Revolver aus diesem neuen Land/System seinen Anteil herauspressen. Als er hinter Mortons Schreibtisch sitzt, kommen ihm »viele neue, wunderbare Ideen«, die Morton veranlassen, sich schleunigst gegen ihn zur Wehr zu setzen. Morton leidet an Knochenmarktuberkulose, ein todgeweihter Mann, der nur noch für seinen Traum lebt: Er will die blauen Wogen des Pazifik sehen, dort, wo die Schienen seiner Eisenbahn enden. Er endet jedoch nach einem Feuergefecht in einer dreckigen Wasserpfütze. »Pazifik, hm?« ist alles, was Frank zu Morton sagt, als er zusieht, wie der Sterbende auf allen vieren durch den Schlamm kriecht – und im Augenblick seines Todes mächtige Meereswellen rauschen hört.

Cheyenne ist die Verkörperung des Gesetzlosen, der sich noch einen Rest von Ehrenhaftigkeit bewahrt hat. Zwar ist er in der öden Gegend, in der er sich herumtreibt, ein gefürchteter Strauchdieb, und alles deutet darauf hin, daß er gerade seine Bewacher niedergeschossen hat, als er zum ersten Mal ins Bild tritt, aber für einen vierfachen Mord, den er nicht begangen hat, will er nun doch nicht hängen. Er hat keine andere Wahl, als die wirklichen Mörder der Familie McBain selbst zu stellen. Aber

Charles Bronson – die Chiffre wird ihrem Namen gerecht

dazu muß er zunächst einmal deren Motiv kennenlernen. Über Jill, die ebenfalls nicht weiß, wer hinter den Morden steckt, lernt er Mundharmonika kennen. Von nun an marschieren sie manchmal zusammen, manchmal auf getrennten Wegen, um den Feind zu schlagen. Cheyenne ist zwar kein besonders großes Licht (besonders mit seinen Rechenkünsten steht es nicht zum besten), aber er steht durchgehend auf der Seite der Guten, auch wenn es ihm nichts ausmacht, auch mal einen Gegner von hinten abzuknallen. Daß er ausgerechnet von Morton niederge- schossen wird, von dem Mann, den er selbst nicht töten wollte, weil man auf einen Krüppel nicht schießt, ist seine persönliche

267

Claudia Cardinale in ›Spiel mir das Lied vom Tod‹ – Entstehung des amerikanischen Matriarchats?

Tragödie. »Wenn Cheyenne auf dem Höhepunkt des Films stirbt, ist Mundharmonika bereits tot. Sein Name bestimmt seine Funktion; da er keine echte Persönlichkeit aufweist, kennt man ihn nur unter dem Namen des Instruments, das er im Film spielt. Leone setzt die starre Unbeweglichkeit der von Charles Bronson verkörperten Figur zu deren bestmöglichem Vorteil ein. Das Instrument versorgt sie mit dem einzigen Zweck ihrer Existenz. Mundharmonika gehört zu den wandelnden Leichnamen des Alten Westens, er antwortet nur mit den Namen der Männer, die Frank vor langer Zeit getötet hat. Ebensogut könnte er sein aus dem Grabe zurückgekehrter Bruder sein. Mundharmonika ist die letztmögliche Verlängerung des Helden im

Italowestern. Wie der Mann ohne Namen (in Leones anderen Westernfilmen) steht er außerhalb der Gesellschaft, aber wo der erstere dem Gold nachjagt, besteht seine Erfüllung ganz allein in der Vendetta.« (Laurence Staig/Tony Williams ITALIAN WESTERN)

Jill McBain letztlich, die Hure aus New Orleans, die in die Einöde gezogen ist, um ein bürgerliches Leben zu führen, beginnt ein respektiertes Dasein als Pionierfrau, die sich weder vor dem Zupacken noch davor scheut, daß ihr die Männer gelegentlich aufs Hinterteil klopfen. Die Helden jedoch ziehen weiter. Was bleibt, ist laut Sergio Leone »die Entstehung des amerikanischen Matriarchats«.

Viele Kritiker haben *C'era una volta il West* als ein Märchen bezeichnet, und der italienische Originaltitel (»Es war einmal im Westen«) deutet tatsächlich darauf hin, daß Leone sich bemüht hat, dem glatten amerikanischen Mythos vom Westen etwas entgegenzusetzen, das aufgrund seines »Realismus« nur ein Märchen sein *kann:* Dafür sorgen nicht nur seine Helden und Schurken, sondern auch die Welt, in der sie leben – denn sie hat nichts, aber auch gar nichts mit jenem Westen zu tun, den die amerikanische Filmindustrie pflegt und gepflegt hat.

Ⓥ CIC Taurus

»So wie die Dinge liegen, hast du gute Aussichten
auf lebenslänglich. Das heißt, daß du, wenn du ein
braves Mädchen bist, in zwanzig Jahren wieder draußen
bist. Ich warte auf dich. – Und wenn sie dich hängen,
werde ich immer deiner gedenken.«

HUMPHREY BOGART

Die Spur des Falken /
Der Malteserfalke

(THE MALTESE FALCON). USA 1941. **P** Warner Brothers (Henry
Blanke). **RB** John Huston. **LV** Dashiell Hammett. **K** Arthur
Edeson. **M** Adolph Deutsch. **D** Humphrey Bogart (Sam
Spade), Mary Astor (Brigid O'Shaughnessy), Gladys George
(Iva Archer), Peter Lorre (Joel Cairo), Barton McLane (Lt.
Dundy), Sidney Greenstreet (Casper Gutman), Ward Bond
(Detective Tom Polhaus), Jerome Cowan (Miles Archer), Eli-
sha Cook jr. (Wilmer Cook), James Burke (Luke), Murray Al-
per (Frank Richman), John Hamilton (Staatsanwalt Bryan),
Emory Parnell (Schiffsoffizier), Lee Patrick (Effie Perine), Ro-
bert Homas (Polizist), Creighton Hale (Stenograph), Walter
Huston (Captain Jacoby), Charles Drake, Bill Hopper, Hank
Mann (Journalisten), Jack Mower (Ansager). **SW** 100 Min.

San Francisco, 1940: Sam Spade und Miles Archer betreiben
eine kleine Privatdetektei. Nachdem Archer im Auftrag einer
gewissen Miß Wonderly einen Mann namens Floyd Thursby be-
schattet hat, wird er eines Nachts erschossen aufgefunden. Spade, der seit einiger Zeit ein Techtelmechtel mit Archers Frau Iva
hat (wenn auch kein sehr ernstes), hat irgendwie den Riecher,
man könne ihm ein Mordmotiv unterschieben. Da er keine Lust
hat, den Sündenbock abzugeben, faßt er den Plan, den Mörder
seines toten Partners (Thursby?) zu finden. Er sucht Miß Wonderly auf und stellt sie zur Rede, aber er erfährt dabei nur, daß
die Dame in Wirklichkeit Brigid O'Shaughnessy heißt und angeblich von Thursby bedroht wird. Spade verspricht, ihr zu helfen. In seinem Büro wird er von einem zwielichtigen und be-

HE'S A KILLER WHEN HE HATES!
HUMPHREY
BOGART
MARY
ASTOR
THE
Maltese
Falcon
DASHIELL
HAMMETT
Author of
"THE THIN MAN"
GLADYS
GEORGE
PETER
LORRE
BARTON
MacLANE
LEE
PATRICK
SYDNEY
GREENSTREET
Directed by
JOHN HUSTON
Presented by
WARNER BROS.

waffneten Stutzer namens Joel Cairo aufgesucht, der, wie er sagt, hinter einem »kostbaren Gegenstand« her ist, der »abhanden gekommen« ist: eine kleine Statue in der Form eines Falken. Cairo will für diesen Falken 5000 Dollar zahlen und scheint zu glauben, Spade könne ihm bei der Wiederauffindung behilflich sein. »Außerdem will ich gern versprechen, daß … äh … wie heißt es so schön … äh … keinerlei Fragen gestellt werden.« Nicht nur Cairo, sondern auch Brigid O'Shaughnessy und ein fetter, reicher Geschäftsmann namens Casper Gutman sind auf der Suche nach dem sogenannten »Malteserfalken«, einer Statue »aus purem Gold, von Kopf bis Fuß bestückt mit den erlesensten Edelsteinen«, die aus den Schatzkammern eines Kreuzritterordens stammt. Gutman ist seit siebzehn Jahren hinter dem teuren Vogel her, der Millionen wert ist und seit Jahrhunderten unerkannt – da von einer schützenden Emailleschicht überzogen – von einem Trödler zum anderen wandert. Gutman hat ihn vor kurzer Zeit aufstöbern können und durch – leider unehrliche – Mittelsmänner kaufen lassen. Und irgendwie haben auch andere Leute von seinem Coup erfahren: Joel Cairo, Floyd Thursby und Brigid O'Shaughnessy. Spade ist gezwungen, an allen Fronten gleichzeitig zu kämpfen: Einerseits hat er die Polizei am Hals, die glaubt, er habe Archer auf dem Gewissen, andererseits muß er das Gangsterquartett gegeneinander ausspielen. Beides gelingt ihm, und als der tödlich verwundete Schiffskapitän Jacoby in seinem Büro auftaucht und nach der Übergabe des aus dem Fernen Osten kommenden Falken ohne Erklärung stirbt, klären sich alsbald die Fronten: Cairo, Gutman und dessen Gehilfe Wilmer, ein schwerbewaffneter, aber recht ungeschickter Revolverschwinger, befinden sich plötzlich in Spades Wohnung, als er dort mit der vorgeblich um ihr Leben fürchtenden Brigid auftaucht. Gutman erklärt sich bereit, den Falken für eine hohe Summe zu übernehmen, aber Spade will den Behörden zuerst einen Sündenbock liefern, der für die Morde an Archer, Jacoby und Thursby geradestehen soll. Gutman geht auf seinen Vorschlag, Wilmer zu opfern, sofort ein.

Nachdem Spade dem Trio Cairo, Gutman und Brigid den Falken präsentiert hat, stellt sich jedoch heraus, daß man Jacoby eine Fälschung angedreht hat. Irgendwo am Ende der Welt hat man Casper Gutman hereingelegt. In dem entstehenden Durcheinander gelingt Wilmer die Flucht. Spade steht ohne seinen Sündenbock da. Cairo und Gutman machen sich auf, um die Spur des Falken in Istanbul wieder aufzunehmen. Und Spade, der inzwischen weiß, daß Brigid Archer umgebracht hat, um ihrem Partner Thursby den Mord in die Schuhe zu schieben, zögert nicht, die Frau, in die er sich im Laufe der Geschichte verliebt hat, der Polizei auszuliefern – so sehr sie ihn auch bittet, sie zu verschonen. Denn Sam Spade hat keine andere Wahl, wenn er seinen eigenen Hals retten will. Und andererseits »arbeiten wir nun mal im Detektiv-Geschäft. Wenn da einer aus deinem Laden umgelegt wird, wär's schlechte Reklame, den Mörder nicht dafür dranzukriegen. Schlecht für alle. Schlecht für jeden einzelnen Privatdetektiv.« – Brigid: »Hättest du mir das auch angetan, wenn der Falke echt gewesen wäre und du dein Geld bekommen hättest?« – Spade: »Glaub' bloß nicht, ich sei wirklich so ausgekocht, wie es den Anschein hat. So ein Ruf kann gut fürs Geschäft sein. Das verschafft einem gutbezahlte Aufträge und vereinfacht die Verhandlungen mit dem Gegner. Aber der Haufen Geld hätte höchstens einen Punkt mehr auf deiner Seite der Waagschale bedeutet.«

The Maltese Falcon war nicht nur das Regiedebüt des (Gelegenheits-)Schauspielers und Drehbuchautors John Huston, der u. a. auch die Vorlagen zu Filmen wie *Juarez* (USA 1939, **R** William Dieterle), *Dr. Ehrlich's Magic Bullet* (USA 1940, **R** William Dieterle) und *High Sierra* (USA 1941, **R** Raoul Walsh) geliefert hatte, sondern bot auch dem Schauspieler Humphrey Bogart erstmals eine Rolle, die ihn nachhaltig in das Bewußtsein der Kinogänger rückte. *The Maltese Falcon* war aber noch weit mehr: Er war der erste Film der sogenannten »Schwarzen Serie«, einer Reihe von Filmen, die in den vierziger Jahren Furore machten und sich durch eine ausgeprägte Vorliebe für kriminalistische Themen auszeichneten, in denen das grundlegende Mißtrauen an der herrschenden Ordnung, die Einsicht in die Ohnmacht des einzelnen angesichts der Anonymität der sozialen Mächte und die strikte Authentizität der Milieuschilderung sozusagen an der Tagesordnung war. In diesen Filmen gab es keine adretten Helden, die das Gute gegen das Böse verteidigten und dabei stets als strahlende Sieger aus der Schlacht hervorgingen, sondern die Handlung wurde vorwiegend von gescheiterten, resignativen, nicht selten schäbigen Durchschnittsexistenzen getragen, unterbezahlten Schnüfflern, nicht selten Alkoholikern, die sich mit untreuen Ehefrauen und korrupten Vertretern der Staatsmacht herumschlagen mußten. Die Helden der »Schwarzen Serie« waren die ersten Anti-Helden des Films, geborene Verlierer, die auf bürgerliche Moralvorstellungen pfiffen, weil sie einfach zuviel Gemeinheit und Schmutz gesehen hatten, um noch für irgend etwas »Gutes« den Hals zu riskieren. Die Rolle des Sam Spade sollte eigentlich mit dem seinerzeit prominenten Schauspieler George Raft (1895–1980) besetzt werden, aber dieser lehnte ab, weil er – Star, der er bereits war – sich nicht einem Regisseur anvertrauen wollte, der gerade seinen ersten Film machte. Huston, der angeblich den Ausspruch getan hat: »Der Trick (einen guten Film zu machen) liegt in der Besetzung«, traf hundertprozentig ins Volle: Jede noch so kleine Rolle wurde mit erstklassigen Akteuren besetzt, und er verstand es außerdem, die Atmosphäre des Dashiell Hammett-Romans, der ihm als Vorlage diente, so lebensecht in Szene zu setzen, daß man wirklich von einer kongenialen Übertragung des Mediums Buch auf das Medium Film sprechen kann: Sogar die Dialoge der Schauspieler stammen größtenteils wörtlich aus dem 1930 erschienenen (1928/1929 spielenden) Roman. Hustons Film war zwar nicht der erste, der sich des Malteserfalken bediente (Roy Del Ruth hatte 1930 unter gleichem Titel die Geschichte Sam Spades verfilmt, und 1939 war William Dieterle unter dem Titel *Satan Met a Lady* mit dem gleichen Stoff auf den Markt gekommen), aber daß er die beste und erfolgreichste Version produziert hat, steht außer Frage.

Neu für die damalige Zeit war die Charakterisierung des Haupthandlungsträgers, des »Helden«. Gutman und Cairo sind Schurken – nichts besonderes in einem Krimi. Brigid O'Shaughnessy jedoch entpuppt sich nicht nur als beinahe krankhafte Lügnerin, sondern auch als geldgierige Mörderin, was schon mal ungewöhnlich genug ist für die Frau, in die sich der »Held« verliebt. Aber am ungewöhnlichsten war der »Held« selber: der Privatdetektiv Sam Spade, der weder das Gesetz noch das »Gute« repräsentierte: Er ist ein mieser kleiner Schnüffler mit einem schäbigen Büro in einem schäbigen Haus, ein Mann, der seinen Partner hintergeht, indem er ein Verhältnis mit dessen Frau anfängt; ein Mann, der nach dem Tod seines Partners nichts Eiligeres zu tun hat, als dessen Namen vom Firmenschild entfernen zu las-

›Die Spur des Falken‹ – Sam Spade (Humphrey Bogart) und der Malteser-falke

sen; ein Mann, der auf die Frage seiner Sekretärin, ob er Iva Archer nun heiraten werde, sagt: »Ach, sei nicht albern. Ich wollte, ich wäre ihr nie begegnet.« Er will nicht, daß man ihm aus dieser heimlichen Verbindung einen Strick dreht – deswegen schafft er sich die Geliebte vom Hals. Und die Möglichkeit, daß man aus seinem Verhältnis zu Archers Frau auf ein Mordmotiv schließt, ist auch der einzige Grund, aus dem er nach Thursby fahndet. Sam Spade will sich reinwaschen. Als er bemerkt, daß er in eine Intrige verwickelt wird, bei der es um einen ungeheuren Reichtum geht, klinkt er sich trotz der Tatsache, daß inzwischen drei Menschen bei der Jagd nach dem Falken ums Leben gekommen sind, in das Netz aus Gewalt und Lügen ein – aber nicht etwa so, wie es die glattrasierten Filmdetektive Hollywoods vorher getan hätten (so tun als ob, und die ganze Bande dann hochgehen lassen) –, er macht tatsächlich mit, um so viel wie möglich für sich persönlich herauszuschlagen. Spade ist es auch, der Gutman eiskalt vorschlägt, den belämmerten Revolverschwinger Wilmer zu opfern (»Jedenfalls ist er für die Rolle wie geschaffen. Seht ihn euch doch an!«); eine Gemeinheit ersten Ranges unter Brüdern gleicher Kappe, sollte man meinen, aber durchaus selbstverständlich für einen Charakter, der wirklich so mies und schäbig ist, wie er aussieht. Sogar Brigid, die eine Schwäche für ihn hat, liefert er den Behörden aus: Das Geschäft geht vor. Er hat zwar so gut wie nichts aus dem geplanten Geschäft herausgeschlagen (und opfert sogar noch den einzigen ihm verbliebenen Tausender, um ihn der Polizei als »Bestechungsgeld« auszuhändigen), aber ein möglicher Profit bleibt ihm: Sein Ruf wird sich in Zukunft so weit bessern, daß er sich die wirklich dicken Fische (= Auftraggeber) an Land ziehen kann. Und so könnte aus dem kleinen Schnüffler einmal ein geachteter Geschäftsmann werden.

»Huston hat den düsteren Pessimismus seiner Vorlage, den Zynismus und die Skrupellosigkeit, mit denen hier der Kampf ums Dasein geführt wird, unverfälscht in seinen Film übertragen. Ein harter Schlag für amerikanische Zuschauer: Selbst die Frau, mit der der Held anbändelt, wird von ihm kaltblütig der Polizei ausgeliefert, wenn es um die eigene Haut geht. Bogart fand hier sein ideales Rollenfach: den wortkargen Helden, den furchtlosen Einzelgänger, für den es schon ein Erfolg ist zu überleben.« (Dieter Krusche, RECLAMS FILMFÜHRER)

Ⓥ Warner Home (u.d.T. *Die Spur des Falken*

Tanz der Vampire

(DANCE OF THE VAMPIRES/THE FEARLESS VAMPIRE KILLERS OR
PARDON ME, BUT YOUR TEETH ARE IN MY NECK). Großbritan-
nien 1967. **P** Cadre Films/Filmways (Roman Polanski/Gene
Gutowski/Martin Ransohoff). **R** Roman Polanski. **B** Gérard
Brach/Roman Polanski. **K** Douglas Slocombe. **M** Krzysztof Ko-
meda. **D** Jack MacGowran (Prof. Abronsius), Roman Polanski
(Alfred), Ferdy Mayne (Graf Krolock), Alfie Bass (Yoine Sha-
gal), Jessie Robbins (Rebekka), Sharon Tate (Sarah), Iain
Quarrier (Herbert), Terry Downes (Koukol), Fiona Lewis
(Magda), Ronald Lacey (Dorftrottel), Sydney Bromley (Kut-
scher). **F** 107 Min.

Der schrullige Professor Abronsius, äußerlich eine Mischung
aus Mark Twain und Albert Einstein, im Inneren seines Wesens
so ausgeglichen wie Don Quichotte, ist ein anerkannter Spezialist auf dem Gebiet der Fledermausforschung. Durch allzu küh-
ne Behauptungen in einem wissenschaftlichen Randgebiet, dem
Vampirismus, hat er seinen Lehrstuhl an der Universität Kö-
nigsberg verloren. Als Privatgelehrter macht er sich zusammen
mit seinem treuen Famulus Alfred auf den Weg, seine Theorien
über die Existenz von Vampiren zu beweisen. Reiseziel ist das
tief verschneite, frostklirrende Transsylvanien. Per Pferdeschlitten erreichen die beiden die abgelegene Herberge der jüdischen Familie Shagal, aber zuerst muß der zum Eisblock erstarr-
te Professor in der Wirtsstube aufgetaut werden. Wieder zu sich
gekommen, fallen ihm sofort Unmengen herumhängender
Knoblauchzehen auf: ein untrügliches Zeichen der ständigen
Bedrohung durch Vampire. Da kann die Burg des Obervampirs
nicht weit sein! Entsprechende Fragen ernten jedoch nur verängstigte Reaktionen.

Die erste Nacht in der Herberge verläuft ohne vampirische Attacken. Doch muß der neugierige Abronsius durch ein Versehen einen gezielten Schlag mit einer großen Salami einstecken. Der zweite Abend bringt die Forschungen erheblich weiter. Alfred hat sich in Sarah, die Wirtstochter, verliebt, die den absoluten Reinlichkeitstick hat. So überläßt Alfred ihr am Abend das für Gäste reservierte Badezimmer, wohl wissend, daß dessen Tür ein großes Schlüsselloch aufweist. Was er dadurch sieht, verschlägt ihm die Spache: Sarah wird von einem durchs Dachfenster eingedrungenen Vampir gebissen und verschleppt – Alfred, vor Schreck nur noch der Zeichensprache mächtig, alarmiert Abronsius. Der Professor ist begeistert, denn die Blutspuren beweisen seine Hypothesen. Shagal kann die Euphorie seines Gastes weniger teilen. Verzweifelt macht er sich auf, Sarah zu suchen. Er wird am nächsten Morgen vor der Herberge gefunden: blutleer und offenbar tot. Abronsius erkennt sofort den wahren Sachverhalt – auch Shagal ist zum Vampir geworden. Trotz intensiven Trainings mit angespitztem Holzpflock, Hammer und Kissen (bekanntlich können Vampire nur erlöst werden, indem man einen Pfahl durch ihr Herz treibt) gelingt es dem Professor und Alfred nicht, den Vampir Shagal bis zur Abenddämmerung unschädlich zu machen: Er flieht und zeigt seinen Verfolgern dabei unwillentlich den Weg zum Schloß des Grafen Krolock – der in dieser Gegend den Part des Chefvampirs innehat.

Abronsius und Alfred können zwar ins Schloß eindringen, werden aber von Koukol, dem gräflichen Diener (einem unverkennbaren Exemplar der Gattung »Glöckner von Notre Dame«) gestellt und vor dessen Herrn gebracht. Der Graf gibt sich ganz als vielbelesener Lebemann; selbstverständlich kennt er auch Abronsius' Standardwerk »Die Fledermaus und ihre Geheimnisse«. Der Professor fühlt sich geschmeichelt. Eine unbedachte Äußerung verrät Krolock die wahren Absichten seiner Besucher. Zwar versucht der Professor durch ein hinreißendes Ablenkungsmanöver (Thema: Die *schlafwandelnde* Fledermaus) seinen Fehler zu vertuschen, er kann jedoch das Mißtrauen des Grafen nicht zerstreuen. Bevor Abronsius und Alfred ihre Zimmer aufsuchen, begegnen sie Herbert, dem Sohn des Grafen, einem offensichtlich homosexuellen Vampir, was bei Alfred zu Schweißausbrüchen führt. Von Furcht geplagt, will

Sharon Tate und Roman Polanski in ›Tanz der Vampire‹

Alfred in Abronsius' Bett schlafen, doch der Graf quartiert ihn im Nebenzimmer ein: Seine Mimik verrät Zufriedenheit, als er auf die Verbindungstür hinweist, offenbar vermutet er bei Alfred ähnliche Neigungen wie bei seinem Sohn.

Am nächsten Morgen – Graf und Grafensohn haben inzwischen in ihren Luxussärgen ihre tägliche Ruhe gefunden – versuchen die beiden Vampirjäger, mit entsprechendem Werkzeug bewaffnet, in die Krypta des Schlosses einzudringen, um die Vampire unschädlich zu machen. Der direkte Weg ist versperrt; Koukol bewacht den Eingang. So müssen sie übers Dach. Der Einstieg erweist sich als zu eng. Nur Alfred kann die Särge erreichen; der Professor bleibt stecken. Zappelnd kann er nur noch Anweisungen geben, die jedoch auf fruchtlosen Boden fallen, da Alfreds Nerven versagen. Er soll den Professor aus seiner

279

mißlichen Lage befreien, wird jedoch von einem geheimnisvollen Gesang abgelenkt. Er erkennt Sarahs Stimme, sucht und findet die Entführte in einem Badezuber. Er will sie zur Flucht überreden, aber Sarah will noch an dem für die folgende Nacht angesetzten Ball teilnehmen. Alfred verläßt Sarah, um Abronsius zu retten, der wieder eingefroren ist. Bei dem Rettungsversuch verliert Alfred das Werkzeug zur Bekämpfung von Vampiren. Erst gegen Abend ist der Professor wieder einsatzfähig.

Mit dem Buch »Hundert Arten, einer hübschen Jungfer seine holde Liebe einzugestehen« aus dem Jahre 1732 bewaffnet, sucht Alfred seine Sarah. Er findet Herbert, der sich auf eindeutig zweideutige Weise an ihm zu schaffen macht. In letzter Sekunde schiebt Alfred ihm o. a. Aufklärungsschrift zwischen die Zähne, was eine wilde Verfolgungsjagd auslöst, der sich auch der Professor nicht entziehen kann. Am Ende werden sie von Graf Krolock auf einen Dachvorsprung gesperrt und sehen mit an, wie die Vampire aus den Gräbern steigen und – in prächtige Gewänder gehüllt – dem Balltreiben entgegeneilen. Im Ballsaal des Schlosses präsentiert der Graf seiner Zunft als Höhepunkt des Festes einen besonderen Leckerbissen: Sarah!

Unterdessen gelingt es Abronsius und Alfred, sich mit Hilfe physikalischer Gesetze zu befreien. Verkleidet mischen sie sich unter das menuettanzende Vampirvolk und suchen Sarahs Nähe, um sie zu warnen und mit ihr zu fliehen. Doch sie werden enttarnt: Beim Tanzen geraten sie sie vor einen großen Spiegel, in dem (Vampire haben bekanntlich kein Spiegelbild) ausschließlich ihre Abbilder zu sehen sind. Auf geht die wilde Jagd, doch die Morgendämmerung ist nah, und so glückt die Flucht trotz einer letzten Attacke Koukols.

Ein friedliches Bild: Langsam bahnt sich der Pferdeschlitten seinen Weg durch die Winterlandschaft. Der Professor triumphiert, ist in Gedanken weit fort. So hört er auch nicht die Hilferufe seines Famulus', der, zunächst ganz von Liebe erfüllt, die mangelnde Körperwärme seiner geliebten Sarah zu spät wahrgenommen hat: Sarahs Verwandlung zum Vampir ist vollendet, sie schlägt ihre Reißzähne in Alfreds Hals: »In jener Nacht auf der Flucht aus den Südkarpaten wußte Professor Abronsius noch nicht, daß er das Böse, das er für immer zu vernichten hoffte, mit sich schleppte. Mit seiner Hilfe konnte es sich endlich über die ganze Welt ausbreiten.«

Roman Polanski bezeichnet den *Tanz der Vampire* in seinen Memoiren als »eine Art Kultfilm«. Dies trifft sicher für den anglo-amerikanischen Markt zu. Um den Film zu finanzieren, hatte sich Polanski mit dem Produzenten Martin Ransohoff von der Firma Filmways zusammengetan. Ransohoff erhielt die Verwertungsrechte für Nordamerika, Polanski die für den Rest der Welt. Heraus kamen dabei zwei verschiedene Filme: Polanskis Original und eine verstümmelte US-Version. Polanski: »Ich begriff sofort, daß es ein Riesenfehler von mir gewesen war, ihm (Ransohoff) den endgültigen Schnitt für die USA und Kanada zu überlassen; das ganze Ausmaß meiner Dummheit erkannte ich allerdings erst viel später. Aus dem englischen Filmtitel *Dance of the Vampires* machte er, *The Fearless Vampire Killers, or Pardon Me, Your Teeth Are in My Neck*. Sämtliche Stimmen waren neu synchronisiert, damit sie amerikanischer klangen. Auch hatte Ransohoff an Komedas Musik herumgepfuscht und aus dem Film nicht weniger als zwanzig Minuten herausge-

›Und wat nu, Herr Professor?‹

281

schnitten, wodurch er die Handlung verstümmelte. Zum *Ausgleich* gab es einen Zeichentrick-Vorspann, ein lächerliches Produkt, das als Einführung dienen sollte. Ich schämte mich, mit meinem Namen für einen solchen Streifen geradezustehen, doch mein Vertrag ... gab mir keine Handhabe, ihn löschen zu lassen.« Ransohoffs Version erwies sich als Totalflop. Sie spielte in Nordamerika weniger ein als z. B. Polanskis Version in Taiwan. Erst Jahre später durfte das Original in den USA und Kanada gezeigt werden.

Kinograuen, schwere Musik, düstere Szenarien und alle anderen schauererregenden Versatzstücke des Horrorfilms erwartet man vergebens. Polanski ist offensichtlich gegen Vampirfilme herkömmlicher Art. Er beherrscht zwar die Klaviatur des Horrorgenres (und verlangt Grundkenntnisse des Vampirismus auch von seinen Zuschauern), spielt sie jedoch auf seinen Weise. Er verjuxt und variiert Einzelheiten und verdreht das Genre in seiner Gesamtheit. Wer Spaß an Vampirfilmen hat und ihre Pervertierung zuläßt, dazu Sinn für Absurditäten hat, für den ist *Tanz der Vampire* geradezu ein Leckerbissen. Schon in seiner Grundstruktur ist der Streifen ein Anti-Vampirfilm! In Bram Stokers literarischer Vorlage DRACULA sind die Vampirjäger Helden – edel, selbstlos, mutig –, die die Menschheit retten wollen. Polanski zeichnet Anti-Helden – trottelig, weltfremd, kleinkariert und ängstlich –; sie dienen hauptsächlich der Wissenschaft. Stokers Transsylvanien ist eine wild zerklüftete, unwirtliche, von Wind und Wetter gezeichnete Gebirgslandschaft mit holprigen, fast unpassierbaren Wegen. Polanskis Karpaten sind einer lieblichen, frostklaren Winterlandschaft mit Alpenpanorama unter trickfilmscharfer Vollmondsilhouette nachempfunden und leicht mit einem Schlitten zu durchqueren. Graf Draculas Drang nach Blut treibt ihn aufgrund von Jungfrauenmangel in die Ferne – erst in London wird er unschädlich gemacht. Graf Krolock, durchaus mit der gealterten Physiognomie seines Vorgängers Dracula ausgestattet, gibt sich als weltmännischer Privatgelehrter, der mehr Wert auf Äußerliches, gut Gebautes legt, aber auch seine nächsten Nachbarn auszusaugen pflegt. Sarkastische Ironie und Schlußpointe Polanskis: Nicht der Dracula-Verschnitt Krolock, sondern Professor Abronsius trägt das Unheil nichtsahnend in die Welt hinaus, auf daß es sich bis zum heutigen Tag ausbreiten kann.

›Tanz der Vampire‹ – die wackeren Vampirkiller (Jack MacGowran, Roman Polanski) an der Pforte zum Unheil

Polanski bringt in seinem Film eine Gag-Fülle, die das Genre durch den Kakao zieht – nur wenige können hier erwähnt werden, wie z. B. die Figur des homosexuellen Vampirs Herbert: Erst durch ihn besteht eine unmittelbare Gefahr für Abronsius und Alfred, da Vampire in der Regel heterosexuell sind und die weiblichen Mitglieder ihrer Zunft erst am Ende des Films aus den Gräbern steigen. Polanskis Vampire behalten nicht nur ihre ehemaligen menschlichen Charaktereigenschaften und Verhaltensweisen bei, sondern sogar ihre Religionszugehörigkeit. So wirkt z. B. bei dem jüdischen Vampir Shagal das ihm entgegengehaltene Kreuz nicht, ein Einfall, der in der deutschen Fassung aus (falscher?) Rücksichtnahme sinnentstellt wird. Um beim Tanz im Ballsaal den Spiegeleffekt zu erzielen (Abronsius, Alfred und Sarah spiegeln sich als einzige Anwesende, da sie keine

Vampire sind), ließ Polanski den Saal spiegelbildlich zueinander zweimal bauen. Der Spiegel war in Wirklichkeit nur eine umrahmte Öffnung. Im ersten Ballsaal tanzte die illustre Vampir-Gesellschaft nebst ihren »Gästen«, im zweiten drehten sich deren Doubles.

ⓥ MGM/United Artists

»Es ist mir egal, daß Sie meine Manieren nicht mögen.
Ich mag sie selber nicht. Sie sind ganz schön schlecht. An
langen Winterabenden schäme ich mich deswegen ...«

HUMPHREY BOGART

Tote schlafen fest

(THE BIG SLEEP). USA 1946. **P** Warner (Howard Hawks), **R** Ho-
ward Hawks. **B** William Faulkner/Jules Furthman/Leigh Brak-
kett.**LV** Raymond Chandler. **K** Sidney Hickox. **M** Max Steiner.
D Humphrey Bogart (Philip Marlowe), Lauren Bacall (Vivian),
John Ridgely (Eddie Mars), Martha Vickers (Carmen), Doro-
thy Malone (Mädchen in der Buchhandlung), Peggy Knudsen
(Mona Mars), Regis Toomey (Bernie Ohls), Charles Waldron
(General Sternwood), Bob Steele (Canino), Elisha Cook Jr.
(Harry Jones), Charles D. Brown (Norris), Louis Jean Heydt
(Joe Brody), Sonia Darrin (Agnes), Tom Rafferty (Carol
Lundgren), Theodore von Eltz (Geiger). **SW** 114 Min.

Das Schlüsselerlebnis bei den Dreharbeiten zu *The Big Sleep* für
Regisseur Hawks, seine Schauspieler und seine Crew gehört in
die Kategorie der großen Anekdoten der Filmgeschichte. Ge-
nüßlich wird die Story in jedem Filmbuch, in jedem Zeitungsar-
tikel über Hawks und den Film aufs neue erzählt. Sie zu unter-
schlagen, käme einer Majestätsbeleidigung nahe, ein Risiko,
das auch wir nicht eingehen wollen.
Auf dem Drehplan stand die Szene am Lido-Pier. Ein Kran
hievt unter lauten Geräuschen einen Wagen aus dem Wasser.
Der Tote darin ist laut Drehbuch General Sternwoods Chauffeur Owen Taylor. Weder Drehbuch noch Roman sagten jedoch etwas darüber aus, wer Taylor in diese mißliche Lage, von
der er sich nicht mehr erholen konnte, gebracht hatte. Das Filmteam rätselte, Theorien wurden entwickelt, dann wieder verworfen. Jeder logische Ansatz paßte dann doch nicht. Und Dis-
kussionen dieser Art lenken bekanntlich von der Arbeit ab.
Hawks wurde nervös. Kurzentschlossen schickte er ein Tele-

gramm an Raymond Chandler, den Romanautor, mit der Bitte um Aufklärung. Chandler kabelte sofort zurück, und wie es bei echten saftigen Anekdoten so üblich ist, erzählt man sich heute – was den Inhalt der Antwort betrifft – zwei verschiedene Versionen: Chandler sehe das Problem zum ersten Male, er habe selbst dazu keine Meinung, bzw. er habe zwar einen Namen genannt, aber Hawks hätte sofort erkannt, daß dieser zur Tatzeit ein Alibi gehabt hätte. Der Regisseur gab die Jagd nach dem Täter auf, was im übrigen auch nie sein Anliegen gewesen war. Er konzentrierte sich voll und ganz auf interessante Szenen, Situationen, Details, Typen. Und vielleicht ist die Anekdote tatsächlich nur eine Finte gerissener Werbeleute gewesen, die damit das Publikum auffordern wollten, es dem Regisseur gleichzutun. Hawks' Credo: Die Atmosphäre, das Milieu, der Background, die dazugehörenden Personen müssen einfach stimmen, dann bügelt eine temporeiche Inszenierung von selbst alle Ungereimtheiten des Plots aus.

Die Schwäche im Aufbau und im Ablauf der Handlung ergibt sich aus der Entstehungsgeschichte des Romans. THE BIG SLEEP erschien 1939 und war Chandlers erster Roman. Bis dahin hatte er viele Kurzgeschichten geschrieben, die er für seinen ersten Roman kräftig anzapfte: Zwei davon, KILLER IN THE RAIN (1935) und THE CURTAIN (1936) bildeten das Grundgerüst, drei weitere Geschichten, THE MAN WHO LIKED DOGS (1936), FINGER MAN (1934) und MANDARIN'S JADE (1937), lieferten Motive. Nur etwa ein Drittel des Romans war neu. So waren Fehler geradezu vorprogrammiert. Freunde des klassischen *whodunit* Sherlock Holmes'scher Prägung können daher naturgemäß mit THE BIG SLEEP wenig anfangen. Was den Roman indes deutlich über das Niveau thematisch ähnlicher Krimis hebt (manche sprechen sogar von einem Werk mit einigem literarischen Rang!), ist die Dramatik und Geschlossenheit einzelner Szenen. Raymond Chandler, stark von seinen Zeitgenossen Hemingway und Hammett beeinflußt, ist ein Meister exakter Milieubeschreibung, er besitzt wie nur wenige Schriftsteller seiner Literaturgattung die Fähigkeit, handfeste Charaktere zu gestalten und sie im besonderen Maße scharfsinnige, oft gewitzte Dialoge sprechen zu lassen. Chandler über Chandler: »Mich reizte mehr die Situation, in der das Geheimnis eher durch die Schilderung und das Verständlichmachen einer einzelnen Figur, die immer

Das Traumpaar der Schwarzen Serie – Humphrey Bogart und Lauren Bacall in Howard Hawks' ›Tote schlafen fest‹

stark im Vordergrund steht, gelöst wird, als durch die langsame und manchmal umständliche Verknüpfung vom Umständen.« Howard Hawks gelang es auf vorbildliche Weise, das Chandlersche Stilprinzip aussagegerecht in das Medium Film umzusetzen. Der Film zeigt eine durchaus komplizierte Verkettung von Situationen fast aus der Sicht des Protagonisten, des Privatdetektivs Philip Marlowe. Marlowe bleibt so gut wie immer im Bild. Die Konturen seines Charakters sind eigenständiges Strukturprinzip, die Atmosphäre um ihn herum hat Vorrang vor der eigentlichen kriminalistischen Aufklärung, die wiederholt nur beiläufig zum Zuge kommt. Chandler sah sich durch Hawks' Auslegung verstanden, er war begeistert. Er schrieb an seinen englischen Verleger: »Wenn du Dir den Film *The Big Sleep* ansiehst ..., wirst Du merken, was ein Regisseur, der ein Gespür für die Atmosphäre und den erforderlichen unterschwelligen Sadismus hat, aus so einer Geschichte alles machen kann.«

Um den Inhalt des Films unmißverständlich wiederzugeben, müßte man entweder den ganzen Roman oder – noch besser – das gesamte Drehbuch abdrucken. Das hätte den Vorteil, daß der Leser Unklarheiten durch wiederholtes Nachlesen abstellen könnte. Aus Platzgründen ist jedoch gerade das leider nicht möglich. Auch die Story nachzuerzählen, ohne beim Lesen allgemeine Verwirrung auszulösen, ist nahezu unmöglich. Schon um die vielen Namen der Leichen und anderer Personen, die im Film vorkommen oder von denen nur gesprochen wird, richtig zuzuordnen, bedarf es erheblicher Konzentration. Es erscheint daher sinnvoll, sich von den Nebenschauplätzen zu lösen und dem Leser und zukünftigen Zuschauer nur den Hauptfall und seine Lösungsmöglichkeiten zu präsentieren, was im übrigen schon schwierig genug ist. Dieses Verfahren hat den Vorteil, daß sich der Zuschauer leichter in dem Gestrüpp der Intrigen zurechtfinden und seine Aufmerksamkeit auf die Intention des Filmes, seine Atmosphäre, lenken kann.

Philip Marlowe bezeichnet sich selbst als »Spürhund«. Er ist ein Einzelgänger, ein übrig gebliebener Cowboy in den Schluchten der Stadt, selbstsicher mit festen Grundsätzen. Auf die Frage, wie er seinen Brandy nehme, antwortet er wie selbstverständlich: »Im Glas!« Die Alternative kann bei ihm nur die Flasche sein. Spätestens hier platzt die Seifenblase der Romantik. »Mr. Philip Marlowe ist ein simpler, vulgärer Alkoholiker, der nie mit seinen Klientinnen schläft, solange er im Dienst ist«, ist die einfache Beschreibung, die Chandler für seinen Detektiv übrig hat. Doch ein Hauch von Dienst-ist-Dienst-und-Schnaps-ist-Schnaps-Romantik? Chandler kennt seine Figur so gut wie sich selbst: »P.M. hat soviel soziales Gewissen wie ein Droschkengaul. – P.M. interessiert sich einen Dreck dafür, wer Präsident wird, weil er weiß, es wird ein Politiker sein. – P.M. verachtet die oberen Klassen nicht, weil sie immer schön sauber gebadet sind und Geld haben; er verachtet sie, weil sie vor Verlogenheit stinken.«

Dieser Philip Marlowe wird eines Tages zu Ex-General Stern-
wood gerufen. Der General hat Ärger wegen seiner Töchter.
Die jüngere Carmen, eine Nymphomanin mit Lust und Laune,
ist rauschgiftsüchtig, die ältere, Vivian Rutledge, spielbesessen.
Jetzt wird Sternwood auch noch wegen einer Tochter erpreßt.
Er soll Schuldscheine einlösen, die mit der Unterschrift von
Carmen verziert sind. Es gehe da wohl um Fotos. Der letzte Fall
dieser Art sei erst rund ein Jahr her. Damals habe sein Intimus
Shawn Regan die Sache schnell erledigt. Regan, ein Draufgän-
ger und alter Bekannter Marlowes (»In alten Zeiten pflegte er
Rum nach Mexiko zu schmuggeln, und ich stand auf der ande-
ren Seite. Wir tauschten gewöhnlich Schüsse aus, zwischen
Drinks, oder Drinks zwischen Schüssen.«), dieser Shawn Regan

*›Ja, wer hat den Chauffeur denn nun ermordet, Puppe?‹ – Dorothy
Malone und Humphrey Bogart*

also habe den General von heute auf morgen ohne Abschieds-
brief verlassen, vor ungefähr einem Monat. So sehe sich der General gezwungen, Marlowe zu engagieren. Absender des Er-
presserbriefs ist ein gewisser A.G. Geiger. Dessen Haus wird in
der Folge Ausgangs- und Schlußpunkt einer Reihe von Verbrechen. Dort findet Marlowe Carmen im Zustand der Volldröh-
nung vor.
Daneben liegt eine Leiche, die später jedoch verschwunden ist,
aber einen dicken Blutflecken hinterlassen hat. Marlowes Kom-
mentar: »Jemand erschoß Geiger. Oder Geiger hat jemanden
erschossen und ist dann weggerannt. Oder es gab Fleisch zum
Mittagessen, und er hat die Angewohnheit, seine Hühner im
Wohnzimmer zu schlachten. Nein, das gefällt mir auch nicht.
Nein …« Diese Worte spricht er übrigens zu Eddie Mars, den er
gerade in Geigers Haus kennengelernt hat. Mars ist Eigentümer
des Spielclubs, den Vivian bevorzugt aufsucht. Und gerade Vivian hat es Marlowe angetan!

VIVIAN: Sie mögen doch meinen Vater?

MARLOWE: M'hm.

VIVIAN: Schön, warum hören Sie dann nicht auf?

MARLOWE: Habe ich ihnen nicht gesagt, daß ich anfange, einen
anderen der Sternwoods gern zu haben?

VIVIAN (schaut ihn mit großen Augen an): Oh, ich wollte, Sie
würden's zeigen.

MARLOWE: Das ist schrecklich einfach. (Er beugt sich über sie
und …)

Zwei oder drei Leichen später sieht sich Marlowe bestätigt, daß
Eddie Mars etwas gegen seine Mrs. Wonderful in der Hand hat.
Das große Finale in Geigers Haus soll Aufklärung bringen.
Mars postiert zwei Gorillas vor dem Haus. Er geht hinein, muß
aber zu seinem Frust erkennen, daß Marlowe schon da ist. Vi-
vian ebenfalls. Einige geübte Handgriffe sorgen für Klarheit,
Mars ist unbewaffnet.

MARLOWE: Ich hab' Sie gefragt, wie's passiert ist.

MARS: Schön, Carmen liebte Regan, aber …

MARLOWE: Er liebte Ihre Frau, und er sagte »nein« zu Carmen.
Sie schnappt über, wenn das irgend jemand sagt. Ich hab' das
bei ihr schon erlebt. Weiter!

MARS: Sie war ganz schön süchtig. Aber nach einiger Zeit,
wenn's vorbei ist, kann sie sich nie an etwas erinnern.

Humphrey Bogart, Lauren Bacall und Martha Vickers in ›Tote schlafen fest‹

MARLOWE: Ja, das hab' ich bei ihr auch schon erlebt. Dann haben Sie die Leiche versteckt und …
MARS: Das können Sie nicht beweisen!
MARLOWE: Für Sie ist's genauso schlecht, wenn ich mir's selbst beweise. Dann fingen Sie an, Mrs. Rutledge zu erpressen; Sie sagten ihr, was Carmen getan hat …
Mars wußte, daß Vivian ihre Schwester decken würde, ja sich sogar des Mordes bezichtigen würde. Die Vermutung liegt nahe, daß Mars selbst aus Eifersucht Regan umgebracht hatte und geschickt die drogenbedingte Verwirrung Carmens ausnutzte. Widersprüche in sich; Fragen, die offenbleiben; Beweisnot? Marlowe weiß sich zu helfen, er fällt ein Gottesurteil: »Sie wollten sich hierher setzen und allem zustimmen, so, wie Sie's jetzt

tun. Wenn ich zur Tür hinausgehen würde, würden die Dinge ganz anders liegen. Da warten nämlich die Jungens draußen. Jetzt ist aber alles ganz anders, Eddie, weil ich zuerst hier war …«

Marlowe geht mit dem Revolver auf Eddie Mars zu, drückt ab, trifft Mars in den Arm, Mars sackt zusammen, rettet sich zur Tür, ein zweiter Schuß, Mars rennt schreiend zur Tür hinaus. Eine Maschinengewehrsalve knattert los ….

Die Polizei wird bald eintreffen. Marlowe weiß noch nicht, was er ihr erzählen wird, aber: Es wird der Wahrheit sehr nahekommen!

Die Filmgeschichte ist gespickt mit Marlowes. Chandler über Bogart-Marlowe: »Bogart ist natürlich auch viel besser als jeder Darsteller schäbiger Typen …. Bogart wirkt auch ohne Kanone gefährlich. Außerdem hat er einen Humor, der den bekannten heiseren Unterton der Verachtung enthält … Bogart ist da absolut echt. Wie Edward G. Robinson braucht er nur den Schauplatz zu betreten, und er beherrscht ihn schon.«

Uhrwerk Orange

(A CLOCKWORK ORANGE). GB 1971. **P** Polaris-Hawk Films
(Stanley Kubrick). **R B** Stanley Kubrick. **LV** Anthony Burgess.
K John Alcott. **M** Wendy (damals noch: Walter) Carlos, Ludwig
van Beethoven, Henry Purcell, Gioacchino Rossini, Sir Edward
Elgar, Terry Tucker, Erika Eigen, Arthur Freed, Nacio Herb
Brown, Nikolai Rimski-Korssakow, James Yorkston. **D** Mal-
colm McDowell (Alex DeLarge), Patrick Magee (Mr. Alexan-
der), Adrienne Cori (Mrs. Alexander), Warren Clarke (Dim),
James Marcus (Georgie), Michael Tarn (Pete), Anthony Sharp
(Friedrich, der Innenminister), Sheila Raynor (Em), Philipp
Stone (Pe), Paul Farrell (Landstreicher), Miriam Karlin (Mrs.
Weathers, die »Cat Lady«), Michael Bates (Gefängnisaufseher
Barnes), Godfrey Quigley (Gefängnispfarrer), Michael Gover
(Gefängnisdirektor), Carl Duering (Dr. Brodsky), Madge Ryan
(Dr. Branom), Aubrey Morris (P.R. Deltoid), David Prowse
(Julian), John Clive (Schauspieler auf der Bühne), Virgina
Weatherell (Schauspielerin auf der Bühne), Richard Con-
naught (Billyboy), Pauline Taylor (Psychiater). **F** 137 Min.

Uhrwerk Orange beginnt wie *2001: Odyssee im Weltraum* endet:
mit einem Kamerablick ins Gesicht eines ungewöhnlichen Wesens. Kein Sternenkind freilich dieses Mal, kein Nietzsche'scher
Übermensch in Embryonalform, im Gegenteil: ein junger
Mann im exotischen Dress, mit Melone und falschen Wimpern
und impertinentem Blick – die pure Verkörperung des Es.
Doch lassen wir ihn seine Geschichte selbst erzählen und unter-
brechen ihn dabei nur hin und wieder: »Das hier bin ich, Alex.
Und meine drei Droogs, Pete, Georgie und Dim. Wir hockten
in der Korova-Milchbar und überlegten uns, was wir mit diesem
Abend anfangen sollten. In der Korova-Milchbar konnte man
Milch-plus kriegen, Milch plus Vellocet oder Synthemesc oder

Drencrom. Das heizt einen an, und ist genau richtig, wenn man Bock hat auf ein wenig Ultrabrutale.«

Erstes Opfer der vier Maltschicks wird ein Penner: »Einen solchen alten, dreckigen, stinkenden Suffkopf zu sehen, ging mir schon immer gegen den Strich. Besonders, wenn er die Dreckslieder seiner Väter grölte und zwischendurch rülpste: Blurp! Blurp!, als bestände er nur aus Kotze und Scheiße. Diese Typen waren mir schon immer eklig, ganz egal wie alt. Aber besonders wenn's so ein alter Kacker wie dieser hier war.

Beim verlassenen Spielkasino stießen wir plötzlich auf Billyboy und seine vier Droogs. Die wollten gerade mal wieder das alte Rein-Raus-Spiel an einer hysterischen, kreischenden jungen Dewotschka praktizieren.« *(Ho Ho Ho. Da wäre ja das fette, stinkende Billy-Schwein höchstpersönlich. Komm Er her, damit ich Ihm eins in die Eier verpasse …)*

Nach einer kleinen Schlacht zu Rossinis »Diebischer Elster« geht's aufs Land: »Der Durango 95 schnurrte nur so los, richtig Horrorshow, und ein warmes Vibrato verbreitete sich in unserem Bauch. Und bald, meine Brüder, gab's überhaupt nur noch Bäume und Dunkelheit, die in der Landnacht zusammenflossen. Für eine Weile hatten wir unseren Spaß mit anderen Autofahrern, und ließen so richtig die Kuh fliegen. Dann ging's nach Westen, um einen von unseren alten Überraschungsbesuchen zu machen. Das war immer ein Mordstrip mit großer Schaffe und Ultrabrutalem *(I'm singing in the rain - ZACK!).*

Wir fühlten uns ein wenig schlaff und abgefuckt, denn schließlich, oh meine Brüder, war es doch ein Abend mit einem gewissen Energieverbrauch. Die Karre ließen wir irgendwo stehen und schauten nochmal kurz auf einen letzten Drink in die Korova-Milchbar. Ein paar Sophistos vom Telestudio nebenan hockten am Tisch gegenüber, und die Dewotschka quiekte und quatschte drauflos, als gäb's keine Bosheit auf der Welt. Dann hörte zwischendurch die Stereobox mal auf, und in die kurze Stille, bevor die nächste Scheibe abging, platzte ihre Stimme hinein. Und sie sang und, oh meine Brüder, für einen Augenblick war's, als sei ein großer bunter Vogel in die Milchbar gerauscht. Und ich spürte, wie sich all meine Body-Härchen aufrichteten, und ein Schauer kroch langsam an mir rauf und runter, als wär's eine Eidechse. Denn ich wußte, was sie sang – ein Stück aus der gloriosen Neunten von Ludwig Van.

Die Abenteuer eines jungen Mannes, dessen Hauptinteressen
Vergewaltigung, Verbrechen und Beethoven sind.

STANLEY KUBRICKS

Deutsche Adaption

WOLFGANG STAUDTE

Eine Stanley Kubrick-Produktion »UHRWERK ORANGE« · In den Hauptrollen: Malcolm McDowell
Patrick Magee · Adrienne Corri und Miriam Karlin · Drehbuch: Stanley Kubrick
Nach dem Roman von Anthony Burgess · Produktion und Regie: Stanley Kubrick
Produktionsleitung: Max L. Raab und Si Litvinoff Ein Film der Warner Bros, A Warner Communications Company
Im Verleih der Warner-Columbia   Original-Soundtrack creatieren auf Warner Bros. Schallplatte 46 127

Städtischer Wohnblock 18 A, Siedlung Nord. Das war, wo ich wohnte, mit meiner Em und meinem Pe. Es war ein wunderbarer Abend, und was er noch brauchte, um wahrhaftig großartig zu enden, war ein wenig vom alten Ludwig Van. Oh, Unbeschreiblichkeit der Himmel. Es war die Herrlichkeit, und die Herrlichkeit wurde Fleisch. Wie ein Vogel aus dem kostbaren Metall des Weltalls gesponnen, wie Silberwein, der durch ein Raumschiff schwebt: Hier wird Schwerkraft zum Unsinn. Und während ich lauschte, sah ich so liebliche Bilder *(Erhängen/ Dracula/Erdexplosion/Dracula/feurige Explosion/Dracula/ Steinlawine/Dracula/Feuersturm)«.*

Nach einem kleinen Intermezzo mit zwei Dewotschkas *(Wohl ein bißchen gefühllos, der kleine Zuckerphallus? Was für eine Mühle hast du denn, Schwesterchen, um deine Fuzzywuzzys abzutasten? Kommt doch und hört mal meinen Sound!)* wird es ernst. Georgie und Dim zetteln eine Palastrevolution an. Alex geht zunächst willig darauf ein: »Als wir am künstlichen See unseres Wohnblocks vorbeigingen, war ich äußerlich ganz ruhig. Aber in mir brodelte es. Jetzt war also Georgie der General und bestimmte, was wir machen sollten und was nicht. Und Dim folgte ihm als hirnlos grinsender Wachhund. Aber dann kam die Erleuchtung, und plötzlich begriff ich, daß das Denken nur was für Bekloppte ist und daß Leute mit Grips sowas wie Inspirationen haben, oder was Smokey ihnen eingibt. Die allerherrlichste Musik kam mir zu Hilfe. Denn irgendwo stand ein Fenster offen mit 'nem Stereo an und da checkte ich genau, was zu tun war. Ich hatte in keins von Dims Hauptkabeln geschnitten und so brachte ein sauberes Taschentuch das rote rote Drevvy bald zum Stoppen. Es dauerte nicht lange, bis die verwundeten Helden sich wieder beruhigt hatten, hier im snackeligen »Grafen von New York«. Diese Schafe, dachte ich, denn jetzt war wieder klar, wer ihr Chef und Anführer war. Aber ein guter Anführer weiß eben auch immer, wenn er sich seinen Leuten gegenüber großzügig zeigen kann.« Man beschließt, die Cat-Lady zu überfallen. Alex bringt sie mit einem Plastikphallus um und wird anschließend von seinen verräterischen Droogies mit einer Milchflasche bewußtlos getolchockt.

»Nun beginnt der wirklich zu Herzen gehende und geradezu tragische Teil meiner Geschichte, oh meine Brüder und einzigen Freunde. Nachdem man sich in einer Gerichtsverhandlung in

Überraschungsbesuch im Hause Alexander – Alex (Malcolm McDowell) und Georgie (James Marcus) beim alten Rein-Raus-Spiel mit der Gattin des Schriftstellers (Adrienne Cori)

recht harten Worten über Euren Freund und ergebenen Erzähler ausgelassen hatte, wurde er zu 14 Jahren verknackt, und saß nun unter übelriechenden Perversen und hartgesottenen Prestoopnicks. Der Schock hatte bei meinem Pe bewirkt, seine armseligen Fäuste gegen Smokey im Himmel zu schütteln. Aber meine Em flennte nur voller Mutterschmerz über den verlorenen Sohn, ihr einzig Kind und Fleisch, Frucht ihres Lebens und so. Kurz: bittere Enttäuschung an allen Fronten.

Nicht sehr erbaulich in dieser Hölle, diesem Zoo von Perversen zu hausen. Seit zwei Jahren bereits. Von brutalen Gefängniswärtern wurde man getolchockt, und umgeben war man von geilen Widerlingen, die nur darauf lauerten, sich über einen so appetitlichen Maltschick hermachen zu können, wie Euer Erzähler einer ist. Ich hatte den Job gekriegt, dem Gefängnispfaffen beim Gottesdienst zu helfen. Er war ein dicker sabbelnder Großkotz. Aber mich mochte er sehr gern, denn ich war jung und neuerdings auch sehr an der dicken Schwarte interessiert.

Ich las alles über die Auspeitschungen und die Dornenkrone, und stellte mir vor, wie ich selbst dabei half und eifrig mittolchockte und auch die Nägel in den Balken schlug. Dabei war ich natürlich ganz auf Römer getrimmt. Den letzten Teil mochte ich dann weniger. Da gab's nur noch religiöses Geseire und keine Raufereien und nichts vom alten Rein-Raus-Spiel. Am besten fand ich die Stellen, wenn sich die alten Yawuhdis in die Haare kriegen und bekämpfen und dann ihren Hebräerwein saufen und mit den Mägden ihrer Weiber ins Bett steigen. Das war mein Trip.«

ALEX: Es ist wegen der neuen Sache, über die alle sprechen, mein Vater. Über die Behandlung, die einen von heute auf morgen aus dem Gefängnis bringt und auch dafür sorgt, daß man draußen bleibt. Die Gefahren sind mir egal, mein Vater. Was ich sein will, ist gut.

PFARRER: Es ist eben die Frage: Macht diese Technik den Menschen wirklich von Grund auf gut? Güte kommt von innen, heißt frei wählen. Kann ein Mensch nicht wählen, ist er nicht mehr Mensch.

»Am nächsten Morgen wurde ich zur medizinischen Anstalt Ludovico gebracht, etwas außerhalb der Stadt. Ich war direkt etwas traurig, den alten Kasten zu verlassen, wie man es ja leicht ist, wenn man einen Ort verläßt, an den man sich gewissermaßen gewöhnt hat. Filme sollte ich zu sehen bekommen, oh meine Brüder. Kino und Filme waren wie nie zuvor. Sie steckten mich in eine Zwangsjacke und schnallten meinen Gulliver an so einer Stütze fest und steckten Kabel und Schnüre und sowas drauf. Dann klemmten sie mir solche Dinger in die Augen, wie Klammern, damit ich sie nicht mehr zumachen konnte, so sehr ich's auch versuchte. Mir kam das Ganze recht idiotisch vor, aber ich ließ sie machen. Ich würde schließlich allerhand über mich ergehen lassen, oh meine Brüder, bei der Aussicht, dadurch in zwei Wochen wieder ein freier Maltschick zu sein.

Der erste Film war richtig gut – ein gekonnter Streifen, wie aus Hollywood. Und der Ton war richtig Horrorshow. Das Geschrei konnte man hören, als ob man dabei wäre, und gleichzeitig auch noch das Keuchen der Maltschicks, wie sie da jemanden tolchockten. Und dann, stellt Euch vor, fing auch schon unser lieber alter Freund, der rote rote Vino, zu fließen an, wie vom Faß. Der gleiche auf der ganzen Welt, als würde er von einer

einzigen Riesenfirma überall hingeliefert. Es war hinreißend. Komisch, daß die Farben der wirklichen Welt erst wirklich echt aussehen, wenn man sie auf dem Screen sieht. Und während ich mir das alles ansah, wurde mir klarer und klarer, daß ich mich weniger und weniger wohlfühlte. Ich schob das auf das gute Essen, die Vitamine, und versuchte, nicht daran zu denken, und mich auf den nächsten Film zu konzentrieren. Sie hatten da eine junge Dewotschka in der Zange und trieben das alte Rein-Raus-Rein-Raus-Spiel mit ihr. Erst ein Maltschick, dann ein anderer, und immer so weiter. Und als schließlich der sechste oder siebente Maltschick dran war und sich lachend und geifernd über sie hermachte, wurde mir wirklich schlecht. Aber ich konnte meine Glotzies nicht zumachen. Und auch wenn ich sie verdrehte, ich konnte den Film nicht aus dem Blickfeld bekommen.
Am nächsten Tag, oh meine Brüder, habe ich mich wirklich bemüht. Morgens und am Nachmittag. Hab' alles getan, was sie wollten und saß da in meinem Folterstuhl wie ein richtig Horrorshow guter Maltschick, während sie gräßliche Ausschnitte von der alten Ultrabrutalen über den Screen schickten. Der Ton war allerdings nicht so, meine Brüder. Man hörte nur Musik. Doch dann merkte ich in all meiner Qual und trotz der Übelkeit, was das für Musik war, die da so dröhnte und toste. Es war Ludwig Van, neunte Symphonie, vierter Satz«. *(Nein! Nein! Aufhören! Es ist eine Sünde. Ludwig Van so zu benutzen. Er hat doch nie jemand etwas getan! Es ist nicht fair, daß mir schlecht wird, wenn ich den lieben, lieben Ludwig Van höre!)*
Die von der neuen Regierung hochgejubelte Aversionstherapie verläuft erfolgreich, Alex wird entlassen. Doch die Welt rächt sich. Pe und Em haben einen Untermieter in seinem Zimmer einquartiert *(Der Schlange ist etwas zugestoßen),* sein früheres Opfer hetzt eine Pennerschar auf ihn, die rettenden Polizistenengel erweisen sich als Georgie und Dim, die Alex aufs Land fahren, tolchocken und beinahe ertränken: »Wo sollte ich nur hin? Ich hatte kein Zuhause und kein Geld und heulte vor mich hin. Nach Hause, nach Hause. Ich hatte mir ein Heim gewünscht, und zu einem Heim kam ich auch, ohne in meinem Zustand zu merken, wo ich war und daß ich schon mal früher hier gewesen bin. Und Ihr werdet's nicht für möglich halten, oh meine Brüder und einzigen Freunde, aber als Euer ergebener Erzähler wie ein hilfloses Kind in den Armen gehalten wurde,

merkte er plötzlich, wo er war und warum das Schild »HOME«
vor dem Haus so vertraut schien. Aber ich wußte, daß mir nichts
geschehen konnte. Er würde mich nicht erkennen. Denn damals
hatten meine Droogs und ich ja unsere Masken aufgesetzt, und
die machten einen unkenntlich, richtig Horrorshow *(I'm singing
in the rain – Wie schön, Sie mögen unseren Wein!)*.
Ich wachte auf. Die Übelkeit saß in mir wie ein wildes Tier.
Dann wußte ich, was es war. Die Musik, die von unten 'rauf
kam: Es war unser alter Freund Ludwig Van. Und es war diese
verdammte neunte Symphonie *(Stellt es ab! Aufhören!!!)*. Plötzlich sah ich vor mir, was zu tun war und was ich schon längst hätte tun sollen. Und das war, endlich Schluß zu machen, ins Gras
zu beißen, sich zu verpissen. Wie eine Rakete aus dieser elenden
Welt abzuzischen. Ein kurzer Schmerz vielleicht, ja, dann aber
konnte ich schlafen. Schlafen, schlafen für immer. Für immer.
Ich sprang, oh meine Brüder. Und fiel hart. Aber es hat mich
nicht ganz erwischt. Sonst wäre ich nicht hier, um zu erzählen,
was ich erzählt habe. Und nach einem langen und schwarzen
Nichts, das eine Million Jahre gedauert haben könnte, bin ich
wieder erwacht. *(Ich hatte diesen scheußlichen Traum, sehr
scheußlich. Wissen Sie, well, als ich bei dem Sturz so hart aufge-
schlagen war und gar nicht mehr so richtig da war, da habe ich
diesen Traum gehabt. Mir war so, als dokterten sie alle an mir
herum, an meinem Gulliver, und wühlten in meinem Gehirn.)*
INNENMINISTER: Es ist kein Geheimnis, daß diese Regierung
wegen Ihnen sehr viel Popularität eingebüßt hat, mein Junge.
Einige meinen, daß wir uns bei der nächsten Wahl nicht werden
halten können. Der Presse hat es gefallen, unsere Versuche in
ein sehr ungünstiges Licht zu stellen. Aber die öffentliche Meinung ist durchaus zu ändern, und Sie, Alex, wenn ich Sie so nennen darf, Alex ...
ALEX: Warum nicht, Sir? Wie heißt du denn zu Hause?
INNENMINISTER: Mein Name ist Friedrich. Nun, wie ich sagte,
Alex, du kannst diese öffentliche Meinung ganz entscheidend
beeinflussen. Verstehst du, Alex? Drücke ich mich klar aus?
ALEX: Wie ein ungetrübter See, Fritz. So klar wie der Himmel
ohne Wolken im Sommer. Verlaß dich auf mich, Fritz.
»Ich war geheilt, all right!«
Auch wenn es vielleicht zunächst nicht so scheint, trägt *Uhrwerk
Orange* doch den Keim des Kultfilms in sich: Zum einen macht

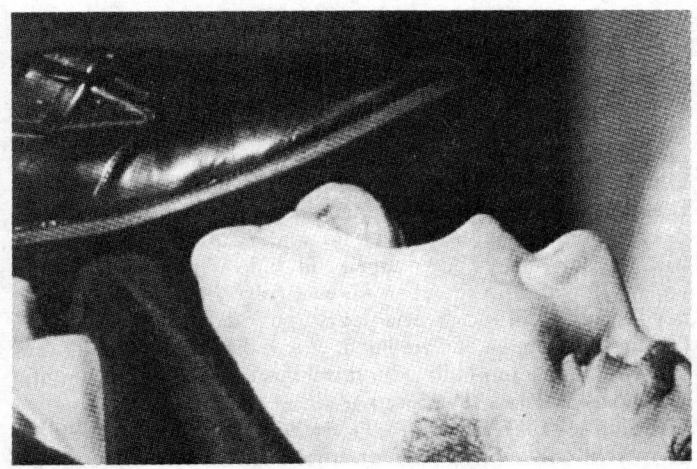

›Und, oh meine Brüder, Ihr werdet's kaum glauben, aber Euer treuer Freund und tief gedemütigter Erzähler streckte seine rote Yatzika fünf Meter weit raus, um diese ekelhaften Schuhsohlen abzulecken‹ – Alex (Malcolm McDowell) als konditioniertes Uhrwerk

die erfundene Nadsat-Sprache, die Tatsache, daß sich der Film keinen Deut um die Entstehung der gezeigten Gewalt kümmert, ihn in gewisser Hinsicht zeitlos. (Andererseits ist er heute auch wieder aktueller denn je: Mittlerweile *gibt* es chemische Verhaltensbeeinflussung, Boy George, Prince und Johnny Rotten.) Und zum zweiten ist sein Held eine Figur, deren Lebensauffassung der des Normalbürgers nicht nur nicht entspricht, sondern dieser geradezu diametral entgegen steht – was Kultisten für gewöhnlich zur Identifikation und das Establishment in der Regel zum Widerspruch herausfordert.

Entsprechend die ausgesprochen zwiespältigen Reaktionen auf den Film: Was für die FILMKRITIK ein »entbehrlicher Alptraum« und für Ulrich Gregor in seiner GESCHICHTE DES FILMS AB 1960 ein »prätentiöses soziologisches Traktat, angereichert mit unnötigen Grausamkeiten und Monstrositäten« war, war für den FILMDIENST eine »teils großartig inszenierte, gedanklich verspielte Satire auf die drohende Totalvergewaltigung und widersprüchliche Freiheits-, ›Kunst‹- und Konsumbesessenheit unserer Tage«. Nichts hat Autor und Regisseur jedoch intentionsmäßig ferner gelegen: »A Clockwork Orange war ein Versuch, eine sehr christliche Aussage über die Wichtigkeit des freien Willens zu treffen. Wenn wir den Menschen lieben sollen, werden wir auch Alex lieben müssen, obwohl er kein repräsentatives Mitglied der menschlichen Rasse ist. Wenn jemand den Film als Bibel der Gewalt interpretiert, ist er auf dem Holzweg. Das ultimate Böse ist möglicherweise die Entmenschlichung, das Abtöten der Seele. Was meine und Kubricks Parabel sagen will, ist, daß man es bevorzugen soll, eine Welt der Gewalt bei vollem Bewußtsein zu haben – Gewalt als Willensakt –, statt einer Welt, die darauf abgerichtet ist, gut oder harmlos zu sein.« (Anthony Burgess, den vielleicht eine Fahrt in der New Yorker U-Bahn nachts um halb zehn durchaus dazu bewegen könnte, seine Ansichten zu revidieren.)

Daß sich seine Macher mit Uhrwerk Orange etwas gedacht haben, steht außer Frage: In der einschlägigen Literatur, für die ein so bildhaft denkender Regisseur wie Kubrick paradoxerweise schon immer ein dankbares Thema war, finden sich brillante Diskurse darüber, wie Kubrick das Sujet herausarbeitet, vor Scharfsinn nur so strotzende Formalanalysen, die faszinierende Einblicke in das ungeheuer ausgetüftelte Gespinst des Films gewähren. Am eigentlichen Rezipienten freilich, besonders aber am Kultisten, geht derlei Scharfsinn (wie so oft) hundertprozentig vorbei: Der interessiert sich im Grunde nämlich überhaupt nicht dafür, wie präzise die Leitfarbe Grün die Wandel in Alex' Psyche symbolisiert, oder was genau es zu bedeuten hat, wenn Mr. Alexander einmal auf einer roten und das andere Mal auf einer blauen IBM-Kugelkopfschreibmaschine herumtippt. Und folgt man der aus dem Kino zur U-Bahn strömenden Masse, merkt man nur zu bald, daß den meisten auch die ganze Problematik der geistigen Konditionierung herzlich gleichgültig ist. Im Gedächtnis haften geblieben ist nämlich nicht der Leidensweg Alex', der »tragische, zu Herzen gehende Teil«, sondern vor allem die erste Hälfte des Films: Erproben die Erfahreneren auf dem Heimweg da ihre aufgefrischten Nadsat-Kenntnisse an den Passanten, referieren die Novizen eindrucksvolle Szenen, vor allem das berüchtigte »I'm singing in the rain – ZACK!«

So entlarvt sich Uhrwerk Orange dann trotz Burgess doch als überaus raffiniert geschriebene Bibel der sinnlosen, ultrabruta-

›Ich war geheilt, all right!‹ – Schlußszene aus ›Uhrwerk Orange‹

len Gewalt: Mit geradezu genialem Einsatz der Musik ästheti-
siert Kubrick die Gewalt, klammert das rein Physische aus,
schneidet vom Opfer weg, verfremdet mit Zeitlupe, Zeitraffer
und Echoeffekten. »Solo, pas des deux, pas de corps de ballet,
Tanz zu dritt: die Motionen des klassischen Balletts wie des
Ausdruckstanzes sind in *A Clockwork Orange* vereinigt und be-
wirken in Verbindung mit den musikalischen Unterfütterungen,
bei denen der satanische 2. Satz von Beethovens Neunter Alex
zu seinen Gewalttaten zu inspirieren scheint, eine rigorose Stili-
sierung der Gewalt. Man kann darin wie im ganzen Zeige-Ge-
stus dieses Films, der outrierten Sprache, Mimik und der iro-
nisch genutzten musikalischen Feierlichkeit und Triumphali-
stik … Distanzierungen sehen …« (Peter W. Jansen in STAN-
LEY KUBRICK). Man kann. Eher schon dürften sie dazu dienen,
daß der Zuschauer ohne schlechtes Gewissen seiner ganz priva-
ten Lust am Sadismus frönen kann.
»Laßt uns töten, Kameraden, bevor eine zukünftige Gesellschaft uns gut und harmlos macht: Das ist die Botschaft des
Films.« (SCIENCE FICTION TIMES)

»Hal, ich kann beim besten Willen keinen Fehler
finden.« – »Es ist rätselhaft. Ich kann mich nicht
erinnern, daß so etwas schon einmal vorgekommen ist.«

KEIR DULLEA UND HAL 9000

2001: Odyssee im Weltraum

(2001: A SPACE ODYSSEY). USA 1968. **P** MGM (Stanley Kub-
rick). **R** Stanley Kubrick. **B** Stanley Kubrick/Arthur C. Clarke.
LV Arthur C. Clarke. **K** Geoffrey Unsworth/John Alcott. **SpE**
Wally Veevers/Douglas Trumbull/Con Pederson/Tom Howard.
M Richard Strauss/Johann Strauss/György Ligeti/Aram Kha-
chaturian. **D** Keir Dullea (David Bowman), Gary Lockwood
(Frank Poole), William Sylvester (Dr. Heywood Floyd), Leo-
nard Rossiter (Smyslov), Robert Beatty (Halvorsen), Frank
Miller (Chef der Expedition), Penny Brahms, Edwina Carroll
(Stewardessen), Daniel Richter (Mondschauer), Margaret Ty-
zack (Elena), Sean Sullivan (Michaels), Alan Gifford (Pooles
Vater), John Ashley (Astronaut), Edward Bishop, Mike Lo-
vell, Peter Delman, Danny Grover, Brian Hawley, Glenn Beck,
Bill Weston, David Hines, Tony Jackson, John Hordan, Scott
MacKee, Heather Downham, Jimmy Bell, David Charkham,
Simon Davis, Jonathan Daw, Darry Paes, Joe Rafalo, Andy
Wallace, Bob Willyman, Richard Wood, Laurence Marchant,
Terry Dugan, David Fleetwood. **F** 141 Min.

Irgendwann in ferner Vergangenheit: Ein Stamm vegetarisch lebender Halbaffen/Frühmenschen nähert sich nach einem harten
Tag im Morgengrauen zitternd einem geheimnisvollen schwarzen Monolithen, der über Nacht von unbekannten Mächten vor
seiner Wohnhöhle aufgestellt wurde. Ob der Monolith »Strah-
len« aussendet, wissen wir zwar nicht, aber von nun an ändert
sich das Leben der Primitiven radikal: Sie lernen Waffen zu gebrauchen und setzen sich gegen einen anderen Stamm zur
Wehr, der versucht, sie von ihrem Wasserloch zu verdrängen.
Die »Menschheit« fängt an sich zu entwickeln.

Viel später, im Jahr 2001: Der amerikanische Wissenschaftler Dr. Floyd reist mit dem Pendlerschiff *Orion* zu einer den Erdmond umkreisenden Raumstation. Dort begegnet er dem sowjetischen Forscher Smyslov, der ihn fragt, warum derzeit niemand im Mondkrater Clavius landen darf – ob dort eine Epidemie ausgebrochen sei? Floyd gibt vor, die Gründe nicht zu kennen. Er weiß jedoch, daß die Amerikaner auf dem Mond eine Entdeckung gemacht haben, deren Wert noch nicht abzuschätzen ist: Bei Ausschachtungsarbeiten im Krater Clavius ist man auf einen schwarzen Monolithen gestoßen, dessen »Bedeutung« sich niemand so recht erklären kann. Obwohl man insgeheim davon ausgeht, daß er von einer intelligenten außerirdischen Rasse angefertigt wurde, herrscht völlige Nachrichtensperre. Man befürchtet einen »Kulturschock«, wenn die Bewohner der Erde erfahren, daß sie nicht die Krone der Schöpfung im Universum sind. Floyd begibt sich mit einer Expedition zum Krater Clavius. Dort angekommen, stellt man fest, daß der schwarze Monolith ein Signal aussendet – und zwar in Richtung auf den Planeten Jupiter.

Eineinhalb Jahre später befindet sich das gigantische Expeditionsraumschiff *Discovery* auf dem Weg zum Jupiter. An Bord befinden sich die Astronauten Bowman und Poole, sowie drei Wissenschaftler, die im Tiefschlaf liegen. Bowman und Poole sind über den Hintergrund ihrer Mission nicht informiert. Geführt wird die *Discovery* von einem Supercomputer mit der Bezeichnung HAL 9000, der eine menschliche Stimme hat. Als Bowman und Poole von HAL den Hinweis erhalten, daß bald eine bestimmte Außenantenne ausfallen wird, wollen sie sich um das anstehende Problem kümmern, aber als sie von der Erde erfahren, daß ein solcher Antennenausfall absolut unmöglich sei, fragen sie sich, ob mit HAL alles in Ordnung ist. Die ausgebaute Antenne weist zudem keinerlei Schäden auf. Als Poole sie wieder anbringen will, da man auf HALs Rat hin ihren Ausfall »abwarten« will, kappt der Computer seine Sauerstoffleitung. Bowman birgt seinen Kameraden (der schon tot ist) mit den Greifern seines Rettungsbootes, aber als er in die *Discovery* zurückkehren will, blockiert HAL die Schleuse. In einem tollkühnen Unternehmen gelingt es Bowman, sich durch eine Notschleuse Eintritt zu verschaffen. Er schlägt sich in die Abteilung durch, die den Computer beherbergt und schließt ihn kurz. HAL

gibt seinen Geist auf, nicht jedoch, ohne um sein »Leben« zu bitten: »Dave. Tu's nicht. Laß es sein. Bitte. Dave, hör auf. Ich bitte dich. Hör auf, Dave. Bitte, laß es sein. Ich habe Angst. Ich habe Angst, Dave, Dave. Mein Gedächtnis. Mein Gedächtnis schwindet. Ich spüre es. Ich spüre es. Mein Gedächtnis schwindet. Mein Gedächtnis läßt nach. Daran besteht kein Zweifel. Ich spüre es. Ich spüre es. Ich spüre es. Ich habe ... Angst.«
Bowman läßt sich nicht beirren. Kurz darauf – nachdem er durch eine automatische Bildaufzeichnung erfahren hat, daß die Mission der *Discovery* darin besteht, nach intelligentem Leben

Gott im Mondstaub – ›2001: Odyssee im Weltraum‹

zu suchen – nähert sich das Schiff dem Jupiter-Raum. Ein schwarzer Monolith treibt an ihm vorbei. Bowman besteigt ein Beiboot und jagt durch phantastische Farbwirbel auf den Planeten zu. Er befindet sich auf einer Reise, die scheinbar kein Ende mehr nehmen will – bis er sich in einem seltsam barocken Schlafzimmer wiederfindet. An einem Tisch sitzt ein Mann in den mittleren Jahren und ißt. Als er sich umdreht, ist er David Bowman – nur viel älter. Der Ur-Bowman verschwindet. Der ältere

307

Bowman dreht sich erneut um und sieht einen steinalten Bowman auf einem Bett im Sterben liegen. Am Ende des Bettes steht ein schwarzer Monolith, der unirdische Töne erzeugt. Der Bowman auf dem Bett richtet sich auf und streckt eine Hand nach dem Monolithen aus. Inmitten einer durchsichtigen Fruchtblase treibt ein ungeborener Mensch durch das All auf die Erde zu. Er hat die Züge David Bowmans.

Nach all dem Kinoschwachsinn, den Heerscharen unbedarfter SF-Filmer dem Publikum bis 1969 vorgesetzt hatten, ging *2001: Odyssee im Weltraum* den SF-Fans herunter wie reinste Götterspeise – und das war auch kein Wunder: Die Tricks waren so

perfekt, daß Arthur C. Clarke, nach dessen Kurzgeschichte THE SENTINEL der Film gedreht wurde, sich nach Ansicht der ersten Kopien zu dem Ausspruch bemüßigt fühlte, daß jeder, der es in Zukunft besser machen wolle, wohl »on location« (an Ort und Stelle – also *im Weltraum*) drehen müsse. Und dabei hatte der Spaß – verglichen mit heutigen SF-Film-Budgets (man denke etwa an George Lucas' *Krieg der Sterne* oder Ridley Scotts *Der Blade Runner*) – nur einen Pappenstiel (10,5 Millionen $) geko-

›2001: Odyssee im Weltraum‹ – Frank Poole (Gary Lockwood) ersetzt die demnächst angeblich ausfallende AE-35-Einheit

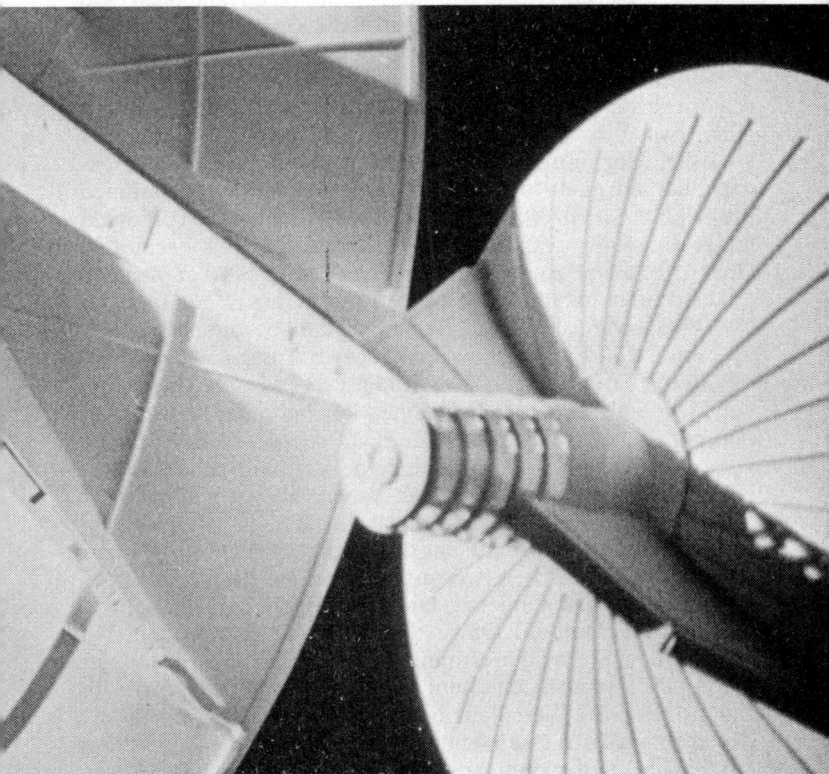

stet. Womit Fans und Kritiker schon weniger einverstanden waren, war das mehr als mystische Ende des Films: Daß die geheimnisvollen schwarzen Monolithen so etwas wie »Intelligenzbeschleuniger« außerirdischer Wesen (oder gar diese Wesen selbst) darstellen sollten, war ihnen klar. Aber was, bei allen Göttern der Galaxis, hatte das verrückte, unverständliche (aber nichtsdestoweniger schöne) Ende zu bedeuten? Wieso findet sich Bowman mitsamt seiner Raumkapsel in diesem Zimmer wieder? Wieso steht er dort seinem älteren Ego gegenüber? Wieso hört er nach dieser Begegnung auf zu existieren? Warum gibt der ältere Bowman zugunsten eines *noch* älteren seine Existenz auf? Warum streckt der alte Bowman die Hand nach dem Monolithen aus? Was soll der durch die kosmische Finsternis zur Erde treibende Embryo?

So war es denn auch kein Wunder, daß die Deuter, die in Scharen herbeiströmten, vorwiegend im dunkeln herumtappten – denn etwas Verwirrendes bedarf der Interpretation (und handele es sich dabei um einen simplen Gag, den sich jemand ausgedacht hat, um einen »Effekt« zu erzielen). Die Interpretationen der Schlußsequenz von *2001* sind Legion, und eine von ihnen lautet (auszugsweise) so: »Dave findet sich mit ergrautem Haar ... in einem Raum wieder, der aussieht, als sei er in einem Stil erschaffen und möbliert worden, der zu den Zeiten Ludwigs XV. üblich war, obwohl er so richtig in kein bestimmtes Zeitalter passen will. Vielleicht verdankt er sein Aussehen Daves verschütteten Erinnerungen. Der Raum wirkt wie ein Terrarium, und Dave – dieser Schluß liegt nahe – lebt unter der Aufsicht der Außerirdischen. Wir können sie nicht sehen, denn sie haben keine Gestalt, weil sie sich zu einer viel wirkungsvolleren energetischen Lebensform entwickelt haben, aber wir können ihr Lachen beinahe auf der Tonspur wahrnehmen. Die grünlichweißen Wände erzeugen in uns das Gefühl, daß Dave sich zwar in einem außerirdischen Zoo aufhält, aber gleichzeitig die Position eines Geehrten innehat. Die Zeit vergeht in dieser Umgebung nur langsam, und Dave kann sich sogar altern sehen. Mit jeder neuen Form, die er annimmt, löst sich sein vorheriger Körper auf. Am meisten offenbart uns die Gestalt des etwa siebzigjährigen Dave, der allein diniert. Er ist die erste Gestalt, die wir an einem Tisch essen sehen, und der erste, der etwas ißt, das tatsächlich schmackhaft aussieht – und dann auch noch von einem Teller. Dies ist der zivilisierte Mensch, der Kubricks Ansicht wiedergibt, daß ›das *missing link* zwischen dem Affen und dem zivilisierten Menschen das menschliche Wesen ist‹. Während er ißt, kippt Dave ein Glas um. Es zerbricht und zeigt an, daß der Mensch noch immer unvollkommen ist. Er dreht sich um und sieht sich selbst im Bett liegen – aussehend wie ›Little Big Man‹. Während er stirbt, richtet er sich auf und deutet auf den schwarzen Monolithen, der am Fußende seines Bettes erscheint. Hat da ein alter Mann auf seinem Totenbett zur Religion gefunden? Oder hat Dave im Inneren des Monolithen seine nächste Inkarnation erblickt? Haben die außerirdischen Superwesen Dave dafür, daß er sie gefunden hat, belohnt? Die Kamera bewegt sich in den Monolithen hinein, und plötzlich sind wir im Weltraum. Ein Sternenkind, das Dave sehr ähnlich sieht, ein Kind, das keine Frau geboren hat und zu keiner Familie gehört, schwebt durch den Weltraum auf die Erde zu … Die Entwicklung des Menschen vom Affen zum Engel ist beendet. Der Mensch hat seine Ursprünge erkannt und kehrt – nach beendeter Odyssee – zurück, um auf einer höheren Daseinsstufe das zweite Jahrtausend anzufangen. (Nur heißt dieser Christus David statt Jesus. – In diesem Zusammenhang ist es interessant, daß Jesus manchmal David genannt wurde, z. B. in Matthäus 1,1). Was immer sich dort draußen für uns interessiert – sei es Gott oder eine Superintelligenz: Es hat erneut unser Schicksal bestimmt.« (Danny Peary, CULT MOVIES) Pearys Argumentation ist nicht ohne. Sie hat etwas, was einem gefällt. Aber was meint Mr. Kubrick dazu, der *2001* als »mythologische Dokumentation« und »sinnliche Erfahrung« bezeichnet, die man entweder ablehnt oder akzeptiert und deren offenes Ende jeder so interpretieren kann, wie es ihm beliebt?

Tatsache ist, daß Filme mit offenem Ende dem Zuschauer mehr zu denken, mehr zu spekulieren geben. Je offener das Ende, desto mehr blüht die Spekulation – ob der Dichter sich nun etwas dabei gedacht hat oder nicht. Kubrick und die Seinen wollten *2001* ein »interessantes« Ende geben. Man probierte herum. Verwarf, probierte erneut. Kubrick: »Das Ende wurde noch kurz vor der Aufnahme umgeworfen. Ursprünglich hatten wir nicht vor, Bowmans Alterungsprozeß zu zeigen. Er sollte einfach in diesem Zimmer herumgehen und sich den Monolithen ansehen. Aber das erschien uns nicht befriedigend und interes-

Das Zwischenstadium der Evolution in seinem elektronischen Mutterleib – ›2001: Odyssee im Weltraum‹

sant genug, deswegen suchten wir nach einer anderen Idee, bis uns schließlich das Ende einfiel, das man im Film sieht.« So einfach war das. Man sieht, nicht hinter jedem poetisch aufgeblasenen Mysterium steckt eine verschlüsselte Botschaft. Dennoch gehört *2001: Odyssee im Weltraum* unbestreitbar auf einen der vordersten Plätze der Top Ten des Science Fiction-Films. »An seinem Schluß steht die bekannte Hypothese, die menschliche Intelligenz sei von jener anderen nur ein Ableger und werde dermaleinst wieder in ihr aufgehen. Menschliche Anstrengung, wie blind und fehlerhaft sie auch sei, erscheint als der heroische Durchgang in einen besseren Endzustand, in den der Mensch, erst einmal ins All vorgedrungen, durch eine außerirdische

Kraft unweigerlich erhoben wird. Von der Menschheitsgeschichte erscheint berichtenswert nur der Anfangs- und Endpunkt. Von der Erfindung des ersten Werkzeugs, das als Waffe im Kampf der Urhorden vorgestellt wird, bis zum Raumschiff ist ein direkter Weg.« (FILMKRITIK)

2001: Odyssee im Weltraum wurde 1968 für seine noch nie dagewesenen Spezialeffekte mit einem Oscar ausgezeichnet. Arthur C. Clarke hat ein Buch zum Film geschrieben, das dem Drehbuch in einigen Teilen nicht folgt: So etwa geht die Reise der *Discovery* nicht zum Jupiter, sondern zum Saturn, das »Versagen« des Supercomputers HAL 9000 wird mit einer »elektronischen Neurose« erklärt, und Bowman kehrt am Ende – von außerirdischen Wesen mit Superkräften ausgestattet – zur Erde zurück, um die »kreisenden Megatonnen« (eben jene Weltraumwaffen, die der greise Westerndarsteller Ronald Reagan über unseren Köpfen installieren will) zur Explosion zu bringen, da er »einen klaren Himmel bevorzugt«.

Ⓥ MGM/United Artists

>»Floyd (Crosby) und ich gingen davon aus,
daß der Film wie eine Wochenschau aus dieser Zeit
aussehen sollte, wenn es damals schon eine
Wochenschau gegeben hätte.«

FRED ZINNEMANN

Zwölf Uhr mittags

(HIGH NOON). USA 1952. **P** Stanley Kramer Productions (Stanley Kramer). **R** Fred Zinnemann. **B** Carl Foreman. **St** John W. Cunningham. **K** Floyd Crosby. **M** Dimitri Tiomkin. **D** Gary Cooper (Will/Bill Kane), Grace Kelly (Amy Kane), Lloyd Bridges (Harvey Pell), Katy Jurado (Helen Ramirez), Thomas Mitchell (Jonas Henderson), Henry Morgan (William Fuller), Otto Kruger (Percy Nettrich), Lon Chaney jr. (Martin Howe), Ian MacDonald (Frank Miller), Lee van Cleef (Jack Colby), Bob Wilke (James Pierce), She Woolley (Ben Miller). **SW** 85 Min.

Prolog

Irgendwo in der Prärie, unter einem knorrigen Baum, treffen sich drei Banditen. Während der Vorspann abrollt, reiten sie in die Stadt.

10.35 Uhr: Während Sheriff Bill Kane im Büro des Friedensrichters die Quäkerin Amy Fowler heiratet, reiten die drei Banditen durch die Stadt zur Bahnstation. Einer von ihnen fragt den Bahnbeamten, ob der Mittagszug pünktlich komme. Der Beamte, der das Trio nur zu gut kennt, eilt zum Büro des Friedensrichters. Dort legt Bill Kane inzwischen seinen Stern ab. Der neue Sheriff kommt zwar erst am nächsten Tag, doch einen Tag, so meint Kane, werde die Stadt wohl ohne Sheriff auskommen.

10.40 Uhr: Bill Kane erhält ein Telegramm: Frank Miller ist vor einer Woche begnadigt worden. Kurz darauf kommt der Bahnbeamte und informiert Kane über die drei Männer. Seine

Gary Cooper und Grace Kelly in Fred Zinnemanns ›Zwölf Uhr mittags‹

Freunde beschwichtigen Kane, so schnell aus der Stadt zu fliehen, wie es geht. Mit Amy besteigt er die Kutsche, rast in einem
Höllenzahn aus der Stadt. Doch unterwegs überlegt er es sich
nochmal, dreht um.

10.50 Uhr: Amy erfährt die Hintergründe. Vor fünf Jahren hat
ihr Mann Frank Miller gefaßt und hinter Gitter gebracht. Statt
ihn wegen Mordes aufzuhängen, hat man ihn jedoch nur zu »lebenslänglich« verurteilt. Und Frank Miller schwor damals, sich
eines Tages zu rächen. Amy will ihren Mann zu einer schnellen

315

Flucht bewegen, doch der lehnt ab. Eine Flucht würde ihnen nicht helfen, sie würden Zeit ihres Lebens in Furcht leben, und Miller, »ein wildes, unberechenbares Tier«, würde sie überallhin verfolgen. Kane will statt dessen einige Hilfssheriffs anheuern und Miller gleich am Bahnsteig abfangen. Doch Amy setzt ihn unter Druck, droht damit, allein mit dem Mittagszug abzufahren. Kane geht nicht darauf ein. Amy fährt zur Bahnstation, kauft sich eine Karte, sieht zum ersten Mal die drei Banditen, die ihren Mann umbringen wollen.

10.55 Uhr: Der Friedensrichter, der seinerzeit das Urteil über Frank Miller gesprochen hat, flüchtet aus der Stadt und rät Kane, dasselbe zu tun. Kane begegnet seinem Hilfssheriff Harvey Pell. Eine lange zurückliegende Beziehung zwischen Kane und Harveys jetziger Freundin Helen Ramirez ist jenem schon lange ein Dorn im Auge. Er möchte wissen, warum Kane ihn nicht zum neuen Sheriff macht, und lehnt es rundheraus ab, Kane zu helfen.

11.02 Uhr: Harvey überlegt es sich noch einmal. Wenn Kane beim Stadtrat ein gutes Wort für ihn einlege, ihn zum nächsten Sheriff mache, würde er ihm gegen Miller und seine Bande beistehen. Kane lehnt ab, »nicht zu diesem Preis, Harvey«. Die Weigerung führt zu einem Streit zwischen Harvey und seiner Freundin. Auch Helen Ramirez hat Angst vor Frank Miller, will gehen.

11.05 Uhr: Amy wartet in Helen Ramirez' Saloon auf die Abfahrt des Zuges. Kane findet seinen ersten Freiwilligen.

11.07 Uhr: Helen Ramirez gibt ihr Geschäft auf und läßt sich gerade von ihrem Partner auszahlen, als Kane in der Tür steht. Sie beschuldigt ihn, daß er nur gekommen sei, um sie zu überreden, Frank Miller, mit dem sie vor einigen Jahren befreundet war, gut zuzureden.

11.15 Uhr: Einer der Banditen, Franks Bruder, holt sich in einem Saloon etwas zu trinken. Er wird mit großem Hallo empfangen. Kane, der kurz nach ihm in den Saloon geht, hört, wie ihm der Barkeeper einen baldigen Tod prophezeit.

11.18 Uhr: Kane ist weiter auf der Suche nach Hilfssheriffs – ohne Erfolg. Man sorgt sich um Frau und Kinder, einer läßt sich von seiner Frau verleugnen. Nur ein einäugiger Säufer erklärt sich bereit, Kane zu helfen. Kane lehnt ab.

11.25 Uhr: Kane geht in die Kirche und beschwört die Gemeinde, ihm zu helfen. Gemischte Reaktionen, Fragen über Kanes Status. Er sei doch eigentlich gar kein Sheriff mehr. Und überhaupt seien die Politiker an allem schuld. Eine Frau springt auf. Ob man vergessen hätte, wie es damals gewesen sei, bevor Kane in die Stadt kam, damals, als sich keine anständige Frau auf die Straße wagen konnte. Ein Mitglied des Stadtrats erkennt Kanes Leistungen zwar an, fürchtet aber, daß die Regierung die angekündigten Subventionen für Hadleyville streichen könnte, wenn am hellichten Tag eine blutige Schießerei auf der Hauptstraße ausbricht. Man legt Kane nahe, zu gehen.

11.42 Uhr: Kane besucht seinen Vorgänger. Doch der ist zu alt, um ihm zu helfen, wie er sehr schnell einsieht. Sinnierend, müde, bleibt er vor einem Stall stehen. Amy sucht schließlich Helen Ramirez auf, in der sie den Grund für Kanes Bleiben sieht. Helen belehrt sie eines Besseren, hält ihr vor, daß sie nicht hinter ihrem Mann stehe. Harvey, mittlerweile restlos betrunken, versucht ein letztes Mal, Kane zu überreden, aus der Stadt zu fliehen. Kane lehnt ab, es kommt zu einem Boxkampf zwischen den beiden, den Kane nur mit viel Mühe gewinnt.

11.52 Uhr: Die Lippen zerschlagen, geht Kane zum Friseur, wo der Tischler im hinteren Teil des Ladens bereits an einem Sarg zimmert. Im Sheriffbüro trifft er schließlich auf den einzigen Freiwilligen. Als der jedoch merkt, daß sie beide allein gegen die Banditen antreten sollen, verläßt auch er das sinkende Schiff. Ein sechzehnjähriger Junge, der das Ganze mitverfolgt hat, bietet Kane seine Hilfe an. Kane lehnt ab.

11.56 Uhr: Kane beginnt, sein Testament zu schreiben.

11.58 Uhr: Eine rasante Schnittfolge im Takt des Sekundenzeigers. Die Menschen in der Kirche. Im Saloon. Die drei Banditen

Einsame Kämpfer gegen den McCarthyismus – ›Zwölf Uhr mittags‹

an der Bahnstation. Harvey. Helen. Amy. Ein schlagendes Pendel. Kane, der sein Testament vollendet. Das dreimalige Pfeifen des Mittagszugs.

12.00 Uhr: Helen und Amy fahren an Kane vorbei zum Zug. Die Kamera fährt nach oben, reduziert ihn auf einen dünnen

Strich, der die menschenleere Hauptstraße hinuntergeht, den Killern entgegen.

Erster Schußwechsel: Kane gelingt es, die unvorsichtigen Banditen auszutricksen und einen von ihnen zu erschießen. Amy, die den Schuß hört, stürmt aus dem Zug, entdeckt zu ihrer Erleichterung, daß die Leiche nicht ihr Mann ist.

Zweiter Schußwechsel: Kane versteckt sich auf einem Heuboden, erschießt den zweiten Banditen. Frank Miller wirft eine brennende Laterne hinein, alles geht in Flammen auf. Kane gelingt es, mit den herausstürmenden Pferden als Deckung ins Freie zu gelangen.

Dritter Schußwechsel: Eine Kugel trifft Kane ins Bein. Er liegt hilflos im Schußfeld des Banditen, als Amy eingreift und den Banditen hinterrücks erschießt.

Vierter Schußwechsel: Frank Miller nimmt sich Amy als Geisel, zwingt Kane vor seinen Revolver. Als er abdrücken will, kratzt ihm Amy das Gesicht auf, Kane schießt.
Trifft.

Epilog

Die Leute scharen sich um Bill Kane. Er wirft seinen Sheriffstern in den Staub und fährt mit Amy davon.

High Noon gilt heute fraglos als *der* Western überhaupt, auch wenn das aus der bloßen Nacherzählung des Plots vielleicht nicht unmittelbar einleuchten mag. In der Tat ist die Handlung des Films eher konventionell, man hat es ähnlich schon gesehen, vielleicht verschnörkelter, weniger dicht, nicht so spannend. Doch der Film als solcher ist, an der Oberfläche zumindest, restlos genrekonform: Will (in der deutschen Fassung: Bill) Kane ist ein Mann, der sich den Satz ;A man's gotta do what a man's gotta do« zu eigen gemacht hat, danach handelt und schließlich auch siegt. Was dieses Hohelied auf Einsamkeit und Treue jedoch von seinen unzähligen Vorläufern unterscheidet, was den abgenutzten Standardzutaten – der Gang die Hauptstraße hin-

unter, der Boxkampf im Stall, der (exzellent choreographierte) Showdown etc. – neues Leben verleiht, ist, daß hier die Vereinsamung des Helden nicht einfach nur konstatiert, sondern der *Prozeß* der Vereinsamung spürbar wird. Amy verläßt Kane, weil sie einst die Ermordung von Vater und Bruder mitansehen mußte, deshalb zur Quäker-Religion übertrat und jeglicher Gewalt abschwor; der Hilfssheriff verläßt ihn aus Eifersucht; der Vaterstelle für Kane einnehmende frühere Sheriff wegen seines Rheumas: *High Noon* ist ein typischer Vertreter der sogenannten »adult western« im Gefolge von Henry Kings *Der Scharfschütze.* Der Held wird zum Menschen, darf an einer Stelle (was John Wayne, Anthony Mann und Delmer Daves dem Film ziemlich übelnahmen) sogar in Tränen ausbrechen; ein Held müde seines Heldseins, bereit für ein friedliches Leben auf dem Land mit Frau und Kind, von der Gesellschaft gezwungen, seinem Status ein letztes Mal gerecht zu werden, nur zu bald schmählich von ihr verraten. »Kane ist eine amerikanische Fassung von Dr. Stockmann, dem Helden von Henrik Ibsens *Ein Volksfeind,* ein rechtschaffener Mann, von seiner ängstlichen, habgierigen Gemeinde verlassen.« (FILMS OF THE FIFTIES)
Dem Bemühen um Entmythologisierung des klassischen Westerns angemessen, der sparsame Stil des Films: Zinnemann schenkt sich romantische Anflüge, zeichnet in hartem Schwarzweiß. Ein schwarzgekleideter Kane vor blendend weißem Himmel, an dem keine einzige Wolke vorbeizieht; immer wieder dazwischenmontiert Szenen von den Banditen an der Bahnstation, parallele Schienenstränge, die sich in der Unendlichkeit der Prärie treffen; grobkörnige, wochenschauähnliche Aufnahmen.
»… schon vor der faszinierenden Gestalt dieses Films kamen Zweifel, ob die Differenz zu den normalen Vertretern seiner Art nur quantitiver Natur sein sollte … Wer noch keinen Film von Eisenstein oder einem anderen frühen Russen oder von Griffith gesehen hatte, mochte geblendet sein von der hier realisierten Möglichkeit, mit der Kamera, das heißt mit der ›richtigen‹ Aneinanderreihung durchdachter Bildeinstellungen, eine Filmgeschichte zu erzählen. Hier ›sah‹ man die Geschichte; ein scharfsinnig ausgesparter Dialog rundete das Ganze lediglich ab. Wichtigere Funktion als dem Wort kam der Musik zu: ein der Story kongeniales, balladeskes Lied nahm als ›Ouvertüre‹ das Geschehen vorweg, wurde im folgenden kaum merklich,

Bill Kane auf dem Weg zum Showdown – ›Zwölf Uhr mittags‹

aber stets anwesend, leitmotivisch verarbeitet und brach, ele-
gisch die Fatalität der Ereignisse kommentierend, an den psychischen Etappen des Helden als dessen innere Stimme auf ...
Ebenso die Konstruktion der Fabel: in ihr verband sich Einheit
der erzählten und der objektiven Zeit mit dem schon in den frü-
hesten amerikanischen Spielfilmen auftretenden und dann von
Griffith zur Perfektion entwickelten Film-Abschluß zweier
gleichzeitiger Handlungsstränge, die, erzählerisch hart ineinan-
dermontiert, örtlich wie zeitlich aufeinander zulaufen und zur
Katastrophe aufeinanderprallen.« (Th.K. in FILMKRITIK)
Ohne nun die Qualitäten des Films in Abrede stellen zu wollen,
ist *High Noon* dennoch in erheblich höherem Maße ein Zu-
fallsprodukt, wie es viele Kritiker wahrhaben wollen. Im Gegensatz zur heutigen Fassung nämlich – die von 10.30 Uhr bis ca.

12.10 Uhr spielt, aber nur 85 Minuten dauert – war in der ursprünglichen Fassung des Films erzählte Zeit und Erzählzeit tatsächlich identisch. Bei Testvorführungen reagierte das Publikum jedoch so negativ, daß Zinnemann mit dem zu langen Film noch einmal in den Schneideraum geschickt wurde. Man schnitt dann etliche Szenen zwischen Gary Cooper und Grace Kelly weg, verfeinerte die Montage, und ließ Dimitri Tiomkin als dramaturgischen Kitt schließlich jene Ballade komponieren, die mehr als alles andere dann zum Markenzeichen des Films wurde – »Do Not Forsake Me, Oh My Darling«, gesungen von Tex Ritter. Und selbst Gary Coopers berühmtes Spiel war nicht nur reines Talent: »Die sehr überzeugende Leidensmiene, die der Schauspieler den ganzen Film hindurch aufsetzt, ist zumindest teilweise das Resultat eines Magengeschwürs: Man schnitt sogar die mit dem größten Schmerz erfüllten Szenen nachträglich wieder rein, nachdem sie Zinnemann für seinen Rohschnitt verworfen hatte.« (AMERICAN DIRECTORS)

High Noon wurde seither mannigfaltig interpretiert. Manche sahen in Zinnemanns Film eine reaktionäre Parabel auf den Korea-Krieg, andere wiederum »eine Lektion in Fragen Demokratie: Die Ahnungslosigkeit der aller Wirklichkeit fernen Gerichte, die fehlende Bereitschaft, Freiheit und Sicherheit notfalls mit dem Leben zu verteidigen, die Notwendigkeit, jede Entscheidung erst zu diskutieren – kurz die Funktionsmängel einer Demokratie im Moment totaler Bedrohung« (DER WESTERN). Dennoch ist *High Noon* wohl hauptsächlich als Abrechnung mit dem McCarthyismus zu verstehen: Kaum hatte Carl Foreman das Drehbuch fertig geschrieben, als er von dem berüchtigten House of Un-American Activities Committee vorgeladen wurde. Wie viele andere vor ihm berief er sich dort auf den fünften Zusatzartikel, was faktisch bedeutete, daß er auf der Schwarzen Liste landete. Wieder auf dem Set von *High Noon,* schrieb er das Drehbuch weitgehend um: »Ein sehr großer Teil des Skripts zeigte nun die Wirklichkeit, viele Szenen waren aus dem Leben gegriffen. Eine davon ist ein Destillat aus den Sitzungen mit meinen Partnern, Geschäftsfreunden und Rechtsanwälten. Und dann ist da auch noch die Szene mit dem Mann, der seine Hilfe anbietet und mit einem Gewehr zurückkommt. ›Wo sind die anderen?‹ fragt er. ›Es gibt keine anderen‹, antwortet Cooper.« (Carl Foreman)

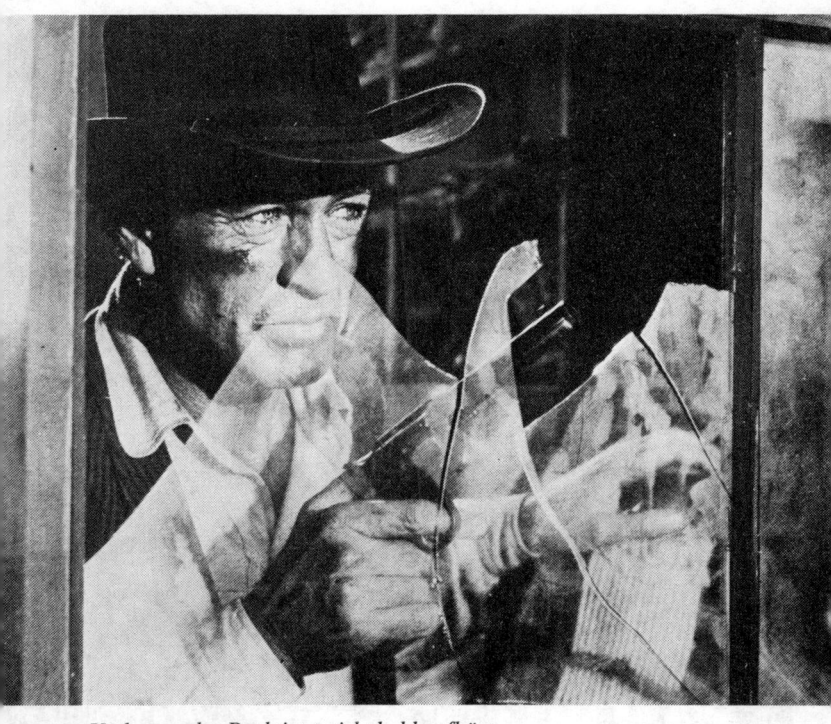

›Und wenn das Buch jetzt nicht bald aufhört …‹

Indirekt kosteten diese überdeutlichen Anspielungen *High Noon* dann wohl auch den Oscar für den besten Film, der statt dessen an Cecil B. DeMilles belangloses Zirkusspektakel *The Greatest Show on Earth* ging. *High Noon* erhielt lediglich die Oscars für den besten Hauptdarsteller, die beste Musik, den besten Schnitt und den besten Song.

STEVE MARTIN

DEAD MEN DON'T WEAR PLAID

TOTE TRAGEN
KEINE KAROS

EINE ASPEN FILM SOCIETY
WILLIAM E. McEUEN
DAVID V. PICKER PRODUKTION
EIN CARL REINER FILM · STEVE MARTIN IN
"DEAD MEN DON'T WEAR PLAID"

MIT RACHEL WARD · RENI SANTONI UND CARL REINER

DREHBUCH: CARL REINER · GEORGE GIPE · STEVE MARTIN

KAMERA: MICHAEL CHAPMAN MUSIK: MIKLOS ROZSA KOSTÜME: EDITH HEAD

SCHNITT: BUD MOLIN BAUTEN: JOHN DeCUIR PRODUKTION: DAVID V. PICKER

UND WILLIAM E. McEUEN REGIE: CARL REINER EIN UNIVERSAL·FILM IM VERLEIH DER UIP

EIN FILM IN
DETECTO VISION

Originalfassung mit deutschen Untertiteln

© 1981 UNIVERSAL CITY STUDIOS INC.

Bibliographie

Agee, James: AGEE ON FILM. Boston 1964.

Agel, Jerome: THE MAKING OF KUBRICK'S 2001. New York 1970.

Anobile, Richard J. (Hrsg.): THE FILM CLASSICS LIBRARY – Alfred Hitchcock's PSYCHO; James Whale's FRANKENSTEIN; John Ford's STAGECOACH; John Huston's THE MALTESE FALCON; Michael Curtiz's CASABLANCA. 5. Bde. New York 1974/75.

Anobile, Richard J. (Hrsg.): WHY A DUCK? New York 1971.

Anobile, Richard J. (Hrsg.): Woody Allen's PLAY IT AGAIN, SAM. New York 1977.

Arnheim, Rudolf: KRITIKEN UND AUFSÄTZE ZUM FILM. München 1977.

Atlas-Film Gesamtkataloge: KINO FÜR UNS. Duisburg o. J.; FILMSZENE. Duisburg 1984/85.

Barbour, Alan G.: HUMPHREY BOGART. Seine Filme – sein Leben. München 1979.

Barsacq, Léon: CALIGARI'S CABINET AND OTHER GRAND ILLUSIONS. A History of Film Design. Boston 1976.

Bawden, Liz-Anne/Tichy, Wolfram (Hrsg.): BUCHERS ENZYKLOPÄDIE DES FILMS. Deutschsprachige, überarbeitete Ausgabe des »Oxford Companion to Film«. 2. Aufl., Luzern/Frankfurt a. M. 1983.

Baxter, John: SCIENCE FICTION IN THE CINEMA. New York/London 1970.

Bayer, William: THE GREAT MOVIES. New York 1973.

Bazin, André: FILMKRITIKEN ALS FILMGESCHICHTE. München/Wien 1981.

Bazin, André: ORSON WELLES. Wetzlar 1980.

Belton, John: HOWARD HAWKS in THE HOLLYWOOD PROFESSIONALS, Vol. 3. London/New York 1974.

Bergen, Ronald: A - Z OF MOVIE DIRECTORS. London/New York 1982.

Berghof, Gert (u. a.): DER WESTERN. Aachen o. J.

Blumenberg, Hans C.: DIE KAMERA IN AUGENHÖHE. Begegnungen mit Howard Hawks. Köln 1979.

Blumenberg, Hans-Christoph/Fründt, Bodo (Hrsg.): WARTEN BIS ES DUNKEL WIRD. Ebersberg 1983.

Bojarski, Richard/Beals, Kenneth: THE FILMS OF BORIS KARLOFF. Secaucus, N.J. 1974.

Brennike, Ilona/Hembus, Joe: KLASSIKER DES DEUTSCHEN STUMMFILMS. München 1983.

Brode, Douglas: THE FILMS OF THE FIFTIES. Secaucus, N.J. 1976.

Butler, Ivan: HORROR IN THE CINEMA. 3. Aufl. Cranbury, N.J./London 1979.

Butler, Ivan: THE CINEMA OF ROMAN POLANSKI. New York/London 1970.

Chandler, Raymond: DIE SIMPLE KUNST DES MORDENS. Zürich 1975.

Ciment, Michel: KUBRICK. München 1982.

Cocks, Joy/Denby, David (Hrsg.): FILM 1973/74. Indianapolis/New York 1974.

Cook, David A.: A HISTORY OF NARRATIVE FILM. New York/London 1981.

Cowie, Peter: A RIBBON OF DREAMS. The Cinema of Orson Welles. South Brunswick/New York/London 1973.

Cowie, Peter (Hrsg.): HOLLYWOOD 1920–1970. South Brunswick/New York/London 1977.

Crane, Robert David/Fryer, Christopher: JACK NICHOLSON: FACE TO FACE. New York 1975.

Curtis, James: JAMES WHALE. Metuchen, N.J./London 1982.

Durgnat, Raymond: SEXUS EROS KINO. München 1967.

Edmonds, I. G./Mimura, Reiko: THE OSCAR DIRECTORS. London 1980.

Eisner, Lotte H.: FRITZ LANG. London 1976.

Eyles, Allen: BOGART. London 1975.

Eyles, Allen: THE MARX BROTHERS. London/New York 1966.

Fenin, George N./Everson, William K.: THE WESTERN. New York 1973.

Fischer, Jens Malte: FILMWISSENSCHAFT – FILMGESCHICHTE. Tübingen 1983.

Fischer, Robert: DER MALTESER FALKE. Stuttgart 1983.

Fischer, Robert: REGIE: ALFRED HITCHCOCK. Schondorf/Ammersee 1979.

Frank, Allan: HORROR FILMS. 3. Aufl. Feltham, Middlesex, England 1983.

Frischauer, Willi: BEHIND THE SCENES OF OTTO PREMINGER. New York 1974.

Gelmis, Joseph: THE FILM DIRECTOR AS SUPERSTAR. London 1971.

Giesen, Rolf: DER PHANTASTISCHE FILM. Zur Soziologie von Horror, Science-Fiction und Fantasy im Kino. 2 Bde. (Dissertation). Schondorf/Ammersee 1980.
  Populäre Neubearbeitung Ebersberg 1983.

Giesen, Rolf: LEXIKON DES PHANTASTISCHEN FILMS. 2 Bde. Frankfurt a. M./Berlin/Wien 1984.

Glut, Donald F.: CLASSIC MOVIE MONSTERS. London 1978.

Godard, Jean-Luc: EINFÜHRUNG IN EINE WAHRE GESCHICHTE DES KINOS. München/Wien 1981.

Goldner, Orville/Turner, George E.: THE MAKING OF KING KONG. New York 1975.

Gottesmann, Ronald (Hrsg.): FOCUS ON CITIZEN KANE. Englewood Cliffs, N.J. 1971.

Grafe, Frieda/Patalas, Enno: IM OFF. Filmartikel, München 1974.

Gregor, Ulrich/Patalas, Enno: GESCHICHTE DES FILMS. Bd. 1 (1895–1939); Bd. 2 (1940–1960). Reinbek 1976.

Gregor, Ulrich: GESCHICHTE DES FILMS AB 1960. 2 Bde. Reinbek 1983.

Guérif, François/Levy-Klein, Stephane: JEAN PAUL BELMONDO. Seine Filme – sein Leben. München 1981.

Hahn, Ronald M./Jansen, Volker: LEXIKON DES SCIENCE FICTION FILMS. München 1983.

Haining, Peter (Hrsg.): THE FRANKENSTEIN FILE. London 1977.

Harbou, Thea von: METROPOLIS. Frankfurt a. M./Berlin/Wien 1984.

Hardy, Phil: THE WESTERN. London 1983.

Hardy, Phil (Hrsg.): SCIENCE FICTION. London 1984.

Harris, Robert A./Lasky, Michael S.: ALFRED HITCHCOCK UND SEINE FILME. München 1979.

Haver, Ronald: DAVID O. SELZNICK'S HOLLYWOOD. München 1982.

Hawks, Howard: TOTE SCHLAFEN FEST. Transcript von Hans-Werner Ludwig. Tübingen 1981.

Heinzlmeier, Adolf/Menningen, Jürgen/Schulz, Berndt.: DAS HUMPHREY BOGART FAN-BUCH. Hamburg/Zürich 1984.

Heinzlmeier, Adolf/Menningen, Jürgen/Schulz, Berndt: KULTFILME. Hamburg 1983.

Hembus, Joe: WESTERN LEXIKON. München 1978.

Hochman, Stanley (Hrsg.): A LIBRARY OF FILM CRITICISM – AMERICAN FILM DIRECTORS. New York 1974.

Hoppe, Ulrich: CASABLANCA. München 1983.

Jansen, Peter W./Schütte, Wolfram (Hrsg.): REIHE FILM Bd. 7 (Lang), Bd. 8 (Bogart), Bd. 14 (Welles), Bd. 18 (Kubrick), Bd. 19 (Godard). München/Wien 1976ff.

Jensen, Paul M.: BORIS KARLOFF AND HIS FILMS. Cranbury, N.J./London 1974.

Jung, Fernand/Weil, Claudius/Seeßlen, Georg: DER HORROR-FILM. München 1977.

Just, Lothar R.: FILMJAHR 1979; 1980/81; 1981/82; 1982/83; 1984. 5 Bde. München 1980ff.

Kael, Pauline: KISS KISS BANG BANG. London 1965.

Kael, Pauline: RAISING KANE. The Citizen Kane Book. London 1971.

Kaminsky, Stuart: JOHN HUSTON. Seine Filme – sein Leben. München 1981.

Katz, Ephraim: THE INTERNATIONAL FILM ENCYCLOPEDIA. London 1980.

Keiner, Reinhold: THEA VON HARBOU UND DER DEUTSCHE FILM BIS 1933. Hildesheim 1984.

Kellner, Hans G./Thie, J. M./Zurholst, Meinolf: DER GANGSTERFILM. München 1977.

Kracauer, Siegfried: VON CALIGARI ZU HITLER. Frankfurt a. M. 1984.

Kroner, Marion: ROMAN POLANSKI. Schondorf/Ammersee 1981.

Krusche, Dieter: RECLAMS FILMFÜHRER. 5. Aufl. Stuttgart 1982.

Lang, Fritz: METROPOLIS. Classic Film Scripts. London 1973.

Lavalley, Albert (Hrsg.): FOCUS ON HITCHCOCK. Englewood Cliffs 1972.

Lloyd, Byann/Robinson, David (Hrsg.): MOVIES OF THE ... SILENT YEARS; THIRTIES; FORTIES; FIFTIES; SIXTIES; SEVENTIES. 6 Bde. London 1983/84.

Lucas, George/Katz, Gloria/Huyck, Willard: AMERICAN GRAFFITI. A SCREENPLAY. New York 1973.

Maddock, Brent: DIE FILME VON JACQUES TATI. München 1984.

Maibohm, Ludwig: FRITZ LANG. Seine Filme – sein Leben. München 1981.

Mankiewicz, Herman J./Welles, Orson: THE SHOOTING SCRIPT. The Citizen Kane Book. London 1971.

Marx, Groucho: SCHULE DES LÄCHELNS. Frankfurt a. M. 1981.

McBride, Joseph: ORSON WELLES. Seine Filme – sein Leben. München 1982.

McCarty, Clifford: HUMPHREY BOGART UND SEINE FILME. München 1981.

Monaco, James: AMERICAN FILM NOW. New York 1979.

Morella, Joe/Epstein, Edward Z.: REBELS. The Rebel Hero in Films. Secaucus 1971.

Moss, Robert: DER KLASSISCHE HORROR-FILM. München 1982.

Naremore, James: FILMGUIDE TO »PSYCHO«. Indiana 1973.

Nelson, Thomas A.: STANLEY KUBRICK. München 1984.

Oertel, Rudolf: MACHT UND MAGIE DES FILMS. Wien 1959.

Peary, Danny: CULT MOVIES. New York 1981.

Peary, Danny: CULT MOVIES 2. New York 1983.

Pirie, David: A HERITAGE OF HORROR. London 1973.

Pirie, David (Hrsg.): ANATOMY OF THE MOVIES. London 1981.

Place, J. A.: DIE WESTERN VON JOHN FORD. München 1984.

Polanski, Roman: ROMAN POLANSKI. Bern/München/Wien 1984.

Pollock, Dale: STERNENIMPERIUM. Das Leben und die Filme von George Lucas. München 1983.

Pratley, Gerald: THE CINEMA OF OTTO PREMINGER. London/New York 1971.

Reed, Carol/Greene, Graham: THE THIRD MAN. Masterworks of the British Cinema. London 1974.

Roloff, Bernhard/Seeßlen, Georg (Hrsg.): GRUNDLAGEN DES POPULÄREN FILMS. Geschichte und Mythologie in 10 Bänden. Reinbek 1980ff.

Russo, Vito: THE CELLULOID CLOSET. New York 1981.

Sadoul, Georges: GESCHICHTE DER FILMKUNST. Wien 1957.

Sarris, Andrew: CONFESSIONS OF A CULTIST: ON THE CINEMA 1955–1969. New York 1970.

Sennet, Ted: GREAT HOLLYWOOD MOVIES. New York 1983.

Sherman, Eric/Rubin, Martin: THE DIRECTOR'S EVENT. New York 1972.

Shipman, David: THE STORY OF CINEMA. 2 Bde. London/Sydney/Auckland/Toronto 1982/1984.

Silver, Alain/Ward, Elisabeth: FILM NOIR. Woodstock/New York 1979.

Sinyard, Neil/Turner, Adrian: BILLY WILDERS FILME. Berlin 1980.

Spoto, Donald: ALFRED HITCHCOCK. Hamburg 1984.

Staig, Lawrence/Williams, Tony: ITALIAN WESTERN. London 1975.

Taylor, John Russel: HITCHCOCK. Frankfurt a. M. 1982.

Toeplitz, Jerzy: GESCHICHTE DES FILMS. 4 Bde. München 1979ff.

Truffaut, François: DIE FILME MEINES LEBENS. Aufsätze und Kritiken. München/Wien 1976.

Truffaut, François: MR. HITCHCOCK, WIE HABEN SIE DAS GEMACHT? München 1973.

Werner, Paul: FILM NOIR. Frankfurt a. M. 1985.

Werner, Paul: ROMAN POLANSKI. Frankfurt a. M. 1981.

Williams, Mark: ROAD MOVIES. New York/London 1982.

Wood, Robin: HITCHCOCK'S FILMS. London/New York 1965.

Zimmermann, Paul D./Goldblatt, Burt: THE MARX BROTHERS AT THE MOVIES. New York 1968.

v. Zglinicki, Friedrich: DER WEG DES FILMS. Textband (Nachdruck). Hildesheim/New York 1979.

Register

330

333

335